W0087450

Siedler

Buch

Was kommt im neuen Jahrhundert auf uns zu? Welche
Fragen und Probleme werden zukünftige Generationen
vorrangig beschäftigen? Helmut Schmidt bietet im
Gespräch mit zehn herausragenden politischen Persönlichkeiten zugleich eine Bilanz der Vergangenheit und
einen Ausblick auf die Zukunft. Seine Dialogpartner
sind Staatsführer und Vordenker, die die Politik der
letzten Jahrzehnte bestimmt haben, wie Michail Gorbatschow und Shimon Peres, Giscard d'Estaing und Henry
Kissinger, Ralf Dahrendorf und Helmut Kohl. Gegenwärtige Entwicklungen werden offen und kritisch diskutiert, Hoffnungen und Sorgen werden formuliert, und
man wagt Antworten und Prognosen für die Zukunft.
Was bringt und wohin führt die europäische Integration?
Wie lassen sich Wirtschaftswachstum und Wohlstand
mit der Sorge um die natürliche Umwelt vereinbaren?
Vor welchen Herausforderungen stehen die westlichen
Demokratien, und welche Wege wird die asiatische
Welt beschreiten?
Entstanden im Rahmen einer Gesprächsserie, die in
einer gekürzten Bildschirmfassung im deutschen Fern-
sehen ausgestrahlt wurde, folgt »Jahrhundertwende«
weitgehend den ausführlichen Originalgesprächen.
»Eine Dialogreise durch viele Problemfelder des enden-
den und des kommenden Jahrhunderts: ein wichtiges
Erinnerungs-Lesebuch.«
                              DER GENERALANZEIGER, BONN

Autor

Helmut Schmidt, Bundeskanzler a. D., ist seit 1983
Mitherausgeber der ZEIT. Als Siedler TB liegen vor:
»Menschen und Mächte« (75539), »Weggefährten«
(75515), »Kindheit und Jugend unter Hitler« (75507),
»Globalisierung« (75587).

Helmut Schmidt

Jahrhundertwende

Gespräche mit
Lee Kuan Yew · Jimmy Carter
Shimon Peres · Valéry Giscard'Estaing
Ralf Dahrendorf · Michail Gorbatschow
Rainer Barzel · Henry Kissinger
Helmut Kohl · Henning Voscherau

*Herausgegeben
von Dorothea Hauser*

Siedler

Umwelthinweis:
Alle bedruckten Materialien dieses Taschenbuches
sind chlorfrei und umweltschonend.
Das Papier enthält Recycling-Anteile.

Siedler Taschenbücher erscheinen im Goldmann Verlag,
einem Unternehmen der Verlagsgruppe Bertelsmann.

1. Auflage
Vollständige Taschenbuchausgabe März 2000
© 1998 Wolf Jobst Siedler Verlag, Berlin
Umschlaggestaltung: Design Team München
Foto: J. H. Darchinger
Satz: Bongé + Partner, Berlin
KF · Herstellung: Augustin Wiesbeck
Made in Germany
ISBN 3-442-75585-9

Inhalt

Vorwort

Historisches Bewußtsein hat der Sozialphilosoph Arnold Gehlen als die Fähigkeit bezeichnet, ein gegenwärtiges Ereignis als epochemachendes, also mit den Augen künftiger Generationen zu sehen. Es bedeutet mithin keineswegs die bloße antiquarische Befangenheit im Vergangenen, sondern verlangt stets danach, zugleich Gestaltungselement eines auf die Zukunft gerichteten Denkens und Handelns zu sein. Damit ist bereits die Verbindung zur Politik geschlagen. Zwischen politischem Handeln und geschichtlichem Bewußtsein besteht demnach ein notwendiger und nicht nur ein beiläufiger Zusammenhang.

Anders allerdings als etwa in Frankreich, wo besonders im neunzehnten Jahrhundert Historiker von Rang oft Minister- oder andere Staatsämter bekleideten, ist die Verwobenheit von politischem und historischem Blick in Deutschland eher verpönt. Geradezu rührend wirkt daher das im Vorwort zum ersten Band seiner Memoiren geäußerte Erstaunen Konrad Adenauers über einen Zeitgeschichtler, der es abgelehnt hatte, seine Aufgabe auch darin zu erblicken, Entwicklungen vorauszusehen. Das Mißverständnis lag bei dieser Begegnung freilich auf beiden Seiten. Denn daß sich für den politisch Denkenden und Handelnden der Rückblick immer mit der Voraussicht verknüpft, ist mit Prophetentum nicht zu verwechseln. Schon weil es in der Welt der Politik und Diplomatie nie geradlinige Entwicklungen gegeben hat, hat diese Voraussicht weit mehr mit zielgerichteter Vorsicht als mit Vorhersage zu tun.

In den hier dokumentierten Gesprächen versuchen zehn herausragende politische Persönlichkeiten gemeinsam mit

Helmut Schmidt vor dem Hintergrund der seit Ende der achtziger Jahre stark veränderten Weltlage und angesichts der anstehenden Jahrhundertwende einen von den eigenen politischen Erfahrungen geprägten und deutlich subjektiv gefärbten Blick zurück und nach vorn. Fast alle sind *elder statesmen*, die sich aus der aktiven Politik weitgehend zurückgezogen haben. Dabei sind ihnen allen auch nach dem Abschied aus dem Amt der Sinn und das Engagement für das Politische geblieben. Entsprechend verharren sie nicht beim kontemplativen Rückblick, sondern ziehen die Linien der Vergangenheit über Brüche hinweg weiter auf Richtpunkte in der Zukunft. Über das Verhältnis von Geschichte und Politik, von Vergangenheit und Zukunft sind sie allerdings geteilter Meinung. Henry Kissinger beispielsweise, der heute seltene Fall eines Historikers in der Politik, hat oft genug betont, daß zumindest auf dem Gebiet außenpolitischer Staatenbeziehungen keine wichtige Schlußfolgerung möglich sei, wenn man sich nicht des historischen Zusammenhangs bewußt ist. Helmut Schmidt – das machen nicht erst die nachfolgenden Gespräche deutlich – teilt diese Überzeugung. Ralf Dahrendorf hingegen hat mehrfach festgehalten, daß das historische Verstehen in einem entscheidenden Sinn folgenlos bleibe, da nicht zwingend daraus hervorgehe, was wir tun müssen, um die Wiederkehr des Falschen zu vermeiden und die Heraufkunft des Richtigen herbeizuführen. Im folgenden argumentiert auch er gleichwohl mit historischen Kategorien. Shimon Peres wiederum entwirft gegen die bis in die Gegenwart hineinreichende Gewaltvergangenheit im Nahen Osten die optimistische Geschichtsteleologie, daß das 21. Jahrhundert den Menschen weltweit notwendig zum dauerhaften Frieden führe.

Der vorliegende Band ist aus einer Gesprächsreihe hervorgegangen, die die Helmut und Loki Schmidt-Stiftung gemeinsam mit dem NDR, mit dem Studio Hamburg sowie mit der Unterstützung von ARTE im vergangenen Jahr durchgeführt hat. Die Reihe, unter dem Titel ›Am Ende des Jahrhunderts – Helmut Schmidt im Gespräch mit ...‹ 1998 als zehnteilige Serie im deutschen Fernsehen ausgestrahlt, hatte die Unterhaltungen auf jeweils eine Stunde beschneiden müssen. Doch anders als die Fernsehfassung folgt die Buchausgabe weitgehend den ausführlicheren Originalgesprächen.

Die Idee, Helmut Schmidt vor der Kamera mit einigen jener Persönlichkeiten zusammenzubringen, die sein politisches Leben geteilt oder ihn stark beeindruckt haben, ist auf eine Anregung Max Warburgs hin im Gefolge eines Dokumentationsprojekts mit Zeitzeugen entstanden, das die Helmut und Loki Schmidt-Stiftung durchgeführt hat. Inspiriert von den Presidential Libraries in den USA, wenn auch in sehr viel bescheidenerem Maßstab, ist die Stiftung 1992 ins Leben gerufen worden. Sie agiert bislang noch im stillen. Ihr Ziel ist vor allem die Sicherung und Sammlung historischer Akten und Materialien sowie, in Zukunft, die Förderung zeitgeschichtlicher Forschung. Ursprünglich war geplant, die Aufnahmen als zeitgeschichtliche Dokumentation allein für das Archiv der Stiftung herzustellen. Doch bald wurde deutlich, daß der dafür nötige technische Aufwand die Möglichkeiten der Stiftung übersteigen würde. Erst durch das Interesse des NDR und des Studio Hamburg konnte das Unternehmen verwirklicht werden. Als kundigen Moderator der Gespräche konnte die Stiftung dankenswerterweise Christoph Bertram von der ZEIT gewinnen. So naheliegend die Idee auch scheinen mag: Ein derartiges Unterfangen hat es bislang auch im internationalen Rahmen nicht gegeben.

Helmut Schmidt war für den Plan eines nunmehr in aller Öffentlichkeit erfolgenden privaten Austauschs anfangs nur schwer zu gewinnen. Überdies erschien ihm die Tatsache, daß er nun mittels Dolmetschern Gespräche mit Freunden führen sollte, mit denen er sich jahrzehntelang ausschließlich auf englisch unterhalten hat, einem möglichst authentischen und substantiellen Dialog nicht eben förderlich. Es ist daher nicht zuletzt Helmut Schmidts Verdienst wie das derjenigen, die seiner persönlichen Einladung gefolgt sind, daß die gewünschte Unmittelbarkeit und Offenheit der Diskussionen gleichwohl weitgehend erhalten blieb. Tatsächlich herrschte bei allen Gesprächen eine ungewöhnlich entspannte und sehr persönliche Atmosphäre. Dazu gehörte auch, daß Shimon Peres an seinem Geburtstag mit Helmut Schmidt zusammen-

traf. Trotz der brütenden Hitze im Studio hätten alle noch
viel länger miteinander sprechen wollen. Bezeichnenderweise
vergaß sogar der kämpferische Anti-Raucher Lee Kuan Yew
die Frischluftpausen, die er mit seinem leidenschaftlichen
Raucher-Freund Helmut Schmidt vorher ausgemacht hatte.
Für politische ›Fensterreden‹ war bei dieser Stimmung kein
Raum. Bis auf Margaret Thatcher war die Reaktion aller Ein-
geladenen spontan und positiv. Manche haben weite Reisen
auf sich genommen.

Wer zum Ende eines Jahrhunderts Bilanz ziehen und nach
vorn schauen will, sucht gern die Nähe alter oder – im Fall
Henning Voscheraus – jüngerer Freunde. Dennoch stand von
Anfang an fest, daß die Gespräche nicht nur einen möglichst
globalen Blick eröffnen, sondern auch jene einbeziehen sollten, die zu Helmut Schmidts entschiedenen politischen Gegnern zählten. Dazu gehört Jimmy Carter, dessen Memoiren
ebenso wie die von Helmut Schmidt beredt Zeugnis ablegen
von einer oftmals scharfen und deutlich persönlich gefärbten
Spannung zwischen Bonn und Washington. Gleiches gilt auch
für den heutigen Bundeskanzler Helmut Kohl. Während der
Amtszeit seines Vorgängers Schmidt war Kohl als Partei- und
Fraktionschef der Union Oppositionsführer und Kanzlerkan-
didat. Damals, aber auch in den Jahren danach, haben sie
sich in manchmal verletzendem Ton über nahezu alle Themen gestritten, die je auf der Tagesordnung deutscher Politik
standen. Es mag daher auf den ersten Blick nicht verwundern,
daß sich die beiden seit der durch ein konstruktives Mißtrauensvotum herbeigeführten Ablösung Helmut Schmidts durch
Helmut Kohl im Oktober 1982 allenfalls protokollarisch begegnet sind. Die vorliegende Unterhaltung ist die erste, die
sie seitdem öffentlich geführt haben. Um so erstaunlicher
war die merkliche Gelöstheit zwischen zwei Männern, die in
mittlerweile vierundzwanzig Jahren als einzige Deutsche die
Verantwortung, Macht, Ohnmacht und Einsamkeit eines
Kanzlers erlebt haben und diese Erfahrung im Gespräch miteinander teilen wollten. Die Diskussion hat teilweise überra-
schende Übereinstimmungen und Einblicke zutage gefördert.
Im Rahmen der Gesprächsreihe bildete sie auch insofern eine

Ausnahme, als sie das einzige Zusammentreffen Schmidts mit
einem noch aktiven Politiker war. Die Aufnahme fand daher
nicht wie alle anderen in Hamburg statt, sondern in der Bonner Villa Hammerschmidt, in der Helmut Kohl Hausherr ist.
Bundeskanzler und Altbundeskanzler haben sich also jeweils
zugleich als Gast und als Gastgeber gegenübergesessen.

Alle zehn Gesprächspartner sind persönliche Bekannte
Helmut Schmidts. Die meisten haben ihn in Amt und
Freundschaft seit Jahren begleitet, nur Michail Gorbatschow
ist er erst vergleichsweise spät und flüchtig begegnet. Bezeichnenderweise lebt von den Parteichefs und Ministern der un-
tergegangenen Sowjetunion, mit denen Helmut Schmidt als
Politiker zu tun hatte, schon lange keiner mehr. Die dauerhaf-
teste, über vier Jahrzehnte reichende Verbindung besteht mit
Henry Kissinger, zu dem der an Strategie- und Sicherheitsfra-
gen interessierte junge Abgeordnete Schmidt in den fünfziger
Jahren erstmals Kontakt suchte. Kissinger war damals ein
junger Associate Professor in Harvard. In politischer Position
sind sie sich dann ab Ende der sechziger Jahre begegnet, als
Schmidt Verteidigungsminister wurde, während Kissinger
von 1968 bis 1976 erst Nationaler Sicherheitsberater, dann
Außenminister unter den Regierungen Nixon und Ford war.
Gemeinsam ist ihnen auch das ungewöhnlich große internationale Ansehen und Gewicht, das sie — obwohl schon lange
aus dem Amt — beide bis heute genießen. Tatsächlich sehen
sich Kissinger und Schmidt bis heute so oft, daß sie typischer-
weise auch zur Aufnahme in Hamburg gemeinsam von London aus anreisten, wo sie sich am Vorabend auf derselben
Einladung getroffen hatten. Ihr Gespräch macht indessen
deutlich, daß lange Freundschaft und gleichgelagerte Interessen nicht notwendig zur Übereinkunft im Urteil führen.

Ganz anders hat sich die Beziehung zwischen Helmut
Schmidt und Valéry Giscard d'Estaing entwickelt. Hier stand
die sachliche Übereinstimmung am Anfang. Sie erwies sich
angesichts der Währungs- und Ölkrisen der siebziger Jahre
als haltbar und wurde Motor einer gemeinsamen europäischen Politik. Seit ihrer ersten Begegnung in den fünfziger
Jahren als Mitglieder des Monnet-Komitees, besonders aber

seit Juli 1972, als beide Finanzminister waren, über die nahezu parallel verlaufende Amtszeit als Staatspräsident und
Bundeskanzler bis hin zu den heutigen gemeinsamen europa-
politischen Aktivitäten ist dieser ungewöhnliche Einklang geblieben. Trotz unterschiedlicher Herkunft und verschiedener
innenpolitischer Vorstellungen ist daraus nicht nur große
Sympathie, sondern ein besonderes persönliches Verhältnis
entstanden. Es ist wohl keine Übertreibung festzuhalten, daß
Helmut Schmidt und Valéry Giscard d'Estaing die engste persönliche Freundschaft verbindet, die es in der Nachkriegszeit
zwischen einem deutschen und einem ausländischen Politiker
je gegeben hat. Und Giscard war es auch, der – gemeinsam
mit James Callaghan – Jimmy Carter gegenüber auf die Einladung Schmidts zum Vierer-Gipfel auf Guadeloupe im Januar 1979 drängte, die erstmals seit dem Zweiten Weltkrieg
weithin sichtbar die Anerkennung der Bundesrepublik als
gleichberechtigte Macht im Kreis der westlichen Großmächte
dokumentierte. Vielleicht ist in dem vorliegenden Gespräch
trotz mancher Besorgnis, die den Blick nach vorn begleitet,
auch ein wenig von der Herzlichkeit spürbar, die zwischen
Schmidt und Giscard d'Estaing herrscht. Im Unterschied zur
Skepsis des Deutsch-Engländers Ralf Dahrendorf halten
beide die Einführung des Euro für Europas Weg ins 21. Jahrhundert für unabdingbar.

Wer vermuten möchte, daß sich Beziehungen über Parteigrenzen hinweg in der internationalen Politik leichter entwickeln als unter politischen Gegnern eines Landes, der findet
in Rainer Barzel und Helmut Schmidt ein eindrucksvolles Ge-
genbeispiel. Freilich begann die Freundschaft der beiden, als
CDU und SPD zwischen 1966 und 1969 zusammen an der Regierung waren und sie als Fraktionsvorsitzende gemeinsam
und gegen das schwierige Gespann Kiesinger/Brandt für die
Handlungsfähigkeit der Großen Koalition sorgten. Beide gal-
ten damals als Jungstars und Hoffnungsträger ihrer Parteien
und sind doch zugleich nie wirkliche Parteigewächse geworden. Ihr Gespräch vermittelt nicht zuletzt einen Einblick in
das Getriebe und Räderwerk des ›Raumschiffs Bonn‹ während der Früh- und Blütezeit der ›Bonner Republik‹ und

ihren damals noch sehr viel bescheideneren bürokratischen
Rahmen. Helmut Schmidt hat die Jahre als Fraktionsvorsitzender als die glücklichsten politischen Jahre seines Lebens
bezeichnet.

Mit Lee Kuan Yew, der als Staatsgründer mit autoritärem
Regierungsstil und immer noch graue Eminenz auch der ›Vater Singapurs‹ genannt wird, ist Helmut Schmidt erstmals im
Herbst 1978 zusammengetroffen, als er nach einem Staatsbesuch in Japan einen Zwischenstopp in dem kleinen, aber ökonomisch starken asiatischen Stadtstaat machte. Zur Freundschaft ist es allerdings erst Jahre später, nach dem Ende
von Helmut Schmidts Kanzlerzeit gekommen. Pate für diese
Beziehung war zunächst ein gemeinsamer Freund, der spätere US-amerikanische Außenminister George Shultz. Lee ist
seitdem für Schmidt der wichtigste Gesprächspartner und
Vermittler im Hinblick auf jenen Kontinent geworden, dem
heute sein vornehmlichstes Interesse gilt: Asien. Mit Lee teilt
Helmut Schmidt auch die Überzeugung, daß mit der Heraus-
bildung eines kohärenten ostasiatischen Blocks schon aufgrund der Rolle Japans im Zweiten Weltkrieg in absehbarer
Zukunft nicht zu rechnen ist.

Michail Gorbatschow und Helmut Schmidt haben sich erst
im Frühsommer 1989 kennengelernt, als der von der politischen und wirtschaftlichen Krise in seinem Land bedrängte
Gorbatschow bei seinem Staatsbesuch in der Bundesrepublik
um eine Unterredung mit dem Altbundeskanzler bat. Von
dem Putsch gegen den Generalsekretär der KPdSU zwei Jahre
später ahnte seinerzeit niemand etwas. Aber daß es um die
Sowjetunion nicht gut stand, war überdeutlich. Auf Gorbatschows nicht eben heitere Frage, was er in seiner Situation
tun solle, antwortete Schmidt damals denn auch zunächst:
»Ich würde nach Kanada auswandern!« Im vorliegenden Gespräch knüpfen die beiden *elder statesmen* auch an diese Unterhaltung an. Diesmal geht es neben einem kritischen Rückblick auf die Perestrojka und die Zukunft Rußlands freilich
auch um Geschichte und Gegenwart des wiedervereinigten
Deutschlands. Die nicht zu verkennende Leidenschaft, gelegentlich auch Düsternis Michail Gorbatschows angesichts die-

ser Themen erhielt dabei durch den Tag, an dem das Ge-
spräch in Hamburg stattfand, für alle Beteiligten zusätzliches
Gewicht. Wenn der Termin auch eher zufällig zustande kam:
Es war der Tag der Deutschen Einheit, als die Presse und po-
litische Beobachter Gorbatschows Fehlen beim offiziellen
Stuttgarter Festakt monierten.

Carter hatte mir bereits bei einem Gespräch in Atlanta im
November 1995 mit auf den Weg gegeben, daß er sich mit Helmut Schmidt gern versöhnlich treffen wolle. Er unterbrach
denn auch im Juli 1997 eigens seinen Angelurlaub in Finn-
land, um sich von dort auf den Weg nach Hamburg zu machen. Dennoch war im Vorfeld durchaus noch Reserviertheit
spürbar. So hatte er einen Aufenthalt von nur zwei Stunden
angekündigt und wollte nach der Aufnahme umgehend nach
Helsinki zurückfliegen. Tatsächlich aber einigten sich die ehemaligen Kontrahenten bereits kurz nach der Begrüßung während einer gemeinsamen Autofahrt spontan auf ein anschlie-
ßendes gemeinsames Essen – diesmal tatsächlich unter vier
Augen. Das am Hamburger Flughafen bereitstehende Flugzeug mußte mehrere Stunden länger warten als geplant.

Zum Schluß gilt es all jenen zu danken, die zum Gelingen
des Projekts beigetragen haben. Dazu gehören neben Uwe
Zimmermann, Heike Koppelwieser, Roland Reimer, Peter
Otto, Astrid Milde und dem Team des Studio Hamburg vor
allem Helmut Schmidts Gesprächspartner und Christoph
Bertram. Besonders zu danken ist schließlich Martin Willich
und der ZEIT-Stiftung Ebelin und Gerd Bucerius für ihre Unterstützung.

Die Gespräche moderierte
Christoph Bertram

Lee Kuan Yew

mit Helmut Schmidt im Gespräch
am 13. Juni 1997

Am Ende des Jahrhunderts stellt sich die Frage: Wird Asien das nächste Jahrhundert bestimmen? Wird China ein Weltproblem, eine Weltmacht oder vielleicht beides? Helmut Schmidt, was ist es eigentlich gewesen, das Sie mit diesem Kontinent immer wieder in Verbindung gebracht hat?

HELMUT SCHMIDT   Ich habe mich seit den fünfziger Jahren mit Fragen der strategischen Weltpolitik beschäftigt und habe in den sechziger Jahren begriffen, daß China auf dem Wege zu einer Weltmacht war. Als ich Verteidigungsminister wurde, konnte ich China nicht besuchen. Wir hatten noch keine offiziellen Beziehungen zu China. Da bin ich rundherum gereist, zum Beispiel nach Japan, nach Australien, nach Korea, und 1975 habe ich dann als erster deutscher Regierungschef auch China selbst besucht. Sowohl der unglaubliche Aufschwung dieses Staates, als auch die weit über zweitausend Jahre alte konfuzianische Philosophie und ihre Wirkung auf die Menschen haben mich immer außerordentlich beeindruckt.

Sie, Herr Lee, haben sich ja auch immer auf die Lehren des Konfuzius berufen.

LEE KUAN YEW   Ich würde nicht sagen, daß ich mich bewußt auf die konfuzianische Philosophie berufen habe. Drei Viertel des singapurischen Volkes sind tief in dieser Tradition verwurzelt. Es ist eine gewisse Gedankentiefe darin. Man kann sie nicht aus Büchern lernen. Natürlich erfaßt man den Konfuzianismus auf einer höheren Ebene, wenn man auch die Texte von Konfuzius liest. Aber in der eigentlichen Praxis ist das, was man Konfuzianismus des kleinen Mannes nennt, ein Lebensstil, mit dem die Chinesen immer in der Lage waren, eine Geschlossenheit innerhalb der Familie aufrechtzuerhalten, eine familiäre Einheit, in die auch Freunde und der Herrscher einbezogen wurden. Das war das rettende Floß, auf dem China die Jahrtausende überdauerte, auch wenn die Zentralregierung zusammenbrach. Es sind Beziehungen, die ein ganzes Volk befähigt haben, in einem Zustand totaler Anarchie zu überleben, zum Beispiel, als 1840 die Japaner China nach dem Opiumkrieg besetzten, als die Engländer und die Japaner damit anfingen, die Tsin-Dynastie aufzulösen. Deswegen herrscht ein tiefer Glaube, daß diese Werte und Beziehungen uns geholfen haben, Katastrophen zu überleben, und aus diesem Grunde darf man sie auch nicht leichtsinnig wegwerfen.

Paßt denn dieses alte Regelwerk noch in diese Zeit, oder paßt es nur in ein armes, unterentwickeltes Asien?

LEE KUAN YEW   Das ist eine sehr grundsätzliche Frage, weil sie den Kern des Problems trifft. Der Konfuzianismus entwickelte sich aus einer bäuerlichen, feudalistisch organisierten Gesellschaft heraus, in der es einen König, Herzöge und Bauern gab, aber er war in der Lage, sich dem Fortschritt anzupassen und sich zu modernisieren. Die japanische Gesellschaft ist zum Beispiel eher eine Industriegesellschaft, und dennoch haben die Japaner ihren Konfuzianismus beibehalten. Früher stand die Loyalität gegenüber der Familie an erster Stelle, jetzt nimmt diesen Platz die Loyalität gegenüber der Firma ein: ›Wenn die Firma erfolgreich ist, wird meine Familie Erfolg haben, wenn die Firma erfolgreich ist, wird Japan erfolgreich sein, wird das Imperium erfolgreich sein.‹ Mit dieser Anpassung an die heutigen Lebensumstände haben sie ihren Konfuzianismus verbessert oder verschlechtert, das ist Ansichtssache. Wenn man so will, ist dies eine Art kontrollierte Indoktrination auf philosophischer Grundlage, eine Methode, der Gesellschaft eine gemeinsame Zielvorstellung umzubinden.

Glauben Sie, daß auf diese asiatische Tradition das westliche Demo-
kratie- und Menschenrechtsverständnis anwendbar ist, oder halten Sie
das für ein ureigenes Produkt des christlich-jüdischen Kulturbereichs?

HELMUT SCHMIDT   Ich glaube nicht, daß die Demokratie
ein Produkt des Christentums oder des judäo-christlichen
Erbes ist. Die zehn Gebote zum Beispiel sind Gebote, sie erle-
gen dem Menschen Pflichten auf. Die sehr fundierte Ideologie
der Menschenrechte findet in den zehn Geboten keine
Grundlage. Sie stammt aus einer späteren Zeit, im wesentlichen aus der englischen demokratischen Entwicklung und
später der allgemeineuropäischen Aufklärung. Und darüber
sind die Gebote, die Pflichten sehr in den Hintergrund ge-
treten. Deswegen fasziniert mich am Konfuzianismus das
Festhalten an den Pflichten. Die werden bei uns in Europa
und vor allen Dingen in Amerika heutzutage viel zu klein
geschrieben.

LEE KUAN YEW   Ich würde die beiden Themen auseinan-
derhalten: Menschenrechte, also die Art und Weise, wie die
Leute miteinander umgehen, was sie als richtig und was als
falsch beurteilen, und Demokratie als eine Regierungsform,
also die Art und Weise, wie eine Regierung eingesetzt wird,
wie die Macht von einer Gruppe an eine andere auf friedliche
Weise übergeben wird. Ich glaube, daß die Menschenrechte –
die Verhaltensweisen, wie jemand bestraft wird, wie jemand
gefoltert wird, ob jemand hingerichtet wird – sich über Tausende von Jahren im Osten und im Westen getrennt entwickelt haben; im Westen war man aber im Mittelalter ebenso
brutal wie im Osten. Doch in letzter Zeit, etwa beginnend mit
dem neunzehnten Jahrhundert, der Abschaffung der Sklaverei, hat sich im Westen ein gewisser Standard dessen entwickelt, was als akzeptables Verhalten gegenüber menschlichen Wesen, gleich welcher Hautfarbe, welcher Rasse, welchen Standes oder welcher Religion, gilt, während es im
Osten viel langsamer ging.
    Ein Beispiel dafür sind, wie ich finde, die Japaner vor dem
Krieg: Sie betrachteten sich selbst als das auserwählte Volk,
Nachkommen des Sonnengottes. Dabei waren sie während

des Zweiten Weltkrieges, als sie 1937 China angriffen und 1941
ganz Südostasien, die Grausamsten und Brutalsten. Singapur
nahmen sie am 15. Februar 1942 ein, ich war damals neunzehn und auf dem College. Meinen ersten Schock bekam ich,
als ich zwei Tage danach zur Brücke hinunterging und den
Kopf eines Hingerichteten auf einem Holzbrett sah. Und auf
einem kleinen Holzblock stand in chinesischen Schriftzei-
chen: »Wenn Du törichte Dinge tust, wirst Du so enden.« Es
waren zehn, elf, zwölf solcher Köpfe an allen strategisch wichtigen Brücken. Als ich diesen Kopf sah, dem höchsten Gebäude in Singapur gegenüber, dachte ich bei mir: ›Wenn ich
davon ein Photo hätte, würde ich es an das *Look Magazine* verkaufen und ein reicher Mann werden, aber wenn sie mich
erwischen, wird auch mein Kopf da liegen.‹

Es gab damals viele Ereignisse, die sich mir eingeprägt
haben. Sie gehören zu den dramatischsten Erfahrungen in
meinem Leben. Die Japaner kamen als Eroberer und wollten
die Chinesen und die Singapurer bestrafen, weil sie von allen
im Ausland lebenden Chinesen Geld gesammelt hatten, um
den Krieg in China gegen Japan zu unterstützen. Singapur
war das Hauptquartier des Widerstandes. Als die Japaner in
Singapur einfielen, erwies General Yamashita sich als großer
Taktiker. Mit 30 000 Soldaten vernichtete er die 90 000 Mann
starke britische Armee innerhalb von 45 Tagen. Seinem Colo-
nel − in der deutschen Hierarchie wäre das ein Generalstabs-
offizier − gab er den Befehl, die Bestrafung Singapurs fortzu-
setzen. So sammelten sie alle Chinesen, Männer, Frauen und
Kinder, in Konzentrationslagern. Dort suchten sie wahllos
junge Männer aus, die Ärger verursachen könnten, und trie-
ben sie auf Lastwagen. Als ich an der Reihe war, wußte ich,
daß ich dem Lastwagen entkommen mußte. Deshalb sagte
ich: ›Ich habe meine Kleider vergessen, kann ich gehen und
sie holen?‹ Der Japaner sagte: ›Ja‹. So verschwand ich und
hielt mich zwei Tage lang versteckt. Die Männer auf den Lastwagen aber wurden alle umgebracht. Die Japaner wollten,
daß man vor Angst zitterte, sie waren willkürlich und grau-
sam. Manche sagen, daß hunderttausend Chinesen umgebracht wurden, auf den Stränden zusammengetrieben, mit

dem Maschinengewehr erschossen und den Fischen zum Fraß vorgeworfen.

Die Chinesen ließen den Japanern die gleiche Art der Behandlung widerfahren, wenn sie sie gefangennahmen. Darum hatten die japanischen Soldaten große Angst, wenn sie an die chinesische Front geschickt wurden. Es wird seine Zeit brauchen, bis die Japaner und die Chinesen über diese gegenseitige grenzenlose Brutalität hinweg sind. Die Japaner sind nicht glaubwürdig, wenn sie über Menschenrechte sprechen; sie meiden dieses Thema, weil all das sonst wieder zur Sprache käme, und sie entschuldigen sich niemals dafür. Sie leugnen es sogar, was ich als weitere Dummheit empfinde. Wenn die Japaner Farbe bekennen würden, wie die Deutschen – die Westdeutschen, nicht die Ostdeutschen – es getan haben, und sagen würden: ›Ja, es war ein gespenstischer Fehler, wir sind tief beschämt und bitten aufrichtig um Entschuldigung‹ – ich glaube, dann würde die Atmosphäre in Asien sich ändern.

HELMUT SCHMIDT   Ich glaube, es ist eine strategische Tragödie für die Japaner, daß sie es nicht fertigbringen, um Entschuldigung zu bitten. Es führt dazu, daß sie in ganz Ostasien keine Freunde gewinnen können. Die Deutschen haben einen Glücksfall erlebt: die zunächst zögerliche, aber doch sehr früh einsetzende Bereitschaft der Franzosen, uns die Hand zur Versöhnung entgegenzustrecken. Ich denke manchmal, wenn die Chinesen – zehnmal so viele Menschen wie die Japaner – im Bewußtsein ihrer kulturellen und zahlenmäßigen Überlegenheit und im Bewußtsein ihres großen wirtschaftlichen Aufschwungs, den Japanern die Hand entgegenstrecken und sagen würden: ›Wir wollen uns miteinander vertragen‹, das würde in Japan eine Änderung auslösen. Aus eigener Kraft wird das den Japanern nicht gelingen, weder gegenüber China noch gegenüber Korea, noch gegenüber den anderen Nationen in Ostasien.

Kann denn ein Land wie China demokratisch werden, oder ist das von seiner Tradition her ausgeschlossen?

HELMUT SCHMIDT   Ich würde das nicht ausschließen. Aber das würde eine lange Entwicklung voraussetzen. Der große Unterschied zwischen dem phänomenalen Erfolg Deng Xiaopings auf der einen Seite und dem Mißerfolg Gorbatschows auf der anderen beruht ja darauf, daß zwar beide versucht haben, wirtschaftliche Freiheiten zu eröffnen und der Entwicklung der Wirtschaft Spielraum zu verschaffen. Aber während Gorbatschow die Diktatur der Kommunistischen Partei beseitigt hat, hat Deng sie von oben her aufrechterhalten. Und deswegen war er erfolgreich.

LEE KUAN YEW   Die Frage nach der Demokratie ist sehr schwierig zu beantworten. Die Chinesen wurden vier- bis fünftausend Jahre lang von Kaisern und militärischen Eroberern regiert, beispielsweise von den Mandschus und von den Mongolen. Sie hatten nie eine Demokratie, höchstens auf dem Land gab es so etwas wie ein Mitbestimmungsrecht. In den Dörfern wurde gemeinsam entschieden, wer der Ortsvorsteher wurde, manchmal wurde das auch schriftlich niedergelegt. Aber in den chinesischen Sprichwörtern und Redensarten findet man immer die gleiche autoritäre Figur: den Mandarin, der kommt, um den Kaiser zu repräsentieren. Im amerikanischen Westen war die Lebensart anders. Man hatte Pferdewagen, fuhr zu einem unbesiedelten Stück Land, baute ein paar Häuser und nannte die Straße entlang den Häusern High Street. Einer sagte: ›Du wirst der Sheriff, ich der Richter und er der Bürgermeister. Wahlen brauchen wir nicht, weil wir uns ohnehin alle kennen.‹ In Asien war es immer der Kaiser, der anrückte, mit seinen Armeen und ihren Angehörigen, um das eroberte Land zu besiedeln, die alteingesessene Bevölkerung nach und nach anzupassen oder zu verdrängen. Das ist die Geschichte Chinas. China jetzt zu ändern, wird einige Zeit dauern, und ich glaube, die Chinesen werden ihren eigenen Weg gehen.

Was die Menschenrechte angeht – ich glaube nicht, daß die Chinesen auf die Schießerei auf dem Platz des Himmlischen Friedens stolz sind. Sie wissen, daß das Wahnsinn war, aber nachdem Deng Xiaoping das Chaos gesehen hatte, fürchtete er, durch die Ausbreitung auf zwanzig, dreißig weitere Städte die Kontrolle zu verlieren. Deswegen sagte er: ›Erschießt zweihundert Studenten, zweitausend, wenn nötig.‹ Es war eine weitreichende Entscheidung, aber ich glaube, er hatte keine Wahl. Nehmen wir an, die Studenten hätten an diesem Tag gewonnen. China befände sich im Chaos, und jeder weiß das. Denn inzwischen sind alle Studentenführer untereinander zerstritten, viele von ihnen sind jetzt erfolgreiche Geschäftsleute oder Dissidenten in Amerika. Sie hätten China nicht regieren können.

Aber ich glaube, weil man heute überall Fernsehen und Satellitenempfang hat und sieht, was in Israel, Ruanda oder Bosnien passiert, wird absichtliche Grausamkeit und Folter überall inakzeptabel. Auf diese Weise wird sich in der ganzen Welt ein ähnliches Verständnis der Menschenrechte entwickeln. Man muß den Chinesen Zeit lassen, ich weiß nicht wieviel, vielleicht zwanzig, dreißig Jahre, und auch sie werden sich hier dem weltweiten Standard annähern.

HELMUT SCHMIDT   Ich glaube, es wird länger dauern als zwanzig oder dreißig Jahre. Schließlich hat die Entwicklung der modernen Demokratie in Europa auch mehrere Jahrhunderte gedauert; und die Arroganz mancher Amerikaner, von den Chinesen zu verlangen, daß das nun ganz schnell passieren muß, ist völlig unhistorisch. Warum sollen die Chinesen das innerhalb kürzerer Zeit schaffen als wir in Europa? Japan ist zwar in amerikanischen Augen eine Demokratie. In Wirklichkeit ist es aber nach wie vor eine konfuzianische Gesellschaft und Staatsordnung mit demokratischen Verzierungen.

Wird China im nächsten Jahrzehnt trotz seiner immensen internen Probleme eine Weltmacht werden?

HELMUT SCHMIDT   China ist schon eine Weltmacht, wegen seiner Bevölkerungszahl, aber auch wegen der Wirtschaftskraft. In zwanzig Jahren wird die Export- und Importleistung Chinas so groß sein wie diejenige Japans. Nicht pro Kopf der Bevölkerung, aber als Aggregatgröße. In dreißig Jahren wird sie diejenige Amerikas erreicht haben. China ist insofern in

Gefahr, als sich der wirtschaftliche und soziale Aufschwung auf die Küstenprovinzen konzentriert. 200 bis 250 Millionen Menschen profitieren davon, und die reden nicht von Menschenrechten. Sie sagen: ›Es geht uns gut, viel besser als vor drei Jahren, und in den nächsten drei Jahren wird es uns noch bessergehen.‹ Auf der anderen Seite bleiben Szetschuan, Schensi, all die Hinterlandprovinzen weit zurück. Das große Problem für die Regierenden in Peking sehe ich darin, die Hinterlandprovinzen, wo noch einmal 950 Millionen Menschen leben, an dem wirtschaftlichen Aufschwung teilnehmen zu lassen. Gelingt ihnen das nicht, kann es zu Spannungen zwischen Hinterland und Küste kommen. Das Wichtigste ist, Verkehrssysteme aufzubauen und das Hinterland mit Elektrizität und Telefon zu versorgen. Was man schnell einrichten kann, sind Flugplätze und zivile Airlines, alles andere kostet Zeit und viel Geld und muß vom Staat geleistet werden. Die Kaufleute in Shanghai werden das nicht übernehmen.

LEE KUAN YEW   Den chinesischen Führern ist nur zu bewußt, daß sie mit sehr ernsten Spannungen rechnen müssen, wenn sie es nicht schaffen, auch in den Inlandsprovinzen Gewinne zu erwirtschaften. Sie lösen das Problem auf praktische Weise. Sie haben das Steuersystem geändert. Zhu Rongji hat nach langen Diskussionen zugestimmt, bestimmte Steuern der Zentralregierung zuzuordnen, bestimmte Steuern den Regierungen der jeweiligen Provinzen. Für andere Steuern werden die Zuständigkeiten geteilt. Also werden von den Provinzen, die sich wirtschaftlich schnell entwickeln, genügend Mittel zur Verfügung gestellt, damit der Ausbau von Straßen, Eisenbahnen, Häfen, Flughäfen und Telefonnetzen im Landesinneren finanziert werden kann. Natürlich wird das seine Zeit dauern, weil momentan die Steuerbeamten aus der Provinz kommen, so daß die Leute nicht durchschauen, an wen sie das Geld bezahlen, aber ich glaube, das wird sich bald ändern. Zweitens: Heute arbeiten 120 Millionen Menschen aus den Inlandsprovinzen in den Küstenstädten, sie verrichten dort die schwere, die unbeliebte Arbeit und schicken Geld nach Hause. Daraus resultiert in gewisser Weise ein Rückflußeffekt. Zugleich lernen sie, wie eine freie Marktwirtschaft funktioniert, und nach fünf bis zehn Jahren werden sie nach Hause zurückkehren, denn die Unternehmen, die an der Küste die Modernisierung begonnen haben, werden sich dem Landesinneren zuwenden und entlang den Flüssen Straßen, Eisenbahnen, Flughäfen und Häfen bauen. In deren Troß werden diese Leute mit zurückkommen.

Sie sehen keine Gefahr, daß dieses Riesenland auseinanderfallen könnte?

LEE KUAN YEW   Nein, das tue ich nicht, denn zwischen der Sowjetunion und China besteht ein großer Unterschied. Neunzig Prozent der Chinesen gehören der Bevölkerungsgruppe der Han an, nur zehn Prozent sind Angehörige nationaler Minderheiten, der Uiguren, Kasachen, Mongolen, Tibeter et cetera. Natürlich interessiert China sich für die Grenzregionen, und man verfährt hier nach der Methode, die schon seit Tausenden von Jahren angewandt wird: Man siedelt eine große Anzahl Han-Chinesen nach Tibet und nach Sinkiang um. Heute gibt es in Urumchi, der Hauptstadt Sinkiangs, genauso viele Han-Chinesen wie Uiguren. Sicherlich kann man dadurch nicht völlig verhindern, daß es zu Konflikten kommt, natürlich wird es weiterhin Bombenanschläge in Peking oder Aufstände in Kaschgar geben, aber ich sehe kein anderes System einer Minderheitenpolitik, das sich so lange bewährt hat.

HELMUT SCHMIDT   Ich würde ein Auseinanderbrechen nicht total ausschließen. Es gab ja in der Geschichte immer wieder innerchinesische Kämpfe. Ich will es nicht total ausschließen, aber ich halte es für unwahrscheinlich.

LEE KUAN YEW   Es passiert nur, wenn die Zentralregierung schwach ist. Aber heute, angesichts der aufstrebenden Wirtschaft, der wachsenden Staatseinkünfte, angesichts all der Möglichkeiten der modernen Kommunikation und des modernen Transportwesens, halte ich es kaum für möglich. Die Chinesen haben ja auch schnelle, gut ausgebildete Streitkräfte, Strategic Forces, die überall eingesetzt werden können.

HELMUT SCHMIDT   Das Stichwort der Strategic Forces bringt
mich auf ein anderes Thema. Wie werden die zukünftigen Beziehungen zwischen der Weltmacht China und der Weltmacht USA aussehen?

LEE KUAN YEW   Das ist ein sehr großes Problem. Daran
entscheidet sich, ob wir in einer stabilen, friedlichen Welt
leben oder immer wiederkehrende Spannungen haben werden. Die Amerikaner brauchen sich nur anzuschauen, was
Taiwan, was Hongkong, was Singapur erreicht hat. Dann
können sie sich ausrechnen, gemessen am Bruttoinlandspro-
dukt, daß China innerhalb der nächsten dreißig Jahre wirtschaftlich ein wenig mächtiger sein wird als die Vereinigten
Staaten. Das heißt, daß eine gewisse Umstellung in der welt-
politischen Führungsrunde notwendig sein wird. Die amerikanischen Liberalen glauben, daß man China domestizieren
und demokratisieren könne, daß es dort wie in Amerika eine
Opposition, eine freie Presse, Politikerskandale et cetera geben werde, so daß das Land mit inneren Problemen beschäftigt sein und sich um außenpolitische Schwierigkeiten nicht
kümmern werde. Ich wende dagegen ein: Ihr habt es mit
einem anderen Volk zu tun, das seine Reaktionen nicht plötzlich ändern wird. Es ist kein Hund, den man abrichten kann:
›Wenn du durch diesen Ring springst, gebe ich dir eine Wurst,
wenn nicht, werde ich dich prügeln.‹ Die Chinesen haben eine
sehr alte Kultur, ihre Geschichte ist seit viertausend Jahren
schriftlich überliefert. Sie werden ihre alten Bücher öffnen
und sagen: ›In alten Tagen pflegten sie es so zu machen.‹ Und
sie reden nur und reden und reden, aber ändern nichts. Deswegen verzweifeln die Amerikaner und sagen: ›Streicht die
Meistbegünstigungsklausel.‹

HELMUT SCHMIDT   Harry, es ist wechselseitig. Sie haben
recht: Die Amerikaner verstehen die kulturellen Traditionen
Chinas nicht. Und sie möchten am liebsten ihre Vorstellungen
von den Chinesen akzeptiert sehen. Umgekehrt verstehen die
Chinesen auch Amerika nicht, und, was noch schlimmer ist:
Japan und China verstehen sich nicht. Es gibt eine große
Lücke im gegenseitigen kulturellen Verständnis. Soweit es

sich um Chinesen und Europäer handelt, ist das harmlos, denn wir leben weit voneinander entfernt, und die Europäer sind keine strategische Supermacht. Aber im Verhältnis zu Amerika, zu Japan und anderen ostasiatischen Staaten fehlt es zum großen Teil an gegenseitigem Verständnis, auch am Willen dazu. Es könnte sein, daß der Druck der Amerikaner sowohl auf China als auch auf Rußland dazu führt, daß die russische und die chinesische Weltmacht auf die Dauer freundlicher miteinander umgehen, als wir es in den sechziger bis achtziger Jahren erlebt haben. Das wäre eine sehr unangenehme Überraschung für die Amerikaner.

Haben Sie als Verantwortlicher für Singapur Furcht vor der Macht Chinas?

LEE KUAN YEW   Das ist eine Frage, die sehr schwer zu beantworten ist. Man darf nicht vergessen, daß die Chinesen – auch als sie noch schwach waren – Singapur kommunistisch unterwandern und die Revolution exportieren wollten. Von den vierziger bis in die sechziger Jahre hinein habe ich die Kommunisten in Singapur bekämpft, die von Peking auf vielerlei Art, finanziell und propagandistisch, unterstützt wurden. Deswegen haben wir eine gewisse Allergie gegen die Kommunisten in China entwickelt, wir betrachteten sie als Unruhestifter, die die Verbundenheit mit der chinesischen Kultur, der chinesischen Sprache ausnutzten, um neutrale Chinesen in Singapur auf ihre Seite zu ziehen. In den Siebzigern begann China sich zu öffnen, und das sollte sich in dieser Hinsicht als Fehler erweisen. Man konnte frei nach China einreisen und sehen, daß es rückständig war, also schwand die Anziehungskraft der chinesischen Kommunisten, und ihr Einfluß löste sich in Luft auf. Sie sind deshalb keine Quelle der Bedrohung oder Angst mehr. Vielleicht wird China in fünfzig Jahren sehr reich und zivilisiert sein, mit schönen Städten, sauber und voller Grün. Wenn die Chinesen dann wieder sagen: ›Macht es wie wir, nehmt uns als Vorbild‹, müssen wir unsere Position überdenken.

Ich habe erlebt, wie die Chinesen in Malaysia, in Indonesien, in Thailand benutzt wurden, um Aufstände und Revolutionen anzuzetteln, und wenn sie in Schwierigkeiten gerieten, war China zu schwach, ihnen zu helfen. Nur die Anführer der Aufständischen erhielten immer Asyl und medizinische Behandlung in China. Aber ich war sehr beeindruckt davon, wie die Chinesen nach und nach ihre Unterstützung zurückgezogen haben. Das ist mir als großes Fragezeichen für die Zukunft im Gedächtnis geblieben. Ein Beispiel: Als 1978 die Vietnamesen Kambodscha angriffen, kam Deng Xiaoping nach Singapur und sagte: ›Wir müssen uns alle verbünden und die Russen zurückschlagen, aus Kuba und Südostasien, aus Vietnam.‹ Da antwortete ich ihm ganz einfach: ›Meine Nachbarn möchten, daß ich mich mit ihnen gegen euch verbünde, zusammen mit Amerika und Rußland, denn ihr seid die Unruhestifter, nicht die Russen. Die Russen sind weit weg, es leben keine Russen in Südostasien.‹ Ich forderte Deng auf, die kommunistische Unterwanderung Südostasiens zu beenden, und er versprach, darüber nachzudenken. Tatsächlich haben die Chinesen diese Aktivitäten dann eingestellt, da sie ja gegen die Vietnamesen und die Russen kämpfen mußten, aber erst zwei Jahre später. Auch die Propaganda von illegalen Radiosendern wurde zeitweilig gestoppt, doch schon bald erhielten die kommunistischen Gruppen wieder Geld von China, um sich japanische Sendeanlagen mit größerer Reichweite zu kaufen. Man merkt also, daß China bei diesen Leuten weiterhin hohes Ansehen genießt und sie, falls nötig, wieder für seine Zwecke benutzen kann.

HELMUT SCHMIDT   Ich glaube, die Frage, ob man Angst davor haben muß, daß China eine Weltmacht wird – oder schon ist, wie ich denke –, ist falsch. Man muß Tatsachen als Tatsachen erkennen und als solche akzeptieren. Die Geschichte, die Herr Lee über seine Unterhaltung mit Deng erzählt hat, enthält eine Lehre: Je mehr man miteinander redet und einander zuhört, desto wahrscheinlicher wird es, daß man sich versteht. Ich habe zum Beispiel schon vor einer Reihe von Jahren vorgeschlagen, die Chinesen – und übrigens auch die Russen – als vollwertige Teilnehmer zu den Gipfeltreffen der Großen Sieben einzuladen. Die diplomatische Quasi-Qua-

rantäne, die Amerika bis heute über China verhängt, halte ich
für verhängnisvoll, denn sie verhindert das offene Gespräch.
Eigentlich waren Leute wie Nixon und Kissinger vor einem
Vierteljahrhundert weiter als manche Leute heute im amerikanischen Senat.

LEE KUAN YEW   Ich stimme Ihnen vollkommen zu. Die
Chinesen haben keine starre Haltung, die auf Generationen
festgelegt ist. Sie werden einen Generationswechsel durchma-
chen. Die gegenwärtigen Führer, Jiang Zemin, Li Peng, Zou
Jiahua, Li Ruihuan, all die Leute vom Politbüro wurden in
den späten Sechzigern und frühen Siebzigern in der Sowjetunion erzogen. Ihre Erfahrung ist geprägt durch den Krieg,
den Bürgerkrieg, den Krieg gegen Japan, den Koreakrieg,
den Vietnamkrieg. Es ist schwer für sie, sich völlig von ihrer
Vergangenheit zu lösen. Aber wenn man die jungen Leute um
die Vierzig betrachtet, die Bürgermeister, die wahrscheinlich
in zwanzig Jahren die Führer sein werden, dann findet man
viele, die eine gute Ausbildung im Westen genossen haben, in
Amerika, in Europa, in England, und sie haben eine etwas
andere Sichtweise.

Ich würde gern eine Anekdote dazu erzählen: Der stellver-
tretende Außenminister Qian Qichen hat einen Sohn namens
Cheng Ning, der ungefähr 35 Jahre alt ist und der fünf Jahre
lang in Amerika gearbeitet hat. Er war Reporter für eine Zeitung, ich glaube, in Minnesota, im Mittleren Westen, und er
reiste auch an die Ostküste. Als er zurückkam, schrieb er ein
Buch über seine Erfahrungen, das sogar veröffentlicht werden
durfte – er hat schließlich tadellose Referenzen. Natürlich war
es interessant zu lesen, welchen Schock er erlitt, als er die
amerikanische Sexualmoral kennenlernte. Er teilte ein Zim-
mer mit einem amerikanischen Kollegen. Als er eines Tages
nach Hause kam, überraschte er den Amerikaner mit seiner
Freundin im Bett. Verlegen wollte er gehen, aber der Amerikaner sagte: ›Macht nichts. Du machst weiter mit dem, was
du tun wolltest, und ich mache weiter. Ignoriere uns einfach.‹
Cheng Ning schreibt: ›Das ist eine völlig andere Welt. Ich verstehe sie nicht, denn in China ist das unvorstellbar.‹ Aber er

zeigt in seinem Buch etwas von, wie ich meine, grundlegender Bedeutung für die Zukunft. Die chinesischen Studenten, die drei oder mehr Jahre in Amerika waren, haben einen anderen Lebensstil gesehen, sie haben gesehen, daß die chinesische Lebensart nicht die einzige ist. Mit anderen Worten: Sie muß nicht zwangsläufig die beste sein.

HELMUT SCHMIDT   Es gibt heute Zigtausende chinesischer Studenten an der Westküste Kanadas und der USA, die alle mit der gleichen Erfahrung nach Hause gehen. Daraus wird sich ein gradueller, langsamer Wechsel ergeben, eine Entwicklung, die wahrscheinlich mehr als eine, vielleicht mehr als zwei Generationen in Anspruch nehmen wird.

LEE KUAN YEW   Aber manche Veränderungen vollziehen sich sehr schnell. Cheng Ning schreibt weiter, daß chinesische Frauen, die mit dem liberalen Lebensstil in Kontakt gekommen sind, nie wieder in die herkömmliche Frauenrolle zurückkehren würden. Ich glaube, daß das grundlegende Bedeutung für die Zukunft hat. Jetzt hängt alles davon ab, ob die Amerikaner geduldig sind und die Zeitläufte abwarten, die diesen Wechsel bringen werden. Denn diese Veränderung kann nur von den Chinesen ausgehen, nicht von den Amerikanern erzwungen werden.

HELMUT SCHMIDT   *(lacht)* Normalerweise sind Amerikaner niemals geduldig.

LEE KUAN YEW   Ja, ich weiß, aber ich kann nur nochmals warnen: Der Versuch, den Wandel zu erzwingen, wird fehlschlagen.

HELMUT SCHMIDT   Wir haben ein Land bisher nicht erwähnt, Harry, und das ist Indien, ein riesiges Land mit 900 Millionen Menschen. Es gab immer wieder Spannungen zwischen Indien und China, zum Teil wegen Tibet und anderer kleiner Staaten im Bereich des Himalaya. Die Inder haben ihre sowjetischen Verbündeten verloren und die Chinesen den ›Moskauer Feind‹. Im Verhältnis zu Indien sind die Chinesen heute deutlich stärker als noch vor zehn oder zwanzig

Jahren. Wie wird sich das Verhältnis zwischen Indien und China entwickeln?

LEE KUAN YEW   Das wird immer eine etwas schwierige Beziehung sein, weil Indien nicht akzeptiert, daß China einen ständigen Sitz im Sicherheitsrat der Vereinten Nationen hat und Indien nicht, daß China über Atomsprengköpfe mitsamt der dazugehörigen Raketentechnologie verfügt, was Indien nach dem Atomwaffensperrvertrag verboten ist. Die Inder möchten China gleichgestellt werden, und ich finde auch, daß die Vereinten Nationen ihre Vereinbarungen endlich entsprechend ändern müssen. Ich weiß nicht, wie lange es dauern wird, bis China und Indien wirtschaftlich gleichgestellt sein werden. Aber Indien muß sich grundlegend ändern, was nicht einfach ist.

HELMUT SCHMIDT   Die Inder haben einen Vorteil, was den ökonomischen Fortschritt angeht, sie haben ein funktionierendes Rechtssystem, das gibt es einstweilen in China noch nicht. Auch wenn die Chinesen sich für den Welthandel und den Weltfinanzverkehr öffnen, ist es für westliche Unternehmen einfacher, mit Indern Kontrakte zu schließen als etwa mit Chinesen. Am schwersten ist es heute mit den Russen, weil es da überhaupt kein funktionierendes Rechtssystem gibt.

LEE KUAN YEW   Ich teile diese optimistische Ansicht über Indien nicht ganz. Ja, es hat ein funktionierendes Rechtssystem, ist eine sehr offene Demokratie mit vielen Parteien, aber in ihrer wirtschaftlichen Leistung waren die Inder immer ziemlich schwach. Ich hatte gehofft, sie würden aufholen, aber ich meine, sie haben es nicht getan, und es wird lange dauern, bis ihnen der Durchbruch gelingt. Weshalb? Im Unterschied zu China werden in Indien beispielsweise Anordnungen nicht konsequent befolgt und durchgesetzt. Premierminister Rao bat um unsere Unterstützung bei der Entwicklung der Tourismusbranche. Wir haben sieben Millionen Touristen in Singapur, sie haben nur eine Million. Wir sagten: ›Wir werden Touristen nach Indien bringen, aber wir müssen zuerst eure

Flughäfen ausbauen, Hotels und Bahnverbindungen bauen.‹ Der Premierminister stimmte zu. Aber dann sagt der Verkehrsminister: ›Nein, es geht hier um innerindischen Flugraum, den man nicht an Singapore Airlines geben kann, auch wenn es sich um ein Jointventure mit Katar handelt.‹ Also war der ganze Plan gescheitert.

HELMUT SCHMIDT   Ich verstehe das sehr gut, und das wird auch noch viele Jahre so sein. Aber als ich 1975 das erste Mal in China war, habe ich mir nicht im Traum vorgestellt, daß ein einzelner Mann, Deng Xiaoping, in weniger als zehn Jahren China auf einen völlig anderen Kurs bringen könnte. Warum schließt du das für Indien ganz aus?

LEE KUAN YEW   Weil Indien eine von den Briten geerbte Bürokratie hat, eine Bürokratie, die gelernt hat, wie sie jede Politik, mit der sie nicht einverstanden ist, blockieren kann. Und weil die indischen Beamten so schlecht bezahlt werden, daß sie eine Methode entwickelt haben, ihren Lebensunterhalt aufzubessern. Auf jedem Formular braucht man achtzehn, neunzehn Unterschriften und Stempel ...

HELMUT SCHMIDT   ... wie in Deutschland.

LEE KUAN YEW   Da bin ich nicht sicher. In Deutschland nehmen die Beamten keine Schmiergelder, in Indien schon. Das ist ja von internationalen Organisationen vielfach dokumentiert worden.

Teilen Sie die von Samuel Huntington formulierte Furcht vor einem ›Clash of Civilizations‹, einem Zusammenprall der Kulturen?

LEE KUAN YEW   Nein, ich bin vollkommen anderer Meinung als Huntington. Er zeigte mir den Entwurf seines Buches vor der Veröffentlichung, als er auf einer Konferenz in Singapur war, und wollte meine Kritik hören. Ich las ihn und sagte ihm, seine Behauptungen seien nicht fundiert. Tatsächlich gab es, wenn man die asiatische Geschichte betrachtet, die schlimmsten Feindschaften immer zwischen den Asiaten – Chinesen gegen Koreaner, Japaner gegen Chinesen, Chinesen gegen Vietnamesen. Und die Amerikaner etwa haben die

Chinesen in dem Kampf um ihre Unabhängigkeit sehr unterstützt und die Japaner davon abgehalten, China zu erobern. Natürlich ist das eine Frage des Kräftegleichgewichts, Amerika möchte eine offene Politik in Asien. Aber Kriege werden nicht deshalb geführt, weil die Menschen kulturell unterschiedlich sind, sondern weil beide Gegner die gleiche Sache haben wollen und es nicht genug davon gibt. Ich glaube nicht, daß die Amerikaner und die Chinesen beide den Zugang zu den Inseln in der Taiwan-Straße, Kinmen, den Penghu-Inseln, wollen, weil sie glauben, daß es dort Öl gibt. Viele der Anrainerstaaten erheben Anspruch auf diese Inseln, und die Amerikaner haben dort nach dem Krieg einen unnötigen Grenzkonflikt geschaffen, indem sie sie Taiwan und nicht der Volksrepublik China zugeschlagen haben. Nixon fragte mich 1967, als er Präsidentschaftskandidat war, was ich über China denke, und ich sagte: ›Ihr habt eine unnötige Grenze durch die Taiwan-Straße gezogen. Die wirkliche Grenze, die China noch Hunderte von Jahren Schwierigkeiten machen wird, ist der Amur, die Grenze zur Sowjetunion. Die wird Hunderte und Tausende von Jahren bleiben. Ihr habt euch einen künstlichen Feind geschaffen, während die wirklichen Feinde der Chinesen die Russen sind.‹

HELMUT SCHMIDT   Die künstliche Grenze in der Taiwan-Straße hängt auch zusammen mit falschen Vorstellungen, die die Amerikaner sich damals vom China Mao Tse-tungs und seiner Zukunft gemacht haben. Ich möchte auf die Frage nach Huntington zurückkommen. Ich stimme weitgehend damit überein, was Harry Lee über das Verhältnis der asiatischen Kulturen zueinander angibt. Ich halte zweitens die These von der Unvermeidlichkeit eines ›Clash of Civilizations‹ für dummes Zeug, für lebensgefährlich, weil es Leute geben wird, die diesen Unfug glauben. Aber drittens: Es gibt die Gefahr eines Zusammenstoßes, das muß man zugeben. Nicht so sehr zwischen den Konfuzianern oder den Chinesen und ihren Nachbarn, wohl aber zwischen den Europäern und dem Islam. Das Maß an Verständnis, das die Europäer dem Islam entgegenbringen, ist fast null. Der jetzige Präsident des Iran war jahre-

lang hier in Hamburg ein paar Häuser weiter Geistlicher in
einer iranisch-islamischen Moschee. Niemand in Hamburg
hat ihn gekannt. Er lebte völlig isoliert. Die Hamburger verstehen wenig vom Iran – höchstens, wenn es um Teppichhan-
del geht – und vom Islam gar nichts. Umgekehrt verstehen
die muslimischen geistlichen Führer, ob an der El-Azhar-Uni-
versität in Kairo, ob im Iran, in Pakistan oder Bangladesch,
nichts von Europa. Die Leute in Bangladesch werden Europa
nichts tun. Aber die Europäer, die grundsätzlich auf der Seite
Israels stehen, nehmen den islamischen Fundamentalismus
und Terrorismus als kennzeichnend für den ganzen Islam. Es
gibt ungefähr eine Milliarde Moslems heute und ungefähr die
gleiche Zahl sogenannter Christen. Mein Gefühl sagt mir, daß
wir Europäer, damit Huntingtons Prognose nicht eintritt,
dringend lernen müssen, den Islam zu verstehen, mit ihm zu
reden und ihm auch zuzuhören.

*Huntington hat ja unter anderem auch ein Szenario entwickelt, daß
die asiatische Welt, daß China sich mit der islamischen Welt gegen
den Westen verbrüdert.*

LEE KUAN YEW   Das wird nur passieren, wenn Amerika ein
Embargo über China verhängt und Europa sich dabei mit
Amerika verbündet. Da China den Westen in wirtschaftlicher
Hinsicht nicht schlagen kann, wird es dann Massenvernich-
tungswaffen an die Iraner, die Libyer und die Iraker exportieren und dem Westen Probleme im Nahen Osten verursachen.
Aber ich denke, die Chinesen verstehen dieses Problem gut,
denn sie haben selbst eine moslemische Bevölkerungsgruppe
an den Grenzen zu den zentralasiatischen Republiken. Ich
stimme mit Helmut überein, daß den moslemischen Nationen der Boden unter den Füßen wegrutschen wird, wenn sie
wirtschaftlich nicht erfolgreicher werden und es ihnen nicht
gelingt, für ihre Völker einen Lebensstandard zu schaffen, der
dem einer modernen Konsumgesellschaft entspricht, wenn sie
also weiterhin schlafen. Dann werden sie sich zuerst der My-
stik zuwenden und glauben, daß moslemischer Glaube und
Armut im Jenseits belohnt werden. Es ist wie bei Mao und
dem kleinen roten Buch, der Mao-Bibel. Er hatte auf rationa-

lem Weg keinen Erfolg, also sagte er: ›Wenn wir das kleine rote Buch lesen, werden wir die Berge erobern.‹

HELMUT SCHMIDT   Es widerstrebt mir, Harry, daß dieses Gespräch mit solchen Horrorszenarien enden soll. Ich würde ganz gerne noch die Gelegenheit nutzen, um zu erklären, warum ich diesen Mann Lee Kuan Yew bewundert habe, nämlich wegen seiner großen Verdienste um die Entwicklung des modernen Singapur. In meinen Augen eine Leistung, die über das hinausgeht, was wir Deutschen nach dem Kriege zustande gebracht haben, allerdings in einem relativ kleinen Stadtstaat, keine vier Millionen Menschen, und wir waren damals vierzig oder fünfzig Millionen. Mir widerstrebt die europäische und amerikanische Arroganz gegenüber solchen Leistungen, die sagt: ›Aber die Menschenrechte‹.

Man sollte die Menschenrechte zur Sprache bringen, aber man sollte nicht vergessen, daß die ›Universal Declaration of Human Rights‹ aus dem Jahre 1948 stammt. Das ist ein halbes Jahrhundert her, und sie war die Reaktion auf Hitler, auf die Diktatur der Japaner, eine frühe Reaktion auf Stalin. Bei der Gelegenheit ist aber vergessen worden, daß es auch ›human obligations‹ gibt, und das ist etwas, was wir von den Konfuzianern lernen müssen.

Was bedeutet für Sie beide angesichts der großen geographischen und kulturellen Entfernung Ihre persönliche Freundschaft?

LEE KUAN YEW   Erstens glaube ich, daß, wenn man jemanden zu seinem Freund macht, ein bestimmtes Einfühlungsvermögen und ein gegenseitiges Vertrauen vorhanden sein müssen, daß man sich nicht gegenseitig täuscht, daß man nicht miteinander in Konkurrenz tritt und daß man dem anderen hilft. Wir sind nicht so verschieden, daß wir nicht in vielen Dingen übereinstimmen würden. Ich glaube, meine Freundschaft mit Helmut begann, weil ich instinktiv an vielen Punkten merkte, daß meine Reaktion wie seine war, zum Beispiel in Fragen, die die Dritte Welt betreffen. Ich fand einen bestimmten gemeinsamen Zugang zu Weltproblemen.

Zweitens war Helmut sehr hilfsbereit. Ich war daran interessiert, daß die Deutschen uns zeigten, wie sie ihre Arbeiter ausbildeten und qualifizierten, und er stimmte zu, ein deutsch-singapurisches Trainingszentrum ins Leben zu rufen. Wir lernten von den Deutschen, wir lernten von den Japanern, wir haben vom Wissen der Holländer und Franzosen profitiert, und wir haben gesehen, welche Unterschiede es auf diesem Gebiet gibt, denn wir wollten von allem nur das Beste übernehmen. Ich würde sagen, daß euer Ausbildungssystem zu den besten der Welt gehört. Es wurde zu einem Gütesiegel, von Deutschland gelernt zu haben. Natürlich haben wir auch die andere Seite des deutschen Wunders gesehen, den übertriebenen Wohlfahrtsstaat, daß man einmal im Jahr für einen Monat nach Baden-Baden zur Kur fährt et cetera. Also, ich denke, daß auch das eine gute Schule für uns war, und wir haben eine bestimmte Lebensphilosophie geteilt.

HELMUT SCHMIDT   Ich kann meine Antwort in einem Satz zusammenfassen: Der Wesenskern einer Freundschaft beruht auf der Zuverlässigkeit des Freundes, auch darin, daß man sich darauf verlassen kann, daß er das sagt, was er wirklich denkt. Das ist gar nicht so häufig im Leben wie in der Politik.

Jimmy Carter

mit Helmut Schmidt im Gespräch
am 11. Juli 1997

Am Ende des Jahrhunderts ist die Welt vom Kalten Krieg zu einem
unübersichtlichen Frieden übergegangen. Helmut Schmidt und Jimmy
Carter haben in den siebziger und frühen achtziger Jahren an diesem
Übergang mitgewirkt. Dabei ging es zwischen Ihnen beiden nicht
immer ohne Spannungen zu. Lag das daran, daß hier zwei Morali-
sten zusammenkamen, die beide ihrer eigenen Überzeugung folgten?

JIMMY CARTER   Man darf nicht vergessen, daß es zwischen
zwei befreundeten Nationen ebenso Meinungsverschiedenheiten gibt wie in einer Ehe. Dennoch bin ich der Ansicht,
daß Kanzler Schmidt und ich zu 95 Prozent übereinstimmten,
was die gemeinsame Politik unserer beiden Länder betraf. Zu
vielleicht fünf Prozent – das läßt sich natürlich nicht ausrechnen – waren wir unterschiedlicher Meinung und haben daraus auch kein Geheimnis gemacht. Wie Sie wissen, ist Helmut
Schmidt, ebenso wie ich, ein Politiker, der kein Blatt vor den
Mund nimmt. Ich finde, in einer Demokratie ist es besser,
Meinungsverschiedenheiten auszusprechen, so daß sie allgemein bekannt sind.

Zum ersten Mal begegnete ich Helmut Schmidt 1972,
als ich noch Gouverneur von Georgia war. Ich kam nach
Deutschland, weil wir daran interessiert waren, daß VW ein
Werk in meinem Bundesstaat errichtet. Helmut Schmidt war
Finanzminister, und als ich in sein Büro kam, sagte er: ›Wenn
Sie mir erklären, was mit Watergate los ist, werde ich für
Sie eine Verabredung mit dem VW-Vorstand arrangieren.‹
So lernten wir uns kennen. Ich habe immer Helmuts Gast-
freundschaft geschätzt, und im allgemeinen, würde ich sagen,
hatten wir und unsere Ehefrauen, Loki und Rosalynn, im tief-
sten Innern ein sehr harmonisches Verhältnis zueinander.

HELMUT SCHMIDT   Zunächst einmal habe ich keinen Zweifel daran, daß wir auf demselben moralischen Boden gestanden haben. Im übrigen hat Präsident Carter sicher recht, daß
sich aus der Sicht der Weltmacht USA manches Problem anders darstellte als aus der Sicht Deutschlands, eines Staates
von mittlerer Bedeutung. Mir liegt aber bei der Rückschau
auf die siebziger Jahre mehr am Herzen, einen großen Erfolg
in Erinnerung zu rufen, den wir gemeinsam mit Giscard
d'Estaing und Jim Callaghan erzielt haben, nämlich das Treffen auf Guadeloupe 1979, das dann zu dem NATO-Doppelbeschluß geführt hat. Der INF-Vertrag in den späten achtziger
Jahren, der erste wirkliche Abrüstungsvertrag mit der Sowjetunion, wäre ohne diesen Doppelbeschluß nicht zustande gekommen, und ich bin nach wie vor stolz darauf, daß wir ihn
gefaßt haben. Gorbatschow selbst hat mir einmal erzählt, daß
er zu Beginn seiner Amtszeit viele Dinge hätte lernen müssen,
und dazu gehörten auch die Strategien und technischen Be-
sonderheiten der Raketenkriegführung. Die Kommandeure
der Raketentruppen rund um Moskau hätten ihm damals
erklärt, daß es gegen die Pershing 2 keine wirksame Verteidigung geben könne, und da habe er begriffen, daß die Pershing 2 wegmußten und daß dazu auch die SS 20 verschwinden mußten.

Zugleich ist der NATO-Doppelbeschluß aber auch ein Beispiel für die
Schwierigkeiten, die Sie beide miteinander hatten. Den amerikani-
schen Präsidenten von der Notwendigkeit des Doppelbeschlusses zu
überzeugen war doch nicht leicht damals.

JIMMY CARTER   Das war eine Entscheidung, die nicht so
schwer zu Hause zu vertreten war, denn schon sechs Monate
nach Guadeloupe habe ich ja in Wien mit Breschnew das
SALT-II-Abkommen geschlossen, das eine Laufzeit von sieben Jahren hatte. Die großen Schwierigkeiten kamen erst mit
der Stationierung der Neutronenbombe. Noch vor meiner
Präsidentschaft war vertraglich vereinbart worden, diese Waffe
zu entwickeln und in Europa zu stationieren. Aber als der
Zeitpunkt ihrer Endkonstruktion und Produktion näher-
rückte, war kein europäisches Land bereit, die Neutronen-

bombe zu stationieren, weil sich inzwischen eine starke Öffentlichkeit gegen diese ausschließlich auf die Vernichtung von Menschen gerichtete Waffe gebildet hatte. Das verursachte Schwierigkeiten zwischen Europa und den Vereinigten Staaten und führte schließlich dazu, daß wir die Produktion der Neutronenbombe aussetzten.

Haben Sie, als Sie das SALT-II-Abkommen schlossen und Breschnew umarmten, gespürt, daß es mit der Sowjetunion zu Ende geht?

JIMMY CARTER   Nein, ich glaube, kein Politiker und kein Nachrichtendienst hat vorhergesehen, welche Veränderungen in der Sowjetunion stattfinden würden. Gorbatschows Regierung, Glasnost, Perestrojka und die Auflösung der Sowjetunion in fünfzehn unabhängige Staaten hat damals wohl niemand vorausgesehen.

HELMUT SCHMIDT   Ich würde dem zustimmen. Ich glaube nicht, daß irgend jemand das vorhergesehen hat. Erst in den allerletzten Jahren, 1988/89 begann man zu ahnen, daß die Sowjetunion implodieren oder zumindest die Macht der Kommunistischen Partei zerbröckeln könnte.

Was war der entscheidende Faktor beim Zusammenbruch des Sowjetimperiums? Der militärische Druck – SDI etwa – oder die moralische Autorität des Westens, die sich auch in der Menschenrechtspolitik ausdrückt? Oder waren es die Veränderungen in Moskau selbst?

JIMMY CARTER   Ich denke nicht, daß das SDI-Programm für die sowjetische Bevölkerung von großer Bedeutung war. Natürlich aber ist auch während meiner Amtszeit das Militärbudget jedes Jahr erhöht worden. Ich war von der Notwendigkeit militärischer Stärke ebenso überzeugt wie Helmut. Ich glaube jedoch, daß die entscheidenden Veränderungen innerhalb der Sowjetunion stattfanden. Gorbatschow hat diese Entwicklung wesentlich beschleunigt; wäre er nicht an die Macht gekommen, dann hätte sich vielleicht bis heute nicht viel verändert.

Aber als Präsident einer Supermacht betrachtete ich die Ereignisse aus einer anderen Perspektive. Ich sage es ungern, aber Westeuropa hatte bei mir nicht die oberste Priorität; ich war viel stärker in Lateinamerika engagiert, ich wollte die diplomatischen Beziehungen zu China normalisieren und die Friedensverhandlungen im Nahen Osten voranbringen. Natürlich verhandelte ich auch mit der Sowjetunion. Wir versuchten zum Beispiel, eine Ausreisegenehmigung für sowjetische Juden zu erreichen. 1977, in dem Jahr, als ich Präsident wurde, durften nur ein paar hundert Juden ausreisen, aber zwei Jahre später, nachdem ich an Sacharow geschrieben hatte und wir einiges in Bewegung gesetzt hatten, waren es ungefähr 51 000.

Die sowjetischen Führer glaubten, daß unsere Menschenrechtspolitik ausschließlich auf sie ziele, aber das stimmt nicht, wir setzten uns ja in der ganzen Welt für die Menschenrechte ein. Kanzler Schmidt und ich haben darüber einige Male diskutiert. Er war der Ansicht, es sei viel effektiver, im stillen auf die Einhaltung der Menschenrechte zu dringen. Ich hatte Verständnis dafür, denn durch diese Politik sind viele Leute aus Ostdeutschland und aus anderen Teilen Osteuropas freigekommen. Ich verfolgte eine viel öffentlichere Politik, weil ich die Menschenrechte stärker in den Brennpunkt rücken wollte, aber nicht nur in Hinsicht auf die Sowjetunion, sondern auch auf viele andere Länder.

HELMUT SCHMIDT   Ich glaube, daß wir in bezug auf die fundamentale Bedeutung der Menschenrechte, der Grundrechte des einzelnen, immer völlig übereingestimmt haben. Nicht übereingestimmt haben wir darin, wie weit man die Menschenrechte in der Außenpolitik instrumentalisieren soll, das gilt auch für spätere Regierungen in Washington und in Bonn. Die Amerikaner haben die Menschenrechte immer gegenüber der Sowjetunion, China, dem Iran betont, niemals gegenüber Saudi-Arabien und anderen Staaten im Mittleren Osten; sie waren sehr selektiv in der Auswahl der Adressaten. Ich glaube, man muß berücksichtigen, daß gerade islamische, ostasiatische und südostasiatische Völker andere kulturelle Traditionen haben. Zum Beispiel spielen in China, im Konfuzianismus, die menschlichen Pflichten eine viel größere Rolle als in unseren Verfassungen. Das wirkt sich bis in die Gegenwart aus, die Kommunistische Partei Chinas ist eigentlich stärker konfuzianisch als kommunistisch geprägt.

JIMMY CARTER Ich weiß, daß Helmut Schmidt, Hans Küng und andere seit einigen Jahren an einer ›Allgemeinen Erklärung der Menschenpflichten‹ arbeiten, das ist eine sehr interessante Diskussion. Ich halte es für falsch, sich ausschließlich auf die Menschenrechte zu verpflichten, aber ich glaube, daß jeder Mensch die Verantwortung hat, sich für die Freiheit einzusetzen und dafür, daß niemand verfolgt wird. Rechte und Verantwortlichkeiten sind also nicht voneinander zu trennen. Helmut betont immer wieder, daß jedes Land seine eigene Definition von Menschenrechten hat. In den USA sagt man: ›Menschenrechte sind Redefreiheit, Religionsfreiheit, Versammlungsfreiheit et cetera.‹ Aber in einem anderen Land würde man vielleicht sagen: ›Wir glauben, daß es ein Menschenrecht auf Arbeit, auf Wohnung, auf medizinische Versorgung gibt.‹ Jedes Land betont also die Menschenrechte, die in seiner Tradition eine besondere Bedeutung erlangt haben.

Dennoch war die Menschenrechtsfrage in Ihrer Amtszeit untrennbarer Teil der Außenpolitik, während die Bundesrepublik sie gerade gegenüber dem Ostblock nur zögerlich ansprach. Zeigt sich darin vielleicht der Unterschied zwischen der Supermacht und der Mittelmacht?

HELMUT SCHMIDT Nein, nicht der Unterschied zwischen der Supermacht und einer mittleren Macht ist der Grund dafür, sondern dies ist ein Grundzug der amerikanischen Nation, den man bei Jimmy Carters Nachfolgern in ähnlicher Weise feststellen kann wie vor ihm schon bei Franklin Roosevelt. Die ›Universal Declaration of Human Rights‹, die Menschenrechtserklärung, stammt ja von Eleanor Roosevelt, seiner Frau, und wurde 1948 als Reaktion auf die japanische Militärdiktatur, auf Hitler und auf Stalin in den Vereinten Nationen verabschiedet.

Für uns war die Frage der Menschenrechte außenpolitisch immer nur ein Nebenthema, das ist richtig, und es gibt Leute, die uns das vorwerfen. Auf der anderen Seite haben wir damals für Hunderttausende von Menschen aus Rußland, Polen und der DDR die Freiheit erwirkt, ohne uns gegenüber der sowjetischen Führung mit ultimativen Forderungen aufzuspielen. Die USA brauchten sich nicht aufzuspielen, sie waren eine Weltmacht. Bei einem mittleren Staat wie der Bundesrepublik liegen die Dinge etwas anders.

JIMMY CARTER   Helmut, lassen Sie mich etwas dazu sagen. Ich glaube, wenn man in der Welt etwas verändern will, ist die Frage der Menschenrechte der entscheidende Punkt, und den darf man einfach nicht außer acht lassen. Ein Beispiel: Als ich Präsident wurde, waren fast alle Länder in Südamerika Militärdiktaturen. Die Vereinigten Staaten haben dort großen Einfluß, und unsere Menschenrechtspolitik wurde in Lateinamerika zu einem regelrechten Kreuzzug. Mittlerweile ist dort jedes Land eine freiheitliche Demokratie.

Mein Land hat sich tatsächlich seit dem Ende des Zweiten Weltkrieges in besonderer Weise dem Prinzip der Menschenrechte verschrieben. Nach dem Sieg der Alliierten wollten wir den ehemaligen Feinden Deutschland, Italien und Japan helfen, Freiheit und Demokratie zu erlangen. Unser Hauptanliegen war es, in diesen Ländern wohlhabende Demokratien zu begründen, während die Sowjets in erster Linie die Länder Osteuropas beherrschen wollten. Ich finde, das ist ein Aspekt der Menschenrechte, der zu einem sehr praktischen Ergebnis geführt hat, nicht zuletzt auch dazu, daß Deutschland und Italien sich nach dem Krieg als friedliche Nachbarn erwiesen haben. Denn Demokratien, so ist unsere Grundüberzeugung in den USA, greifen einander nicht an. Es ist also nicht nur eine theoretische Sache zu sagen: ›Ich bin für Menschenrechte‹, und das ist die Grundidee der Menschenrechtspolitik in den Vereinigten Staaten, die nach Deutschland, Italien, Japan und in andere Länder exportiert wurde und ihre Entwicklung beeinflußt hat.

HELMUT SCHMIDT   Ich stimme voll und ganz zu. Ich möchte es gerne in die Zukunft projizieren. Wir haben über den inneren Zusammenbruch der Sowjetunion gesprochen, und ich teile Ihre Ansicht, Jimmy, daß der wichtigste Faktor dabei die gleichzeitige Ingangsetzung politischer und ökonomischer Reformen durch Gorbatschow war. In China erleben wir nun seit 1977/78 einen vergleichbaren, aber ganz anders verlaufenden Prozeß. Deng Xiaoping hat eine ökonomische Revolution in Gang gesetzt, die mit vorsichtigen Schritten begann und heute bereits ein Viertel oder ein Fünftel Chinas erfaßt hat. Aber die politischen Reformen sind weit dahinter zurückgeblieben, und das wohl vernünftigerweise. Wenn Deng dasselbe getan hätte wie Gorbatschow, dann wären die Verhältnisse in China heute wahrscheinlich ähnlich chaotisch wie in Rußland. Deswegen meine ich, die Amerikaner sollten der künftigen Supermacht China gegenüber etwas geduldiger sein, was Demokratisierung und Menschenrechte angeht.

JIMMY CARTER   Ich glaube, die Chinesen haben gesehen, daß Rußland einige schwere Fehler begangen und dadurch seinen Weltmachtstatus eingebüßt hat. Als ich Präsident wurde, war eines meiner Ziele, normale Beziehungen zu China aufzubauen. Ich stand mit Deng Xiaoping in gutem Einvernehmen und habe ihn 1979 zu seinem ersten Besuch in Washington empfangen. Seit den siebziger Jahren habe ich in China außerordentliche Veränderungen beobachtet. Früher konnte man ohne eine Erlaubnis aus Peking nicht einmal von einem Dorf ins andere ziehen. Jetzt herrscht immerhin in wirtschaftlicher Hinsicht Freiheit, die Menschen können sich frei im Land bewegen. Mittlerweile gibt es in fast allen mittelgroßen Dörfern Chinas faire, geheime und für jedermann offene Wahlen, und unter den Dorfvorstehern sind dadurch schon vierzig Prozent Nichtkommunisten. Bei diesen Wahlen sind vor allem junge Leute erfolgreich, die die neuen marktwirtschaftlichen Bedingungen zu nutzen wissen und daher großes Prestige genießen. In der weiteren Entwicklung werden sicherlich auch landesweite Wahlen stattfinden. Das kann einige Zeit dauern, aber ich glaube, daß die Liberalisierung in China weitergehen wird, über das Wirtschaftliche hinaus.

HELMUT SCHMIDT   Ich glaube das auch. Aber es mag bis zu zwei Generationen dauern, es kann ein halbes Jahrhundert dauern, bis die Regierung in Peking sich völlig freien Wahlen stellen wird. Man muß ihnen wohl Zeit lassen. Zwangsläufig wird die ökonomische Freiheit schrittweise auch zur politischen Freiheit führen.

Die Außenpolitik Amerikas wird heute allzuoft von kurzfristigen innenpolitischen Erwägungen bestimmt, zunehmend auch von konservativ-ideologischen Gruppen. Werden wir in Zukunft noch stärker darunter zu leiden haben?

JIMMY CARTER   Wir in den Vereinigten Staaten leiden auch unter dieser Gruppe extrem konservativer Politiker, darunter auch Jesse Helms, der Vorsitzende des Senatsausschusses für außenpolitische Beziehungen. Aber man darf nicht vergessen, daß bisher unter keinem meiner Nachfolger die Normalisierung der Beziehungen zu China, die ich in die Wege geleitet habe, wirklich honoriert wurde. Es wird immer noch viel daran kritisiert von Leuten, die nach wie vor glauben, Taiwan sei das eigentliche China. Aber ich denke, daß Präsident Clinton hier eine etwas pragmatischere Richtung eingeschlagen hat.

Andere Elemente unserer Außenpolitik irritieren mich viel stärker. Ausgesprochen dumm und geradezu lächerlich finde ich das Wirtschaftsembargo gegen Kuba. Wir versuchen, ein winziges Land zu maßregeln, lassen dreizehn Millionen Menschen Mangel leiden und machen dadurch Castro zum Helden, denn er kann die Schuld für alle Probleme auf die Vereinigten Staaten schieben. Es gibt also durchaus Fehlentwicklungen in der amerikanischen Außenpolitik, die nicht zu verteidigen sind. Aber insgesamt gesehen ist sie durchaus gerecht.

HELMUT SCHMIDT   Die amerikanische Außenpolitik betreibt ja unbewußt auch einen Export des amerikanischen Kapitalismus. Dieser Kapitalismus macht seit zehn oder fünfzehn Jahren eine Wandlung durch, er entwickelt sich zum ungebändigten Raubtierkapitalismus, wie an dem schwunghaften Handel mit Finanzderivaten oder an den feindlichen Übernahmen von Firmen zu erkennen ist. In China erleben wir jetzt die Adaption an diesen Raubtierkapitalismus. Auch

in Europa orientiert sich eine Reihe von Großunternehmen
zunehmend an den Praktiken amerikanischer Investmenthäuser. Die soziale Funktion des Staates, die in Europa seit dem
Ersten Weltkrieg, in Deutschland schon seit Bismarck eine
große Rolle spielt, wird in Amerika zur Zeit zurückgedrängt.
Die Sozialleistungen gehen dort zurück, und manche Konser-
vative in Europa möchten diesem Beispiel folgen. Das kann
nicht gutgehen. Was denken Sie über die soziale Entwicklung
in Amerika, zum Beispiel über die neue Klasse der *working
poor*?

JIMMY CARTER   Die staatliche Unterstützung für Sozialpro-
gramme ist bei uns tatsächlich geringer als in einigen europäischen Ländern. Aber ich finde es nicht gerecht, Amerika an
diesen Verhältnissen zu messen. Jedes Land kann doch selbst
entscheiden, wie es mit Raubtierkapitalismus und feindlichen
Übernahmen umgehen will. Aber im allgemeinen, denke ich,
ist das amerikanische System der freien Marktwirtschaft von
Vorteil für die Welt gewesen. In einigen Ländern befand sich
ja fast alles in Staatseigentum, nicht nur die Großindustrie,
sondern auch die Landwirtschaft, und gerade China ist so ein
Land, das jetzt sehr von der Anpassung an die amerikanische
Wirtschaftsweise profitiert, auch wenn es die Chinesen nicht
zugeben würden. Solange dabei jedes Land selbst die Aus-
wüchse kontrollieren kann, sehe ich keine Gefahr von Amerika ausgehen.

HELMUT SCHMIDT   Damit stimme ich überein. Aber ich
habe die Sorge, daß im Zuge der sogenannten Globalisierung
durch die Aktivitäten der amerikanischen Unternehmen, der
amerikanischen Investmenthäuser und der amerikanischen
Aktienbörse Beispiele gesetzt werden, die möglicherweise für
die Welt nicht nur hilfreich sind. Solange jedes Land selbst
über seine Angelegenheiten entscheiden kann, besteht keine
Gefahr, da bin ich Ihrer Meinung, aber die Zeit, in der Regierungen und Parlamente ihre nationale Wirtschaft steuern
können, geht zu Ende. Fehlentwicklungen der Weltwirtschaft
können die Regierungen nur noch gemeinsam verhindern.
Deswegen haben wir ja schon vor mehr als zwanzig Jahren

den ersten Weltwirtschaftsgipfel veranstaltet. Der Trend zur
Globalisierung kann nicht mehr rückgängig gemacht werden,
aber auch in einer globalisierten Wirtschaft bedarf es der
Kontrolle, der gemeinsamen Kontrolle. Meine Sorge ist, daß
den Regierungen das noch nicht genügend deutlich ist.
Zunächst müssen die Vereinigten Staaten von Amerika diese
Notwendigkeit erkennen und die Führung übernehmen. Die
Europäer sind dazu einstweilen nicht befähigt.

JIMMY CARTER   Das Wesen der Globalisierung sehe ich darin, daß die nationalen Regierungen an Bedeutung verlieren,
daß viel von ihrem Einfluß an die führenden internationalen
Handelszentren, zum Beispiel die Börsen, übergeht. Jedes
Land wird in die Märkte der anderen einbezogen, ob es will
oder nicht, und so entsteht ein globales Kommunikations-
netz, in dem der gemeinsame Einfluß aller Staaten wichtiger
wird als der einzelner Metropolen.

*Sind denn die USA als letzte Supermacht bereit, sich einem solchen ge-
meinsamen, internationalen Regime zu unterwerfen?*

JIMMY CARTER   Nein, ich glaube nicht. Die Arroganz Amerikas – ich will es einmal so hart ausdrücken – ist leider nicht zu
leugnen. Die Vereinigten Staaten fühlen sich immer noch als
einzigartige Supermacht und gehen darum nicht sehr einfühl-
sam mit den Bedürfnissen anderer Völker, deren Kultur und
deren wirtschaftlichen Interessen um. Daß dieses Verhalten in
anderen Ländern zu Not und Elend führen kann, ist den
Amerikanern nicht einmal bewußt. Wir sind dominant, ohne
es zu wissen, ohne darüber nachzudenken.

HELMUT SCHMIDT   Das ist ja einer der Gründe dafür, daß
die Europäer sich nach wie vor in einer europäischen Wirtschaftsgemeinschaft organisieren: Die ökonomische Übermacht der Vereinigten Staaten von Amerika bereitet ihnen
Sorge. Dieses heute so wichtige Motiv hat 1950, zur Zeit des
Schuman-Plans, noch überhaupt keine Rolle gespielt. Wenn
die europäischen Regierungen keine großen Fehler machen –
und gegenwärtig machen sie mehr falsch als richtig –, wird die
Europäische Union in Zukunft ein etwas größeres Sozialpro-

dukt erwirtschaften als die USA, und die gemeinsame europäische Währung, der Euro, wird eine ebenso große Bedeutung wie der amerikanische Dollar haben. In Amerika sehen das manche Leute mit Skepsis und mit einer gewissen Ablehnung. Andere bewerten es positiv, da es angeblich die Dominanz über Europa erleichtert. Auf dieses Thema geht ja auch Ihr früherer Sicherheitsberater Brzezinski in seinem neuen Buch ein. Er spricht immer noch von Eurasien, Europa, Rußland und China als Ganzem, das von Amerika ›manipuliert‹ werden müsse. Wenn es in Europa tatsächlich zu einer gemeinsamen Währung komme, schreibt er, werde das zu einem neuen, besseren Gleichgewicht zwischen den dollardominierten und den eurodominierten Finanzmärkten führen, wobei die Europäer viel stärker als die Amerikaner geneigt sein würden, diese Märkte zu kontrollieren. Das ist eine der großen Fragen der ersten Jahrzehnte des kommenden Jahrhunderts, ob die unbegrenzte Expansion der großen Unternehmen die Welt beherrschen wird oder ob die Parlamente und Regierungen ein Mindestmaß an Kontrolle behalten.

Ist diese Erstarkung Europas Voraussetzung für eine künftige enge Zusammenarbeit mit den Vereinigten Staaten?

HELMUT SCHMIDT   Ich glaube, daß das Verhältnis zum Beispiel Deutschlands zu den Amerikanern weiterhin von Dankbarkeit geprägt sein wird. Aber den Deutschen wird zunehmend in das Bewußtsein dringen, daß von Amerika auch Gefahren ausgehen, wie die kapitalistische, von der wir sprachen. Ich würde nicht sagen, es ist eine Bedingung der zukünftigen Zusammenarbeit, daß die Europäer ökonomisch zu einer Einheit gelangen, zu einer gemeinsamen Währung, einer gemeinsamen Zentralbank. Aber die Zusammenarbeit zwischen Amerikanern und Europäern würde sehr viel fruchtbarer werden. Die europäische Zentralbank wird ein Gegengewicht zum amerikanischen Zentralbankrat darstellen, und gemeinsam müssen sie dem Währungsgefüge der Welt wieder die Stabilität geben, die ihm gegenwärtig fehlt.

JIMMY CARTER   Ich glaube, die meisten Amerikaner sehen die Möglichkeit eines vereinten Europas gelassen und manchmal schon etwas zu indifferent. Die Anzeichen für eine wirkliche Einigung sind ja auch nicht gerade überzeugend. Es gibt noch zu viele Meinungsverschiedenheiten zwischen den einzelnen Ländern bezüglich der Europäischen Union, besonders bezüglich der gemeinsamen Währung. Deswegen sagen die meisten Amerikaner: ›Vielleicht wird es geschehen, vielleicht auch nicht‹, und beschäftigen sich wenig damit. Zur Zeit gilt das Interesse stärker dem amerikanischen Kontinent, bis hinunter nach Südamerika, Chile gewinnt zum Beispiel eine große Bedeutung. Außerdem betrachten wir Japan als ebenso wichtigen Handelspartner wie ganz Europa zusammen. Vielleicht überschätzen die Europäer die Besorgnis der Vereinigten Staaten hinsichtlich der gemeinsamen Währung und der europäischen Einigung. Die meisten von uns würden ein vereintes Europa, das stabil bleibt, begrüßen, aber wir sehen es nicht als Bedrohung amerikanischer Interessen an.

HELMUT SCHMIDT   Sie haben gesagt, daß die Europäische Union in amerikanischen Augen sehr langsame Fortschritte macht, daß Sie große Differenzen sehen. Ich glaube, die Amerikaner müssen berücksichtigen, daß die europäischen Nationen fast alle mindestens eintausend Jahre alt sind. Sie haben alle ihre eigene Sprache, ihre eigenen kulturellen Traditionen. Die amerikanische Nation ist jung, etwas älter als zweihundert Jahre, und hat sich von Anfang an mit einer gemeinsamen Sprache entwickelt, das ist ein fabelhafter Glücksfall. Aber wir Europäer sind deshalb nicht unfähig, uns zu einigen. Ich bleibe in diesem Punkt ein unverbesserlicher Optimist.

Daß Europa während des Kalten Krieges für Amerika wichtiger war als heute, ist nur natürlich. Außerdem gab es eine große Gruppe der weißen Amerikaner, deren Vorfahren aus Europa kamen. In wenigen Jahrzehnten wird diese Bevölkerungsgruppe in der Minderheit sein. Wie wird sich das auf Amerikas Verhältnis zur Alten Welt auswirken?

JIMMY CARTER   Meine Vorfahren kommen aus Europa, und
die größte ethnische Gruppe in meinem Land stellen immer
noch die Deutsch-Amerikaner. Aber zugleich haben wir nach
Mexiko, Spanien und Chile die viertgrößte spanischspre-
chende Bevölkerung auf der Welt. Seit dem Vietnamkrieg ist
zudem eine große Zahl von Asiaten in unser Land gekommen. Die Vereinigten Staaten werden also heterogener. Deshalb werden auch die Widerstände gegen die Immigration
immer stärker. Für mich gibt es aber keinen Zweifel, daß Englisch weiterhin die Hauptsprache bleibt und daß wir auch
in Zukunft unsere Einheit bewahren werden. Wie Sie wissen, gab und gibt es zwischen den verschiedenen ethnischen
Gruppen in unserem Land starke Differenzen, aber ich
stimme Helmut zu, wir sind jung, wir sind gesegnet mit natürlichen Ressourcen, mit einer gemeinsamen Sprache, und
sind von Krieg und Zerstörung weitgehend verschont geblieben. Nach Europa schauen wir voller freundschaftlicher Ge-
fühle, voller Bewunderung. Wir fühlen eine tiefe Verbundenheit mit Europa, denn es hat nicht nur kulturell eine große
Bedeutung für uns gehabt. Das ist, denke ich, die herrschende
Meinung in Amerika, und Feindseligkeiten spielen dabei
keine Rolle.

Vielleicht Gleichgültigkeit?

JIMMY CARTER   Nun, keine Gleichgültigkeit, aber man fühlt
sich nicht betroffen. Ich glaube, wir sind vielleicht viel zu
selbstzufrieden mit unserem eigenen wirtschaftlichen und politischen Einfluß.

HELMUT SCHMIDT   Die zunehmende Mischung von Menschen mit verschiedenem kulturellem Hintergrund wird in
den USA auch zu einer kulturellen Veränderung führen. Das
erste große Anzeichen dieser Entwicklung war der Jazz, eine
großartige Entwicklung, die die ganze Welt erobert hat, und
das ist nur ein Vorläufer dessen, was sich möglicherweise
heute unter dem Einfluß des zunehmenden hispanischen
Bevölkerungsanteils kulturell verändern kann.

JIMMY CARTER   Das ist wahr. Aber wir können auf eine
zweihundertjährige Erfahrung bei der Integration von sogenannten Minderheiten zurückblicken und sind vielleicht
mehr als manche europäischen Nationen befähigt, verschiedene Interessen zu einem gemeinsamen Ziel zu verschmelzen.
In Deutschland kam es beispielsweise zu Spannungen, als
türkische Bürger in das Land kamen, und ähnliches kann
man in anderen Ländern beobachten. Wir haben, anders als
die homogeneren Urbevölkerungen Europas, eine Kultur der
Anpassung verschiedener ethnischer Gruppen entwickelt.

*Helmut Schmidt, Sie haben einmal gesagt: ›In den fünfziger Jahren
war Amerika my favorite nation.‹ Stimmt es, daß Sie seither immer
kritischer den USA gegenüber geworden sind? Schreiben Sie nicht auch
der Europäischen Union zunehmend eine Abwehrfunktion gegen amerikanische Machtbestrebungen zu?*

HELMUT SCHMIDT   Nein, es geht mir nicht um Abwehr, sondern um das Gleichgewicht. Ich habe immer an die Notwendigkeit des Gleichgewichts auf der Welt geglaubt, und unter
diesem Aspekt ist für mich heute die europäische Vereinigung
genauso wichtig, wie sie es früher vor allen Dingen zur Kriegs-
vermeidung war. Die Europäer und besonders die Deutschen
werden, wie ich vorhin schon sagte, noch über mehrere Generationen Dankbarkeit empfinden für die enorme Hilfe Amerikas unmittelbar nach dem Kriege und erneut bei der Vereinigung Deutschlands. Amerika ist allerdings für uns und für
mich persönlich heute schwerer zu berechnen als zu Zeiten
von Truman, McCloy, Kissinger oder Carter. Politiker wie
Jesse Helms hätten 1970 oder 1980 noch keine Rolle gespielt.
Abgesehen von der McCarthy-Ära in den fünfziger Jahren
war man immer sicher, welche Richtung die amerikanische
Politik einschlagen würde. Diese Sicherheit habe ich heute
nicht mehr. Aber wenn ich aus irgendeinem Grunde mein
Land verlassen müßte, dann ginge ich nach Amerika.

JIMMY CARTER   Ich habe vorhin gesagt, daß es Irrtümer in
unserer Außenpolitik gibt, die mich und auch meinen Freund
Helmut Schmidt beunruhigen. Aber gleichzeitig finde ich,

daß die amerikanische Außenpolitik recht beständig war, vor allem seit dem Zweiten Weltkrieg. Ich glaube, das gilt auch für die Gegenwart und die Zukunft. Ein wichtiger Grund dafür ist die Globalisierung, von der wir sprachen, denn sie vermindert den Entscheidungsspielraum einzelner Staaten. Sogar die mächtige US-Regierung steht jetzt unter dem Einfluß und der Kontrolle der internationalen Märkte. In Zukunft werden die Staaten der Welt stärker miteinander verflochten sein und darum mehr Verständnis füreinander aufbringen müssen.

Wenn man Ihr Regierungsprogramm aus heutiger Sicht betrachtet, hat man das Gefühl, Jimmy Carter war seiner Zeit weit voraus. Welche politische Aufgabe erscheint Ihnen an der Schwelle zum neuen Jahrhundert als die dringlichste?

JIMMY CARTER   Ich glaube, das drängendste Problem ist jetzt, die Unterschiede zwischen dem reichen und dem armen Teil der Welt auszugleichen. Die Diskriminierung der Armen hat schlimmere Auswirkungen als Rassenunterschiede, ethnische oder religiöse Konflikte. Es ist die schlimmste Diskriminierung, die man sich denken kann, und sie wird nicht einmal bewußt ausgeübt − wir kümmern uns einfach nicht darum, was in Afrika oder in Haiti geschieht. Ich finde, daß man sich um dieses Problem kümmern muß. Momentan sehe ich aber nur wenige Anzeichen dafür, daß etwas getan wird. Nicht nur die Vereinigten Staaten werden immer egoistischer in ihrer Entwicklungshilfepolitik, auch Europa zeigt sich zunehmend gleichgültiger gegenüber den Ländern in der Dritten Welt. Mein Institut, das Carter Center, versucht hier zu helfen. Wir führen Entwicklungsprojekte in 34 afrikanischen Ländern durch, wir sehen, welche Möglichkeiten sich dort bieten, aber auch, wie die Menschen unter Hunger und Krieg leiden. Es werden zur Zeit mehr Kriege geführt auf der Welt als je zuvor in der Geschichte, meist sind es Bürgerkriege. In diesen Ländern herrscht große Not. Während wir uns Sorgen darüber machen, wie wir 140 000 statt 14 000 Dollar verdienen können, leben die Menschen in Äthiopien von 140 Dollar im Jahr. Diese grausame Ungleichheit kann irgendwann einen Auf-

stand der Armen auslösen und sich gegen uns richten. Ich
wünsche mir daher für die Zukunft, daß wir mehr Bereitschaft zum Teilen entwickeln, nicht nur untereinander in den
reichen Nationen, sondern auch gegenüber den Ländern im
südlichen Teil der Welt.

HELMUT SCHMIDT   Ich stimme dem zwar zu, möchte aber
noch eines hinzufügen. Hier in Europa und in Deutschland
ist, glaube ich, die wichtigste Lehre, die wir aus dem zwanzigsten Jahrhundert zu ziehen und für das 21. Jahrhundert
zu beherzigen haben, die Notwendigkeit, Kompromisse zu
schließen zwischen den eigenen Interessen, denen des Nachbarn und denen des Dritten, zum Beispiel des Dritten in
Schwarzafrika, in Asien oder in Lateinamerika. Die Fähigkeit
zum Kompromiß bedarf der weiteren Stärkung, die Leute
müssen begreifen, daß ein Kompromiß zwischen verschiedenen Interessen etwas sittlich Gebotenes ist und nicht etwas
idealistisch Verwerfliches.

Shimon Peres

*mit Helmut Schmidt im Gespräch
am 18. August 1997*

Ein halbes Jahrhundert ist seit dem Holocaust, dem von Deutschen verübten Mord an Europas Juden, ein halbes Jahrhundert seit der Gründung Israels, dem Traum Theodor Herzls, vergangen. Wie werden sich die Beziehungen zwischen Deutschland und Israel künftig entwickeln? Was bedeutet für Sie, Helmut Schmidt, die Verantwortung Deutschlands für Israel, wie Sie es einmal genannt haben?

HELMUT SCHMIDT   Diese Frage ist nicht leicht zu beantworten. Zur Zeit des Holocausts, der Shoa, gab es den Staat Israel nicht. Aus dem Holocaust folgt eine pointierte Mitverantwortung des deutschen Volkes für das Schicksal der Juden in der ganzen Welt. Drei Jahre nach dem Tod Hitlers ist der Staat Israel gegründet worden. Und der Staat Israel ist ein Teil des Judentums auf der ganzen Welt.

Die Deutschen müssen einerseits zurückhaltend sein gegenüber Israel, einem Staat, der sich geostrategisch in einer außerordentlich schwierigen Lage befindet; andererseits sind wir Deutschen nach meiner Überzeugung moralisch verpflichtet, nicht nur den Juden in der Welt im allgemeinen, sondern insbesondere diesem einzigen jüdischen Staat zu helfen, soweit wir es können. Damit meine ich nicht in erster Linie militärischen Beistand – der hinge sehr von den konkreten Umständen ab –, sondern moralischen und außenpolitischen, auch ökonomischen und finanziellen Beistand. Auf dem letzteren Felde, dem finanziellen, glaube ich, hat die Bundesrepublik Deutschland seit Adenauer eine ganze Menge geleistet. Aber es wäre an Shimon Peres, das zu bewerten.

SHIMON PERES   Nach unserer Auffassung war Deutschland
nicht in erster Linie Israel verpflichtet, sondern Deutschland.
Wir wollten sicher sein, daß so etwas nicht wieder passieren
würde, darum haben wir Deutschland beobachtet. Niemand
kann die Vergangenheit korrigieren, aber man kann eine andere Zukunft aufbauen. Es gibt ein Sprichwort in der Bibel:
Wenn die Väter saure Trauben gegessen haben, bezahlen die
Kinder den Preis dafür. Eigentlich wußten wir nicht, was wir
von Deutschland wollten, denn niemand kann den furchtbaren Verlust ersetzen, den der Holocaust verursacht hat. Wir
haben ein Drittel unseres Volkes verloren, vielleicht das beste
Drittel – gebildet und am weitesten entwickelt. Wir litten großen Mangel, unser Land war arm und von Feinden umringt.
Wir waren isoliert, nicht nur innerhalb des Mittleren Ostens,
sondern in der gesamten restlichen Welt. Wir waren verhaßt.
Nach der Anerkennung des Staates Israel 1948 weigerte sich
sogar Amerika, uns Waffen zu unserer eigenen Verteidigung
zu geben.
    Wir erwarteten von Deutschland, daß es sich änderte und
uns half, den schmerzlichen Verlust zu überwinden. Heute
spüren wir, daß es eine neue Generation gibt, die versucht, ein
anderes Deutschland aufzubauen. Aber nach wie vor spielen
die Schatten der Vergangenheit für unsere beiden Nationen
eine Rolle. Und wir wollen sichergehen, daß wir mit ihnen
umgehen und sie überwinden können.

HELMUT SCHMIDT   Die Schatten der Vergangenheit werden
noch viele Generationen lang, noch Tausende von Jahren eine
Rolle spielen. Die Babylonische Gefangenschaft der Israeliten
liegt jetzt etwa dreieinhalbtausend Jahre zurück. Gleichwohl
ist sie im Gedächtnis nicht nur der Juden, sondern der ganzen
Welt geblieben – nehmen Sie Verdis Oper ›Nabucco‹, auf
deutsch ›Nebukadnezar‹, den Chor der Gefangenen. Die Babylonische Gefangenschaft war eine schlimme Sache, aber der
Holocaust war unendlich viel schlimmer, er wird deshalb vielleicht sogar länger als die Babylonische Gefangenschaft im
Bewußtsein der Menschen bleiben.

SHIMON PERES   Aber das war etwas ganz anderes. Vor 3 500
Jahren waren wir ein aufständisches Volk, und wir wunderten
uns nicht über diese Bestrafung. Das jüdische Volk war das
erste, das die hölzernen Götzen abschaffte und behauptete,
daß es nur einen Gott im Himmel gebe und daß jeder von
uns, gleich welcher Nation, nach dem Bilde dieses unsichtba-
ren Gottes geschaffen würde. Moses war der erste, der gegen
die Sklaverei aufstand, in einem Zeitalter, in dem die Sklaverei sehr weit verbreitet war. Moses war der erste, der einen
Gerichtshof schuf. Wir wußten also, daß wir gegen den Strom
schwimmen. Und es wunderte uns nicht, daß der Strom versuchte, uns den Weg abzuschneiden. Aber während des Holocausts haben wir keinen Widerstand geleistet. Viele Juden in
Deutschland hatten sich angepaßt. Sie waren bereit, ihren jüdischen Glauben aufzugeben. Sie wurden bestraft, obwohl sie
nichts getan hatten. Die Strafe war lediglich Ausdruck eines
schrecklichen, beispiellos rassistischen, kranken Hitlerismus.

Ergibt sich denn aus der besonderen Verantwortung Deutschlands
auch eine Beistandsverpflichtung im Falle einer Gefährdung Israels?

SHIMON PERES   Meine Antwort ist: Ja. Aber in dieser Hin-
sicht hat sich etwas geändert. In den ersten fünfzig Jahren hat
Deutschland Israel geholfen – oder hätte helfen sollen –, die
Gefahren und Feindseligkeiten zu überwinden. Heute muß
Deutschland Israel helfen, daß die Hoffnungen realisiert und
die Versprechen erfüllt werden. In den ersten fünfzig Jahren
haben wir in Kriegen um die Erhaltung unseres Landes
gekämpft, jetzt kämpfen wir um die Erhaltung des Friedens.
Und ich finde, daß Deutschland eine wichtige Rolle bei der
Vorbereitung der gesamten Region auf den Frieden spielen
sollte. So bleibt die Zusammenarbeit, aber die Zielsetzung ist
eine andere.

HELMUT SCHMIDT   Ich möchte und kann auf diese Frage
keine Patentantwort aus dem Handgelenk schütteln. Was den
Frieden Israels angeht, insbesondere den Frieden mit den un-
mittelbaren arabischen Nachbarn in Gaza und in der West-
bank: Ich glaube nicht, daß es gut wäre, wenn deutsche Politi-

ker sich dort einmischen würden. Als Deutscher würde ich
mit Kritik sowohl gegenüber einer israelischen Regierung als
auch gegenüber der Führung der Palästinenser wahrscheinlich sehr zurückhaltend sein. Für die Deutschen kommt es
darauf an zu begreifen, daß sie keine Weltmacht sind. Die
große Weltmacht, die im Falle von Kriegen auf der Seite Israels steht, sind die Vereinigten Staaten von Amerika. Deutschland soll sich auch im Falle der deutsch-israelischen Beziehung nicht einbilden, eine große Macht zu sein. Die Geschichte der letzten 150 Jahre, jedenfalls der letzten hundert
Jahre, seit Bismarcks Abschied, hat gezeigt, daß einige Deutsche dazu neigen, dem eigenen Land eine größere Macht und
Bedeutung zuzuschreiben, als es wirklich hat. Das ist eine Gefahr.

*Sie selbst waren ja ursprünglich sehr pro-israelisch eingestellt und
haben sich dann durch die Erfahrungen mit der israelischen Besat-
zungspolitik, auch durch die Begegnung mit Anwar el Sadat, auf
Distanz begeben.*

HELMUT SCHMIDT   Das Wort Distanz würde ich nicht akzeptieren. Wohl aber ist Ihre Schilderung über die Entwicklung
meines Urteils im Prinzip richtig. Ich kann es genauer sagen.
Wenn ein Mann wie Shimon Peres Regierungschef gewesen
wäre zur Zeit des Besuches von Anwar el Sadat in der Knesset, dann wäre der Mittlere Osten dem Frieden wahrscheinlich ein großes Stück näher, als er es heute ist.

SHIMON PERES   Wenn ich ein paar Anmerkungen zu dem,
was Helmut gesagt hat, machen darf: Heutzutage sprechen
wir nicht über die nationale Rolle Deutschlands, sondern
über die europäische Rolle, und Deutschland ist einer der
Hauptakteure in Europa. Wir sprechen nicht mehr von einer
politischen Beteiligung, sondern von einer wirtschaftlichen
Beteiligung. Inzwischen ist die europäische Vereinigung ein
wirtschaftliches Phänomen geworden, nicht unbedingt ein politisches. In Europa hat die Wirtschaft die Oberhand über die
Politik gewonnen, man hat die Politik ökonomisiert. Politik
ist, glaube ich, im wesentlichen ein Feld für Führer, die Ruhm

suchen, und Wirtschaft ein Feld für Leute, die Lösungen suchen.

Dasselbe gilt für den Mittleren Osten, wir sprechen über eine ganze Region, nicht nur über Israel. Meines Erachtens sind wir im Übergang von einer Welt der Feinde zu einer Welt der Gefahren. Feinde sind auf ein Staatsgebiet beschränkt, sind national, sind von Staatsgrenzen umgeben, und man kann sie identifizieren, wenn sie von außerhalb eindringen. Solche Gefahren wie nichtkonventionelle Waffen, wie Terrorismus und Fundamentalismus kann man dagegen nicht räumlich eingrenzen. Dadurch verändert sich die ganze Welt, aus einzelnen Ländern werden Gemeinschaften, so wie im Mittelalter aus Städten Länder wurden.

Auch deswegen bin ich der Ansicht, daß man in diesem Zusammenhang gar nicht die besondere Verantwortung der Deutschen gegenüber den Nazi-Opfern hervorheben muß. Europa insgesamt kann eine Hauptrolle spielen, wenn es darum geht, dem Mittleren Osten zu helfen, eine Art gemeinsamer Markt zu werden. Heute hat Europa eine stärkere Wirtschaft als die Vereinigten Staaten. Es kann uns helfen, einen Plan für den Mittleren Osten zu entwerfen, sowohl was die Entwicklung wissenschaftlich fundierter Industrien, wichtiger Technologien oder des Erziehungssystems betrifft, als auch wenn es darum geht, Gefahren einzudämmen, die Gefahr der Nuklearwaffen, des Fundamentalismus, des Terrors. All das hat nichts mehr mit Grenzen zu tun. Der Mittlere Osten wird wie Europa ein Zusammenschluß mehrerer Staaten werden müssen und nicht mehr aus einzelnen Ländern bestehen.

HELMUT SCHMIDT   Die europäische Einigung, von der Sie gesprochen haben, ist weit entfernt von ihrer Vollendung, auch was ihre außenpolitische Funktionsfähigkeit angeht. Wirtschaftlich ist die Europäische Union bei weitem nicht so leistungsfähig wie Amerika. Wir haben hier in Europa im Schnitt eine Arbeitslosigkeit zwischen zehn und fünfzehn Prozent, in Amerika beträgt die Rate die Hälfte oder ein Drittel davon. Uns fehlt auch eine gemeinsame wirtschaftliche und finanzpolitisch steuernde Instanz. Ich würde an Ihrer Stelle in Jerusalem für die kommenden ein, zwei Jahrzehnte keine allzu großen Hoffnungen in die Europäische Union setzen. Wenn ich den Unfug sehe, der im Laufe der letzten Jahre hier in Europa gemacht worden ist, muß ich mir ganz große Mühe geben, meine eigenen Hoffnungen für die Europäische Union zu bewahren.

SHIMON PERES　　Dennoch, Europa ist seit dem Zweiten Weltkrieg bereits einen weiten Weg gegangen, und insgesamt gesehen kann die Europäische Union eine äußerst positive Rolle spielen, sie kann nachhaltig Einfluß ausüben auf das weitere Schicksal des Mittleren Ostens. Denn die Vereinigten Staaten sind zwar politisch sehr aktiv, aber in ihren wirtschaftlichen Möglichkeiten begrenzt. Seit sie ihren Feind, die Sowjetunion, verloren haben, bewilligt der Kongreß sehr viel weniger Geld für außenpolitische Maßnahmen.

Wenn man seinen Feind verliert, verliert man in gewisser Hinsicht seine Außenpolitik. Dagegen hat die Europäische Union entschieden, im Mittleren Osten in den kommenden fünf Jahren beinahe sieben Milliarden Dollar zu investieren. Wenn man diese sieben Milliarden nehmen und zusammen mit privaten Gesellschaften in nur zwei Bereiche, die Bewässerung und das Erziehungssystem, investieren würde, könnte man den Mittleren Osten verändern. Denn Fundamentalismus und Feindseligkeit rühren von Armut und Unwissenheit her. Wasser ist wiederum, wie die Atomwaffen, ein übernationales Problem. Der Regen passiert nicht den Zoll, und die Flüsse folgen nicht den Grenzen. Eine Menge Wasser wird verschwendet, eine Menge Süßwasser fließt ins Meer. Ich fragte meine türkischen Freunde: ›Warum laßt Ihr Euer Wasser ins Meer fließen? Bezahlen Euch die Fische für das Wasser?‹ Aber wir können Wasser kaufen, man muß es organisieren.

HELMUT SCHMIDT　　Man braucht keine sieben oder acht Milliarden, um überall in den Trockenregionen des Mittleren Ostens Meerwasserentsalzungsanlagen zu bauen. Ich verstehe überhaupt nicht, daß man an den Küsten des Mittelmeeres, am Golf von Akaba und in Eilat nicht Meerwasserentsalzungsanlagen baut. So etwas gibt es auch anderswo auf der Welt, und es funktioniert wunderbar.

SHIMON PERES Das ist sehr einfach. Natürliches Wasser ist immer noch das billigste, und Wasser ist außerdem ein wirtschaftliches Problem. Entsalzung kostet heutzutage zwischen 65 Cent und einem Dollar pro Kubikmeter. Natürliches Wasser kostet gar nichts. Ich verstehe nicht, warum die Leute Öl kaufen und verkaufen. Warum kaufen und verkaufen sie nicht Wasser?

HELMUT SCHMIDT Da gibt es noch eine andere Verbindung zwischen Öl und Wasser. Ihre Region ist gesegnet mit Öl. Das Öl an Ort und Stelle ist billig, und die Entsalzung kann infolgedessen auch sehr billig sein. Dazu wäre aber eine Kooperation zwischen Saudi-Arabien oder den Golf-Emiraten − ich spreche gar nicht von Irak −, Israel und Ägypten notwendig.

SHIMON PERES Ich glaube, daß Saudi-Arabien mit uns Frieden schließen wird, wenn uns der Frieden mit Syrien gelingt. Und dann können wir sogar entsalztes Wasser haben, man könnte die Saudis daran teilhaben lassen. Man könnte eine Wasserversorgung planen, die Entsalzung, Verteilung, Wiederverwertung und den wirtschaftlichen Umgang mit Wasser umfaßt. Es gibt fünf oder sechs Systeme, die verglichen werden müßten. Ich denke, die Regierungen müssen dabei mit privaten Gesellschaften kooperieren. Die Regierungen sind arm, die privaten Gesellschaften reich. Die Regierungen haben Verantwortung, die privaten Gesellschaften haben diese Verantwortung nicht. Also müssen wir den Frieden auch privatisieren und gemeinsam einen phantasievollen Plan entwickeln, einen neuen Marshall-Plan, nicht für wirtschaftliche Aufbauhilfe, sondern für Technologie und Wissenschaft.

Aber wir haben ja den Frieden im Nahen Osten noch nicht.

SHIMON PERES Wer auch immer jetzt mitmachen will, wird jetzt mitmachen. Ich versichere Ihnen, daß sogar die Länder, die keinen Frieden geschlossen haben, gerne an diesem Plan

teilhaben würden, denn bei uns allen ist Wasser knapp be-
messen. Man weiß nicht, ob der Frieden Wasser bringen wird
oder umgekehrt Wasser den Frieden. Die Kunst der Politik
besteht nicht darin, die richtigen Worte zu benutzen, sondern
die richtige Situation zu schaffen. Wenn man in einer politischen Struktur etwas verändern will, muß man sich immer die
Teile heraussuchen, die man leicht bewegen kann. Und Wasser ist ja in gewisser Hinsicht etwas sehr Bewegliches.

*Stimmt es, was Helmut Schmidt sagt: Wenn Sie Ministerpräsident
Israels gewesen wären, als Anwar el Sadat vor der Knesset sprach,
wäre heute der Frieden sehr viel weiter?*

SHIMON PERES   Ja, ich glaube, Sadat war ein großer Führer,
wahrscheinlich der größte Führer im Mittleren Osten, zumindest in diesem Jahrhundert. Ich finde, daß sein Besuch in Jerusalem ein sehr gewagter Anfang war.
   Sadat hat einige Entscheidungen getroffen, die kein anderer gewagt hätte. Eine davon war, die Russen hinauszujagen,
15 000 sowjetische Soldaten. Er war vielleicht der einzige politische Führer, der den Mut hatte, die Russen aufzufordern:
›Geht nach Hause.‹ Zum Krieg im Nahen Osten sagte er
etwas, was einigen von uns gefiel, anderen weniger: daß neunzig Prozent des Konfliktes psychologisch seien. Und er
glaubte, daß er aufgrund seiner Verbundenheit mit der Religion die psychologischen Barrieren überwinden könne. Der
Mann hatte einen phantastischen Instinkt, wie nur wenige
ihn haben. Er war wirklich ein Führer im wahren Sinne des
Wortes. Er erkannte, was in welcher Reihenfolge gemacht
werden mußte, konnte wichtige Dinge von unwichtigen unterscheiden.

HELMUT SCHMIDT   Er war auch ein religiöser Philosoph.

SHIMON PERES   Ja. Arafat sagte neulich in einem Interview
im amerikanischen Fernsehen etwas, was auf Sadat paßt. Er
wurde gefragt: ›Stört es Sie, daß Madeleine Albright, die US-
Außenministerin, Jüdin ist?‹ und er antwortete: ›Um ein
guter Moslem zu sein, muß man ein guter Jude und ein guter
Christ sein.‹ So war es bei Sadat. Er hatte die Hoffnung, daß

wir auf der Spitze des Berges Sinai drei Gotteshäuser errichten würden: eine Moschee, eine Synagoge und eine christliche Kirche. Ja, er war ein religiöser Mann. Er war fest in das Alltagsgeschäft eingebunden, doch zugleich war er fasziniert von den großen historischen Chancen, die sich ihm boten. Gelegentlich wußte ich nicht, was er eigentlich sein wollte: ein Gandhi oder ein Napoleon. Wahrscheinlich beides.

HELMUT SCHMIDT   Nicht Napoleon.

SHIMON PERES   Zeitweise schon, als er aufrüstete und als er Krieg erklärte. Ich bin der Meinung, daß er zunächst eher in militärischen Begriffen dachte als in politischen.

HELMUT SCHMIDT   Das ist ganz richtig. Aber nach dem Jom-Kippur-Krieg ist in seinem Kopf eine tiefgreifende Veränderung vorgegangen. Und er ist nicht als militärischer Mann umgebracht worden, sondern wegen seiner Friedensphilosophie. Er hat das kommen sehen. Sie haben ganz recht, seine Vision war es, den Berg Sinai, wie es in der Bibel heißt, oder Musa Dagh, wie die Ägypter sagen, zum Symbol des Einvernehmens zwischen den drei großen monotheistischen Religionen zu machen. Und er glaubte fest an die Möglichkeit. Er war innerlich überzeugt, daß es möglich sein müßte, den Menschen bewußt zu machen, daß alle drei Weltreligionen gemeinsame Quellen haben.

Heute ist das leider ziemlich hoffnungslos, wenn ich etwa Bücher mit dem Titel ›The Clash of Civilizations‹, Kampf der Kulturen, lese und daraus entnehme, daß jemand in Harvard, ein gelehrter Mann, meint, daß ein *clash* zwischen dem Westen und dem Islam quasi unvermeidlich bevorstehe. Es gibt inzwischen beinahe eine Milliarde Muslims auf der Welt, genauso viele, wie es sogenannte Christen gibt. Es gibt viel, viel weniger jüdische Menschen, Israel ist ein ganz kleiner Staat, gemessen an den USA oder an den europäischen Nationen. Aber dieses Gerede heute über die Fundamentalisten in einigen islamischen Ländern, zum Beispiel im Iran, die die Leute als typisch für den Islam mißdeuten, das ist eine lebensgefährliche Angelegenheit.

SHIMON PERES   Ich habe das Buch über den Kampf der Kulturen gelesen, und ich denke es gibt einen doppelten *clash*,
einen zwischen den Kulturen und einen zwischen der Kultur
und der Geschichte. Das Christentum 1997 hat nichts zu tun
mit dem Christentum im ersten Jahrtausend, es ist eine völlig
andere Religion, vielfältiger, toleranter. Ich denke, heute ist
für den Islam die Zeit gekommen, sich dem modernen Zeitalter zu stellen. Es gibt dafür bisher zwei Schulen in der moslemischen Welt. Für die eine steht die Türkei, wo merkwürdi-
gerweise die Armee die Verantwortung für die Demokratie
und Modernisierung als Erbe Atatürks übernommen hat. Für
die andere steht Indonesien, das größte moslemische Land
der Welt: Indonesien bewegt sich weg von der Religion hin
zur Wissenschaft, von alter Tradition zu modernen Errungen-
schaften. Der Moslem von heute ist mit dem 21. Jahrhundert
konfrontiert, nicht mit dem Judentum. Der Kampf spielt sich
also nicht nur zwischen den Religionen ab.

HELMUT SCHMIDT   Ich würde dem ohne weiteres zustimmen, möchte aber noch etwas hinzufügen, Shimon. Seit dem
Beginn der Aufklärung, seit einem Vierteljahrtausend, haben
sich im mehr oder minder christlichen Westen Ideologien entwickelt, die inzwischen große Teile der Welt erobert haben,
Ideen, die in Wirklichkeit mit dem Christentum wenig zu tun
haben. Erstens: Menschenrechte. Wo findet man sie in der
Bibel? Zweitens: Demokratie. Wo findet man sie in der
Thora, wo findet man sie im Neuen Testament, wo findet
man sie im Koran? Drittens: kapitalistische Wirtschaftsweise.
Wo findet man sie in den großen grundlegenden Schriften der
drei Religionen?
    Diese Ideologien – Menschenrechte, Demokratie, Kapita-
lismus – sind dabei, die Welt zu erobern, und haben sich von
den religiösen Grundlagen gelöst. Das ist eine andere Sicht,
aber im Prinzip dasselbe, was Sie gesagt haben. Im 21. Jahrhundert, das vor der Tür steht, wird diese Ablösung von den
religiösen Grundlagen noch weiter gehen als bisher, und die
große Gefahr ist, daß damit zugleich eine Ablösung von den
moralischen Prinzipien stattfindet. Das ist meine größte Sorge
für das kommende Jahrhundert.

SHIMON PERES   Ja, ich glaube, so ist es. Wir glauben, daß
das schwierigste Problem darin besteht, unsere Grenzen zu
verteidigen, unsere Identität, Kultur, Zivilisation zu schützen,
weil das Fernsehen keine Grenzen kennt; es kommt ohne Erlaubnis in das Wohnzimmer und bringt alles durcheinander.
Aber das gilt nur für die ideologische Seite, soweit wir, das jüdische Volk, betroffen sind. Während der letzten zweihundert
Jahre hat das jüdische Volk sich immer gefragt: ›Warum gibt
es Antisemitismus, warum werden wir gehaßt?‹ Und es gab
zwei grundlegende Antworten. Die eine war: ›Weil die Welt
schlecht ist‹, die andere: ›Das jüdische Volk ist schlecht‹. Diejenigen, die sagten, daß die Welt schlecht sei, wurden Kommunisten und Sozialisten. ›Wenn die Welt durch Nationen,
Religionen und Klassen geteilt bleibt, sehen wir keine
Chance. Also laßt uns eine Welt ohne Klassen, ohne Religion,
ohne Nationen, sogar ohne Gott im Himmel schaffen.‹ Die
besten Bolschewiken, viele Kommunisten waren Juden.

Die anderen sagten: ›Nein, wir können die Welt nicht ändern. Wir werden gehaßt, weil wir nicht durchschnittlich sind.
Wir haben kein Land, wir haben keinen Staat, wir arbeiten
nicht, wir haben keine eigene Identität.‹ Das war während der
Dreyfus-Affäre Ende des neunzehnten Jahrhunderts, als
Herzl, der damals Journalist bei einer deutschen Zeitung war,
den ›Judenstaat‹ veröffentlichte. Von unserem Standpunkt aus
betrachtet war der Kampf zwischen uns Juden und dem
Kommunismus noch heftiger als der Kampf zwischen uns
und dem Christentum, denn der Kommunismus hat versucht, uns anzupassen, uns unserer jüdischen Identität zu be-
rauben. Für uns ist daher der Zusammenbruch der Sowjetunion der größte historische Sieg, den wir in weltanschauli-
cher Hinsicht errungen haben. Und die Tatsache, daß 700 000
Juden Rußland verließen und nach Israel kamen, kommt
einem ideologischen Urteil gleich. Rußlands Juden kamen,
weil sie unterdrückt wurden.

HELMUT SCHMIDT   Übrigens haben auch die sozialistischen
Ideologien keine Fundierung in der Thora, im Neuen Testament oder im Koran. In Wirklichkeit sind auch sie aus

dem Prozeß der Aufklärung hervorgegangen. Und ich möchte
noch etwas anmerken. Ich glaube, daß einer der Gründe für
die Unterdrückung, welche die Juden in Rußland, in Preußen, in Frankreich und sonstwo erlitten haben, auch mit der
Vorstellung der nichtjüdischen Menschen zu tun hat, die
Juden hielten sich für das einzige auserwählte Volk.

SHIMON PERES   Na ja, von unserem Standpunkt aus ist es
ein bißchen komplizierter. Zunächst: Sie wissen, daß wir von
der israelischen Arbeiterpartei uns nicht eine sozialistische
Partei nannten, weil wir unsere Wurzeln im ›Kapital‹ von
Marx, bei Trotzki oder Lenin sahen. Unserem Empfinden
nach wurzelt unser Sozialismus in der Bibel. Drei oder vier
unserer Propheten waren ganz und gar Sozialisten. Amos
zum Beispiel sagte: ›Verkauft nicht einen Armen für ein Paar
Sandalen.‹ Er sprach über die Bourgeoisie, die auf den Bergen
von Samaria wohnte, Wein trank, Fleisch aß und sich nicht
um die Armen kümmerte. Das ist eine sehr kraftvolle politische Stellungnahme. Ben Gurion benannte seinen Sohn nach
diesem Propheten. Dann haben wir Jesaja, der für den Frieden eintrat: ›Da werden sie ihre Schwerter zu Pflugscharen
machen und ihre Spieße zu Sicheln machen, denn es wird
kein Volk wider das andere ein Schwert aufheben und werden
fortan nicht mehr kriegen lernen.‹ Und dann Moses, der das
Mehrheitsprinzip vertrat, etwas ganz Außergewöhnliches damals. Also gibt es viele sozialistische Elemente in der Bibel.
   Die Thora ist meiner Meinung nach ein Moralkodex.
Wenn wir unsere Auseinandersetzungen mit den Orthodoxen
haben, dann deshalb, weil sie aus diesem Moralkodex feste
Glaubenssätze, eine Hierarchie oder einen Kult ableiten wollen. Das Judentum ist aber keine Religion in diesem Sinne,
denn wir haben keine Hierarchien. Wir haben keinen Papst,
keine heiligen Glaubenssätze. Jedermann wurde nach dem
Bilde Gottes geboren und ist mit ihm in Kontakt. Man
braucht keinen Vermittler. Arthur Miller sagte einmal, daß
das Judentum aus so vielen Verschiedenheiten bestehe, daß es
fast unjüdisch sei, eine davon herauszusuchen. Wir haben
also eine pluralistische Religion, wir sind uns einig über den

Inhalt, die Thora, aber nicht über die Auslegung. Die Juden in der Diaspora verliehen den Rabbis eine Macht, die sie in der Thora nie hatten. Für eine Trauung braucht man zum Beispiel keinen Rabbi. Nach der Thora kann man eine Frau heiraten, wenn man zwei Zeugen hat, und die müssen keine Rabbis sein. Es steht auch nicht in der Thora, daß man einen Hut tragen muß. Sehr vieles ist also nur eine Interpretation der Thora. Also müssen wir diskutieren.

Ich denke, wenn man den Sozialkodex wegnehmen würde, dann würde das Judentum sterben, es wäre dahin. Wir sind ein sehr kleines Volk. Der Unterschied zwischen uns und den Moslems und den Christen ist, daß wir keine Brüder in der Religion haben, wir haben keine Schwestern in der Sprache, wir haben keine Nachbarn in unserer Geschichte. Wir sind insgesamt vierzehn Millionen Menschen, in Israel etwa fünf Millionen, und was uns bis jetzt zusammenhält, ist unsere Geschichte, die Geschichte eines kleinen Volkes, das eine sehr große Botschaft trägt. Um auf die Zukunft zu sprechen zu kommen: Israel hat in den ersten fünfzig Jahren um seine physische Existenz gekämpft, die kommenden fünfzig Jahre wird es um seine moralische Identität kämpfen.

HELMUT SCHMIDT Sie haben sich im wesentlichen auf die Thora berufen. Mich bewegt noch die Frage: Wie wichtig ist die Thora, und wie wichtig ist der Talmud?

SHIMON PERES Das ist der Unterschied zwischen der weltlichen und der religiösen Wahrheit. Die weltliche Wahrheit ist stärker an die Bibel gekoppelt, und die religiöse Wahrheit stärker an den Talmud. Denn die Bibel wurde geschrieben, als wir ein unabhängiges Volk in unserem eigenen Land waren. Der Talmud wurde geschrieben, als wir in der Diaspora lebten, im Exil. Er ist eine Art Verfeinerung. Der Talmud ist eindeutig ein Teil unserer Kultur, unserer Herkunft, aber grundsätzlich gilt, daß die Zionisten und die weltlichen Juden sich eher an die Bibel halten als an den Talmud. Ben Gurion zum Beispiel mochte die zweitausend Jahre, die wir im Exil verbrachten, nicht. Er meinte, daß wir das hinter uns gelassen hätten: ›Wir sind nicht aus der Diaspora nach Israel gekommen, um die Diaspora nach Israel mitzunehmen.‹

Es gibt ja auch in Ihrem Land Fundamentalisten. Was ist in Ihnen vorgegangen, als Itzhak Rabin neben Ihnen von einem Fanatiker ermordet wurde?

SHIMON PERES   Lassen Sie uns unterscheiden zwischen moslemischem Fundamentalismus und jüdischem Fundamentalismus. Im jüdischen Fundamentalismus ist Gewalt, ist Töten nicht erlaubt. Moslemischer Fundamentalismus erlaubt Gewalt und Terror. Für die Iraner sind die Israelis eine Art kollektiver Salman Rushdie. Sie sind bereit, uns zu töten, so wie sie bereit wären, ihn zu töten, und zwar aus denselben Gründen. Der Mann, der Rabin tötete, wurde von den meisten orthodoxen Juden verurteilt. Die es nicht taten, sind eine sehr, sehr kleine Minderheit. Ich glaube nicht, daß sie ein Problem sind. Das Problem ist: Sollte Israel ein streng demokratischer Staat sein oder ein demokratischer Staat mit einer Verbindung zum jüdischen Gesetz? Wir haben entschieden, daß Israel ein völlig demokratisches Land ist, wo es Platz für die jüdische Religion und für andere Religionen gibt.

Glauben Sie, daß Sadats Vision vom friedlichen Nebeneinander sich in absehbarer Zeit erfüllen wird?

HELMUT SCHMIDT   Sie kann sich erfüllen. Es hängt sehr von politischen Führern ab, in Israel, in Syrien und Saudi-Arabien, in Ägypten und auf seiten der Palästinenser. Der Frieden muß gestiftet werden, sagt Immanuel Kant. Er muß immer neu gestiftet werden, zumal im Mittleren Osten. Wenn Sie es für möglich halten, daß wir auf den verschiedenen Seiten Führer bekommen wie Sadat, wie Rabin, wie Shimon Peres oder Hussein von Jordanien, dann halte ich es für möglich, daß Sadats Vision sich erfüllt. Ich sage nicht, daß ich es für sehr wahrscheinlich halte. Im Augenblick finde ich die Situation im Mittleren Osten beunruhigender als etwa zur Zeit der Camp-David-Vereinbarungen.

SHIMON PERES   Ich glaube, daß der Frieden unausweichlich ist. Die meisten modernen Führer sind nur vorübergehende Erscheinungen, aus dem einfachen Grund, weil es Fernsehen gibt. Ein Junge oder Mädchen von zwölf Jahren weiß heute viel mehr als ein Erwachsener vor hundert Jahren. Heutzutage hat fast jeder zwei Vorstellungen vom Leben. Wenn man das Fenster öffnet, sieht man sein eigenes Land. Wenn man den Fernseher anschaltet, sieht man die Welt. Und die junge Generation steht auf und sagt: Wieviel Blut wollt Ihr noch vergießen? Wieviel Geld wollt Ihr noch verschwenden? Das Fernsehen mag die Demokratie unerträglich machen, aber dafür erschwert es auch die Aufrechterhaltung einer Diktatur.

HELMUT SCHMIDT   Es ist das erste Mal, seit ich denken kann, daß jemand das Fernsehen zum positiven strategischen Faktor erklärt.

SHIMON PERES   Das Fernsehen hat beim Zusammenbruch der Sowjetunion eine große Rolle gespielt, ebenso beim Sturz Ceaușescus, der wahrscheinlich ohne das ungarische Fernsehen gar nicht denkbar gewesen wäre. Die ganze Securitate konnte nicht verhindern, daß es innerhalb und außerhalb des Landes zeigte, wie es um Ceaușescu stand. Ich frage mich das auch in bezug auf Deutschland. Ist ein zweiter Hitler möglich? Ich sage nein. Im Zeitalter der Atomwaffen würde jemand, der sagt: ›Ich möchte, daß Deutschland tausend Jahre lang Europa beherrscht‹, früher oder später zerbombt werden.

HELMUT SCHMIDT   Shimon, auch ohne das Fernsehen und ohne nukleare Waffen ist ein neuer Hitler in Deutschland undenkbar.

SHIMON PERES   Ich stimme zu. Dennoch: Es sind zwei Dinge, die den Frieden erleichtern, die Atomwaffen und das Fernsehen. Heutzutage kann keiner einen ernsthaften Krieg führen. Die Iraner versuchen es, aber wenn sie es tun, werden sie isoliert. Ich bin tief überzeugt, daß der Frieden stärker ist, ich bin tief überzeugt, daß keine Partei, kein Führer, keine Regierung den Gang der Geschichte aufhalten kann.

HELMUT SCHMIDT   Ich bin etwas skeptischer als Sie, Shimon. Ich glaube, wir werden im 21. Jahrhundert mehr sogenannte kleine Kriege erleben als im zwanzigsten. Unser Jahrhundert hat zwei Weltkriege gesehen. Seitdem die So-

wjetunion verschwunden ist – und wahrscheinlich wird nichts
Vergleichbares in der euro-asiatischen Landmasse, die Rußland heißt, zurückkehren –, ist das alte Duopol zweier Weltmächte nicht mehr in der Lage, alle Welt in Angst und
Schrecken zu versetzen, durch Drohungen oder Versprechungen bei der Stange zu halten.

Ich sehe mehrere machtpolitische Krisenherde – zum Beispiel in den fünf zentralasiatischen Republiken, die aus der
Sowjetunion hervorgegangen sind, aber auch in Afghanistan,
in den östlichen Teilen der chinesischen Provinz Sinkiang, in
der Türkei. Da können religiöse Motive eine Rolle spielen,
schiitische Machtbestrebungen, die vom Iran und möglicherweise von Pakistan ausgehen, sunnitische Bestrebungen, die
von der Türkei ausgehen, die sich mit einer wachsenden Re-
Islamisierung konfrontiert sieht. Vielleicht werden wir, vielleicht werden Sie im Mittleren Osten den Frieden bewahren
können, und gleichzeitig verschiebt sich die eigentliche machtpolitische Konkurrenz nach Nordosten. Ich glaube nicht, daß
die bisherigen Erfahrungen diese Völkerschaften davon überzeugen werden, daß der Frieden eine unabdingbare Notwendigkeit ist. Ich möchte am liebsten Ihre Zuversicht teilen, aber
ich kann es eigentlich nicht.

SHIMON PERES   Wenn ich, auch der Ausgewogenheit wegen,
ein paar optimistische Prognosen stellen darf: Zum ersten
Mal wurde jetzt in Indien ein Präsident aus der Kaste der
Unberührbaren gewählt – das ist eine Sensation. Übrigens
glaube ich, daß in Asien die eigentliche Konkurrenz zwischen
China und Indien stattfindet. Was mich sehr betroffen und
bewegt hat, waren die Ereignisse in Südafrika. Wenn man vor
zehn Jahren eine Liste mit den kompliziertesten politischen
Problemen erstellt hätte, dann hätte Südafrika mit der Apart-
heid einen führenden Platz eingenommen. Wer hätte sich damals eine schwarze Mehrheit in der weißen Regierung vorstellen können? Aber de Klerk und Mandela haben zugestimmt,
und de Klerks Mut war sogar noch größer als Mandelas, weil
er wußte, daß er die Macht opferte. Es war, als ginge ein Trut-
hahn freiwillig zu einer Erntedankfest-Party in Amerika. Viele

von uns machten sich Sorgen darüber, was nach diesem
Durchbruch geschehen würde. Die großartigste Sache war im
letzten Jahr die Wahrheits- und Aussöhnungskommission.

HELMUT SCHMIDT   Man kann dem nur zustimmen. Aber es
gibt eben auch Somalia, es gibt Zaire, Burundi, Nigeria, be-
waffnete Konflikte mit Zehntausenden von Toten an anderen
Orten. Gleichzeitig ist die Konkurrenz zwischen den beiden
Weltmächten entfallen, die dafür sorgte, daß Grenzen nicht
verschoben wurden, und die Konflikte, die eine solche Ver-
schiebung bewirken konnten, unterdrückte. Auf der einen
Seite ist es gut, daß die beiden Weltmächte nicht mehr die
Welt beherrschen. Aber auf der anderen Seite führt es dazu,
daß viele kleine, zum Teil unerfahrene Eiferer, machtgierige
Eiferer imperialistische Kriege im kleinen Maßstab führen
werden. Diese Kriege werden nicht bis nach Europa hinein-
reichen und hoffentlich nicht in den Mittleren Osten. Aber
auch die Überwindung der Kastenschranken in Neu-Delhi
löst zum Beispiel das Kaschmir-Problem nicht.

SHIMON PERES   Ja, zuallererst Afrika. Afrika ist die wirkliche
Tragödie unserer Zeit. Aber auch Afrika wird dem Gang der
Geschichte nicht entkommen. Vor zehn Jahren gab es in
Afrika viele kommunistische Regime und Militärregierungen,
es gab eine kubanische Armee in Afrika. All das ist verschwunden, und nun müssen sie sich dem eigentlichen Problem in Afrika stellen. Es wird Zeit brauchen, aber ich glaube
nicht, daß Afrika in die Vergangenheit zurückkehren kann.
Was in Ägypten und in Südafrika geschehen ist, wird sich auf
die anderen Länder auswirken. Ich glaube nicht, daß alle Probleme unseres Jahrhunderts über Nacht verschwinden werden. Ich spreche über die Tendenz, darüber, daß der Grund
zum Kämpfen fehlt.

HELMUT SCHMIDT   Jetzt gehen Sie zu weit in Ihrem Optimismus. In diesem Jahrhundert, in dem wir leben, in dem
wir geboren sind, hat sich die Weltbevölkerung vervierfacht.
In einem einzigen Jahrhundert! Im nächsten Jahrhundert
werden wir nicht bei sechs Milliarden Menschen stehenblei-

ben. Vielleicht werden wir uns noch einmal verdoppeln. Der verfügbare Raum, das verfügbare Wasser, die verfügbare Luft werden aber nicht zunehmen. Und das Fernsehen reicht noch nicht nach Ruanda und auch noch nicht nach Zaire. Rücksichtslose militärische Diktaturen können das auch verhindern. Das haben wir sogar in Ostdeutschland erlebt, während der kommunistischen Herrschaft.

SHIMON PERES   Helmut, lassen Sie mich zuerst zu unserer beider Verteidigung sagen: Wir sind jung genug, um optimistisch zu sein. Wozu dieser Pessimismus?

HELMUT SCHMIDT   Ich bin etwas älter als Sie.

SHIMON PERES   Sie sind 79 Jahre jung, ich bin 74 Jahre jung. Also sind wir beide jung. Ich weiß nicht, was geschehen wird, aber ich weiß, was ich zu tun habe. Ich muß alle Zeit, die ich habe, jede Gelegenheit, die ich habe, dem Frieden widmen. Über die Zukunft sollte man nicht nur Vermutungen anstellen, man muß sie gestalten.

HELMUT SCHMIDT   Ich stimme zu, ganz besonders Ihrem letzten Satz. Aber ich bin nicht begeistert von der Art und Weise, wie wir Europäer heute und wie wir Deutschen heute unsere Zukunft gestalten. Wenn ich Israeli wäre, wäre ich vielleicht etwas optimistischer.

Valéry Giscard d'Estaing

mit Helmut Schmidt im Gespräch
am 10. September 1997

Wir stehen am Ende eines Jahrhunderts, in dem Frankreich und
Deutschland Erzfeinde waren und dann doch zu Partnern geworden
sind, die immer wieder den Motor der europäischen Einigung ange-
worfen haben. Entscheidenden Anteil daran hatten Valéry Giscard
d'Estaing und Helmut Schmidt, zwei Politiker, die seit langem eine
ungewöhnliche Freundschaft verbindet. Präsident Giscard d'Estaing,
1989 gehörten Sie zu denen, die befürchteten, daß Europa ein wieder-
vereinigtes Deutschland nicht verkraften könnte.

VALÉRY GISCARD D'ESTAING   Wir wußten damals, daß die
deutsche Wiedervereinigung kommen würde, wir hofften es
auch. Und doch sagten die verantwortlichen Politiker – in
Deutschland wie in Frankreich –, daß es besser wäre, erst einmal den Aufbau der Europäischen Union zu Ende zu bringen, so daß der Osten Deutschlands in ein fertiges Bauwerk
hineingenommen würde.

Meine Vorstellung – und ich glaube, auch die von Helmut
Schmidt – war es, den Aufbau der Europäischen Union schon
Anfang der achtziger Jahre zu vollenden. Wir hatten gerade
das europäische Parlament direkt gewählt, wir hatten den
Europäischen Rat ins Leben gerufen, wir hatten 1978/79 die
Währungsunion ins Auge gefaßt – wir waren beinahe fertig,
es fehlte nur noch eine politische Einigung, damit die europäischen Institutionen wirkungsvoll funktionieren konnten. Ich
bedauerte, daß die Zeit zwischen 1982/83 und 1990 nicht zu
einer Phase des politischen Fortschritts in Europa geworden
war. Was dazu beigetragen hat, daß, als die Wiedervereinigung kam, Europa noch nicht bereit war. Es wußte nicht, was
es machen sollte. Sollte es die Deutschen allein lassen mit

ihren Vorstellungen, oder sollte es sich in die Wiedervereinigung einbinden lassen. Ich hätte mir gewünscht, daß die Staatsmänner, die 1990 regierten, gesagt hätten: Wir werden die deutsche Wiedervereinigung und den Aufbau Europas in gleichem Tempo vorantreiben. Dann hätten wir heute ein vereinigtes Deutschland in einem vereinigten Europa anstatt Verhandlungen über die Fortschritte, die Europa erreichen soll.

HELMUT SCHMIDT   Ich muß da ein bißchen weiter ausholen. Kurz nach dem Zweiten Weltkrieg traten Churchill und Jean Monnet mit ihren Ideen zur europäischen Einigung hervor. Churchill sprach von ›Vereinigten Staaten von Europa‹, machte übrigens gleich klar, daß England nicht dabeisein würde. Monnet war erfüllt von der Notwendigkeit, die Franzosen und die Deutschen aneinander zu binden, um Deutschland einzubinden. Und dieses Motiv hat mich, seit ich diesen ganz großen Mann in den späten vierziger Jahren erstmals kennengelernt habe, immer begleitet. Damals handelte es sich um Westdeutschland, etwa vierzig Millionen Menschen, heute handelt es sich um ein vereinigtes Deutschland von etwa achtzig Millionen.

Und ich bin heute genauso überzeugt wie damals, daß dieses sehr groß gewordene Deutschland eingebunden wird in eine europäische Gemeinschaft und daß das nur geht, wenn die Franzosen sich in gleicher Weise einbinden. Auf die Engländer kommt es dabei nicht so sehr an, denn sie sind innerlich voller Zweifel, was die europäische Einigung betrifft. Das gilt für alle politischen Schattierungen in England.

Ich glaube, der entscheidende Durchbruch war der Elysée-Vertrag von 1963, als Charles de Gaulle verstand, daß diese gemeinsame Einbindung im strategischen Interesse Frankreichs liegt. Für Valéry Giscard d'Estaing und für mich war das Ganze eine Selbstverständlichkeit. Nicht so selbstverständlich war es für Erhard und Kiesinger, nicht so selbstverständlich war es in den ersten Jahren für Mitterrand, der hat es erst als Präsident gelernt, und mir scheint, für Chirac trifft das ebenso zu.

Natürlich ist die europäische Union auch heute noch unvollendet, ihre Institutionen bedürfen dringend der Reform. Wir haben statt eines Ministerrates, wie er in den Verträgen steht, beinahe zwanzig, wir haben zwanzig Kommissare, demnächst werden es noch mehr sein, wenn weitere Staaten hinzutreten. Das Europäische Parlament hat ein viel zu geringes Gewicht. Giscard d'Estaing und ich haben gemeinsam versucht, ihm etwas mehr Bedeutung zu verleihen, indem wir direkt wählen ließen. Aber all das ist unvollendet, und uns stehen noch viele Schritte bevor, bis die Europäische Union so funktionsfähig wird, daß sie im nächsten Jahrhundert mit gleichem Gewicht auftreten kann wie die USA, wie China, wie Rußland, wie später Indien. Das sind ja alles Staaten, die im nächsten Jahrhundert Weltmächte sein werden, wahrscheinlich nach wie vor auch Japan, möglicherweise eines Tages sogar Brasilien. Die Franzosen oder die Deutschen, die Holländer, die Tschechen oder die Polen sind nicht gewichtig genug, um gegen die Giganten des 21. Jahrhunderts einzeln und allein ihre Interessen wahrnehmen zu können.

VALÉRY GISCARD D'ESTAING   Ich möchte noch einmal an die Phase von de Gaulle und Adenauer erinnern. Das war die Epoche der Wiederversöhnung. Man vergaß die Vergangenheit, man hat die Vergangenheit ausgewischt, die zwei Weltkriege in unserem Jahrhundert. Die Phase von Helmut Schmidt und mir war die der deutsch-französischen Vertrauheit, die eine Verständigung und Übereinkunft in allen Bereichen schaffen sollte. Die darauffolgende Phase, so hatte ich es mir vorgestellt, sollte die der Institutionalisierung sein, der Entstehung einer föderalen Struktur, die die westlichen Länder umfaßte. Bis 1990 war ja nur von Westeuropa die Rede. Während des Gipfels in Aachen sprachen wir vom karolingischen Europa, von dem mittelalterlichen Reich der romanischen und germanischen Völker und ihrer Verbündeten. Es ging eine gewisse Inspiration von den Franken aus. Ob Deutschland sechzig oder achtzig Millionen Einwohner hatte, war damals nicht so wichtig. Deutschland hatte ein beträchtliches Gewicht in diesem System, ein Gewicht, das sich auch noch vergrößern konnte. Die entscheidende Veränderung für

die Europäische Union kam also nicht mit der Wiedervereinigung Deutschlands, sondern mit dem Problem der Erweiterung und des Eintritts von vielen anderen neuen Partnern.
Was wir geplant hatten, war ja ein föderales Projekt, und das
ist leider im Laufe der Zeit in Vergessenheit geraten. Auch
Robert Schuman hat ja 1950 in seinem berühmten Brief an
die Deutschen vom Aufbau eines föderalen Europa, einer
europäischen Föderation gesprochen. Und als wir die Währung geschaffen haben, das Parlament, den Europäischen
Rat, funktionierte das wie ein Baukasten, bei dem man Stück
für Stück zusammensetzt, ein föderales Lego-System. Doch
leider wurde das Spiel unterbrochen. Als der Maastrichter
Vertrag zur Unterzeichnung anstand, war in der Einleitung
noch eine föderale Struktur verankert. Bei der anschließenden
Diskussion ist das wieder unter den Tisch gefallen.

   Ich möchte, daß wir zu diesem Gedanken zurückkommen.
Denn ich glaube, das, was wir tun können, ist, ähnliche Teile
zu einem Ganzen zusammenzufügen. So, wie sich Westeuropa mit dem Eintritt Spaniens erweitert hat, so kann sich
dieses System nochmals erweitern durch den Beitritt anderer
Nachbarn, aber es muß dazu beitragen, daß zu Ende geführt
wird, was wir begonnen haben: der Aufbau einer effizienten,
bürgernahen, demokratischen Organisation. Ich wünsche
mir, daß das vereinigte Deutschland ein Teil dieser föderalen
Organisation aus homogenen Ländern Europas ist.

HELMUT SCHMIDT   Ich stimme dem zu. Die Eile, mit der
heute Beitrittsverhandlungen mit einer größeren Zahl von
Staaten im Osten Mitteleuropas aufgenommen werden sollen, erscheint verfrüht angesichts der Tatsache, daß die föderale Struktur der bestehenden europäischen Union unzu-
reichend ist. Wir haben bis heute noch keine funktionierende
gemeinsame Währung, wir haben vor allen Dingen keine gemeinsame Außenpolitik, wir haben keine gemeinsame Sicherheitspolitik, wir überlassen es den Amerikanern, über die Sicherheit Europas zu verfügen, und zwar in einer Weise, wie sie
gewissen amerikanischen Interessen entsprechen mag — etwa
bei der Erweiterung der NATO —, aber ganz gewiß nicht den

gesamteuropäischen. Aber vor allen Dingen: Wir haben keine
parlamentarisch-politische Kontrolle dessen, was in Brüssel
geschieht. Das Europäische Parlament hat einige Kompetenzen, aber nicht genug, und die wenigen Kompetenzen, die es
hat, füllt es nicht aus. Die Sache wird dadurch erschwert, daß
wir nun ökonomisch in den Sog der sogenannten Globalisierung geraten. Das Interesse der Menschen konzentriert
sich auf das ökonomische Problem, ganz besonders auf die
Arbeitslosigkeit, auf die Krise der Sozialversicherungen, der
sozialen Sicherungssysteme, auf die Krise der öffentlichen Finanzen. Alles das führt dazu, daß die institutionelle Fortset-
zung, daß die nächsten Schritte auf dem Wege zur europäischen Union vernachlässigt werden. Das muß Besorgnis auslösen.

*Erhoffen Sie sich von der bevorstehenden europäischen Währungs-
union eine Stärkung des Zusammenhalts?*

VALÉRY GISCARD D'ESTAING   Ja. Wir haben die Währungsunion ja nun schon vor zwanzig Jahren in die Wege geleitet, in
den Jahren 1978/79. Wenn man sagt, das sei schnell gegangen,
soll man nicht übertreiben; zwanzig Jahre sind eine lange
Zeit. Ein Jahr vor den Wahlen zum Europäischen Parlament,
das eine klassische föderalistische Institution ist, haben wir
die gemeinsame Währung beschlossen. Das Abkommen, das
wir 1979 unterzeichnet haben, sah zwei Stufen vor. Die erste
Stufe war das europäische Währungssystem. Und zwei Jahre
später sollte die Rolle des europäischen Systems mit Blick
auf die Einsetzung einer europäischen Zentralbank erneut
untersucht werden. Seither gab es den Plan, eine gemeinsame
Währung einzuführen.
    Vielleicht war das der Gründungsakt des neuen Europas.
Es gibt zwei mögliche Gründungsverfahren. Zum einen die
Methode, die 1787 in Philadelphia für die Vereinigten Staaten
gewählt wurde: eine Verfassung. Das wäre sicherlich die bes-
sere Methode. Staatsmänner versammeln sich eine Woche,
vierzehn Tage und lassen ihre Alltagsgeschäfte hinter sich. Die
andere Methode ist die Schaffung föderaler Elemente, so wie
wir es mit Helmut Schmidt begonnen haben. Und die Ein-

führung des Euro ist doch ein starkes föderales Element, wenn sich weitere Schritte daraus ergeben. Das Wichtigste ist daher nicht allein die Schaffung einer gemeinsamen Währung, sondern ihre Einbettung in ein institutionelles, politisches, psychologisches Umfeld, das das neue Europa begründet.

HELMUT SCHMIDT   Ich stimme zu, daß wir den Weg gewählt haben, die europäische Union schrittweise aufzubauen. Das begann mit Jean Monnet und mit der europäischen Gemeinschaft für Kohle und Stahl; darauf sind viele weitere Schritte gefolgt, Euratom, Airbus, der Gemeinsame Markt et cetera. Und dann der erste Versuch, von uns beiden in den siebziger Jahren ins Werk gesetzt, mit relativ schnellen Schritten auf eine gemeinsame Währung loszumarschieren. Das ist dann vernachlässigt worden, man hat 1982/83 das europäische Währungssystem, das wir ins Leben gerufen hatten, verkommen lassen, man dachte, man habe mit dem Maastrichter Vertrag etwas Besseres in petto. Es hat sich aber herausgestellt, daß man zunächst lauter große Kontroversen und Diskussionen ausgelöst hat.

Die Europäische Währung ist einer von vielen bisherigen Schritten und keineswegs der letzte. Einer der letzten Schritte wäre ein Parlament, das diese Bürokratie kontrolliert. Einer der vorletzten Schritte wäre ein gemeinsamer Außenminister. Alles das fehlt. Wenn heute die Währungsunion scheitern würde – ich rede bewußt im Konjunktiv –, dann könnte es dazu führen, daß der nächstfällige Schritt gar nicht erst versucht wird. Oder daß er erst zehn, zwanzig Jahre später versucht wird. Inzwischen wird aber im kommenden Jahrhundert eine ganz andere Machtkonstellation in der Welt herrschen. Die zweite Hälfte des zwanzigsten Jahrhunderts war gekennzeichnet durch den Gegensatz zwischen Ost und West. Im nächsten Jahrhundert wird es eine größere Zahl von Weltmächten geben, nicht nur militärische, auch ökonomische, und das werden weder Frankreich noch Deutschland, weder Holland noch Spanien, noch Italien sein, vielleicht aber die Europäische Union, wenn sie dann funktionsfähig ist. Gegenwärtig ist sie in einem schlechten Zustand.

VALÉRY GISCARD D'ESTAING   Nein, ich denke da an mehr: an ein identitätsstiftendes Moment der Währung, wenn Sie so wollen. Wir sitzen hier nun um den Tisch herum, Helmut hat Deutsche Mark in der Tasche, ich habe französische Francs, und wenn wir spanische Gäste hätten, hätten sie Pesetas dabei. Wenn wir aber in New York wären oder in Hongkong, und wir würden das gleiche Geld aus der Tasche holen, dann sähen die anderen: Die gehören alle dem gleichen größeren Rahmen an. Man darf also die politische und psychologische Bedeutung der Währung nicht vergessen.

Natürlich genügt es nicht, Ideen zur Währungspolitik zu haben. Bei der Umsetzung kommt es auf die Politik und die Institutionen an. Es gab beispielsweise in Deutschland eine Währungspolitik, die auf der Angst vor Inflation beruhte. Das ist verständlich, schließlich gab es in Deutschland zweimal eine große Inflation, und die Deutschen erinnern sich daran. Doch die neue Währungspolitik kann die Inflation in den einzelnen Ländern der Währungsunion nicht messen. Wie soll man das machen? Den Durchschnitt nehmen? Man kann die Temperatur messen oder die Umweltverschmutzung, aber die Situation, die sich aus der progressiven Vereinigung der Zinssätze, der Sparzinsen ergibt, ist eine vollkommen neue. Man muß also gleichzeitig mit der Währungsunion ein politisches, finanzielles, wirtschaftliches und auch institutionelles Umfeld schaffen. Insofern wird die Währungsunion auch zum Katalysator für die Institutionalisierung.

Fürchten Sie nicht, daß die europäische Währungsunion scheitern könnte?

HELMUT SCHMIDT   Wenn die gemeinsame Währung am 1. Januar 1999 ins Werk gesetzt wird, wird sie nicht mehr schiefgehen. Die Risiken halte ich für ganz geringfügig. Die Risiken, von denen ich spreche, betreffen die Zeit vor dem 1. Januar 1999. Doch ich möchte den Überlegungen zur Identitätsstiftung, denen ich beipflichte, noch einen anderen Aspekt hinzufügen. Es wird sich herausstellen, daß die gemeinsame Währung auch ökonomische Vorteile für alle Beteiligten mit sich bringt. Nicht ganz schnell, an der Arbeitslosigkeit

wird sie zunächst nichts ändern. Die muß mit ganz anderen
Mitteln bekämpft werden, in Frankreich wie in Deutschland.
Aber: Es fällt zum Beispiel weg, daß man, wenn man deut-
sche Maschinen nach Frankreich verkauft oder französisches
Parfum nach Deutschland, nicht sicher sein kann, daß die
Wechselkurse bei Lieferung noch die gleichen sind wie beim
Abschluß des Kaufvertrages. Das Risiko von Wechselkursschwankungen innerhalb Europas fällt weg, die Versiche-
rungsprämien gegen Wechselkursschwankungen − dreißig
Milliarden Dollar oder dreißig Milliarden Euro an Kosten für
die europäischen Volkswirtschaften − fallen weg. Und was
noch wichtiger ist: Die Wechselkursschwankungen des Franc
oder der D-Mark gegenüber dem Dollar oder dem Yen werden sehr viel geringer sein als bisher. Die Deutschen bilden
sich immer ein, die D-Mark sei eine stabile Währung. Das
stimmt für die Binnenkaufkraft, aber nicht für den Wechselkurs der D-Mark. Der Wechselkurs des Euro wird wegen des
großen Gewichtes der Volkswirtschaften, die dahinter stehen −
über dreihundert Millionen Menschen −, sehr viel stabiler
sein. Diese Stabilität des Wechselkurses wird im Vergleich zur
gegenwärtigen Situation für alle europäischen Produzenten
von Vorteil sein. Der ökonomische Vorteil des Euro darf also
nicht geringgeachtet werden.

VALÉRY GISCARD D'ESTAING   Ja, die Leute werden zufrieden
sein. Die Öffentlichkeit muß wissen, daß der Euro im Inland
genauso stabil sein wird wie die D-Mark oder der französische
Franc. Im Augenblick sind die beiden Währungen absolut
stabil, wir haben sehr niedrige Inflationsraten, unsere liegt
sogar noch unter der der D-Mark. Ich habe kürzlich in einer
amerikanischen Zeitung gesagt, daß die Einführung des Euro
die internationale Landschaft verändern wird, weil wir dann
zwei Weltwährungen haben, den Dollar und den Euro, denn
der Euro wird bedeutender sein als der Yen. Und so wird
natürlich auch die äußere Stabilität wichtiger werden, sie wird
ein größeres Gewicht haben als bei den nationalen Währungen, die gerade in der letzten Zeit heftige Schwankungen erlebt haben. Ich glaube, daß das als positiv wahrgenommen

werden wird. Selbstverständlich unter der Bedingung, daß die innere Stabilität gesichert ist und daß man durch eine verstärkte Geldpolitik für höhere Wachstums- und Beschäftigungsraten sorgt.

HELMUT SCHMIDT   Auch die Deutschen werden sich schnell an den Euro gewöhnen, und sie werden schnell die Vorteile erkennen. Gegenwärtig und schon seit einer Reihe von Jahren sind sie in einer falschen Debatte begriffen. Ihnen wird von einigen Politikern suggeriert, daß die Währungsunion *das* große ökonomische Problem sei. In Wirklichkeit ist das große ökonomische Problem eine Massenarbeitslosigkeit, wie wir sie seit den dreißiger Jahren weder in Frankreich noch in Deutschland gekannt haben. Und das wird nicht gelöst durch die Währungsunion, sondern durch die Abschaffung überflüssiger Gesetze, überflüssiger Macht von Behörden, überflüssiger Genehmigungspflichten für alles und jedes. Sowohl Frankreich als auch Deutschland sind absolut überreguliert. Unser Problem wird sein, diese Überregulierung vom Arbeitsmarkt bis zum Umweltschutz abzubauen, ohne gleichzeitig in den Fehler von Ronald Reagan und Maggie Thatcher zu verfallen und eine Art soziale Rücksichtslosigkeit zur herrschenden Ideologie zu machen.

Wird die Währungsunion, wie Sie, Herr Schmidt, es einmal angedeutet haben, uns auch vor den Stürmen der Globalisierung schützen?

HELMUT SCHMIDT   Nein, das wird sie nicht. Da fühle ich mich mißverstanden. Aber die Währungsunion wird ein Schutz sein gegenüber der Rücksichtslosigkeit, mit der die Amerikaner Wechselkurspolitik betrieben haben. Heute vor dreißig Jahren zahlten wir für einen amerikanischen Dollar vier Mark. Umgekehrt, wenn ein deutsches Produkt viertausend Mark kostete, dann mußte ein Amerikaner dafür tausend Dollar auf den Tisch legen. Gegenwärtig steht der Dollar nur noch bei 1,80 DM, wir waren sogar schon bei 1,40 DM. Das heißt, wenn heute ein deutsches Produkt in den Dollarraum verkauft wird, das viertausend Mark kostet, dann muß der Amerikaner 2 400 Dollar dafür auf den Tisch legen, weil der Dollar laufend abgewertet worden ist. Die Amerikaner haben mit uns Fußball gespielt. Wir waren der Fußball.

Die europäische Währungsunion wird acht-, neunmal soviel Währungsreserven zur Verfügung haben wie Washington. Schon heute gibt es ja in den USA besorgte Stimmen, daß die Macht Amerikas durch die Schaffung des europäischen Währungssystems beschnitten werde. Diese Besorgnis kann ich zwar verstehen, aber das ist einer der Nebenzwecke, die ich verfolge, wenn ich sage: Die europäische Währung muß her, wir möchten nicht kolonialisiert werden durch amerikanische Aktiengesellschaften.

VALÉRY GISCARD D'ESTAING   Unsere Firmen, in Deutschland, in Italien, sind gezwungen, sich der Konkurrenz anzupassen, und sie unternehmen dabei große Anstrengungen. Aber gleichzeitig wird diese Konkurrenz auch von den Schwankungen der Wechselkurse beeinflußt. Sie können unsere Anstrengungen zunichte machen oder sie aber im Gegenteil auffangen. Wir können diese Wechselkursschwankungen zwischen der Mark und dem Franc aber nicht beeinflussen, da sie in den letzten Jahren einzig und allein vom Dollar ausgelöst wurden. Wenn wir in Zukunft eine große Weltwährung neben dem Dollar haben, sind auch die Amerikaner dazu aufgefordert, ein stabiles Verhältnis zu dieser Währung zu suchen. Denn das Zusammenspiel der anderen Währungen, die sich zum Teil untereinander ausgleichen, werden sie nun nicht mehr haben. Wir kehren zu einer Situation zurück, die wir gekannt haben, als es stabile Wechselkurse gab. Die Schwankungen der Wechselkurse sind sozialökonomisch gesehen sehr teuer, weil sie eine vollkommen künstliche Konkurrenz schaffen, wie in der europäischen Währungskrise, als plötzlich ein ganzer Wirtschaftssektor durch die Wechselkursschwankungen durcheinandergewürfelt wurde. Eine große europäische Währung wird daher meiner Meinung nach ein großer Stabilitätsfaktor für die Wechselkurse sein.

Die Freundschaft zwischen Deutschland und Frankreich ist, so scheint es, eher eine Angelegenheit der Politiker. Meinungsumfragen zeigen jedenfalls immer wieder, daß in der Bevölkerung der beiden Länder, gerade bei jungen Leuten, gegenseitiges Desinteresse vorherrscht. Beunruhigt Sie das?

VALÉRY GISCARD D'ESTAING   Wenn das wahr wäre, würde es mich sehr beunruhigen. Junge Menschen haben keine Erinnerung, sie entdecken Dinge. Ich habe Erinnerungen, etwa daran, daß ich als junger Soldat mit dem Panzer auf deutsche Dörfer zugefahren bin. Ich sah ein Dorf durch das Fernglas und schoß darauf. Wenn ich also heute die deutsch-französische Vertrautheit sehe, ist das für mich ein außerordentlicher Fortschritt. Die jungen Menschen, die in dieser Zeit der Vertrautheit geboren wurden, sagen sich: Das ist sehr gut, aber es ist nur natürlich. Schauen Sie auf die Weltkarte: Osteuropa ist eher klein, Frankreich und Deutschland liegen nebeneinander, man muß nicht weit fahren, um zueinander zu kommen. Wenn wir nach Deutschland kommen, werden wir sehr gut aufgenommen, von jedermann. Und wenn ein Mann wie Helmut Schmidt nach Frankreich kommt, ist er dort sehr populär. Wenn er mich in meiner Heimatstadt besuchen würde – was er versprochen hat, wozu er aber bisher immer zu beschäftigt war –, dann würde er triumphal empfangen werden. Diese Umfragen darf man nicht zu ernst nehmen. Wenn zwei Völker, die miteinander im Krieg lagen, im Laufe einer Generation zu befreundeten Völkern werden, zumal wenn es die zwei bedeutendsten Völker Europas sind, dann ist das doch eine großartige Sache. Beide Länder haben ja von allen Beitragsländern den größten Anteil am europäischen Bruttosozialprodukt.

Ich glaube also, daß diese Vertrautheit Realität ist. Sie hat sich entwickelt, weil im geteilten Europa Frankreich der europäische Anker für Deutschland war. In einem wiedervereinigten Europa ist das etwas anders, aber immer noch sind diese beiden Länder dazu bestimmt, eine Einigung herbeizuführen. Das muß man den Menschen noch näherbringen, aber ich meine, daß dieser Prozeß der Bevölkerung doch stärker bewußt ist, als man glaubt.

Als François Mitterrand 1994 das Euro-Corps mit deutschen Soldaten zum Nationalfeiertag einlud, ging Ihnen die deutsch-französische Intimität allerdings offenbar zu weit. Sie haben damals im Fernsehen geweint.

VALÉRY GISCARD D'ESTAING Ich stand nicht immer in Opposition zu Präsident Mitterrand. Aber ich war auch nicht immer einverstanden mit seinen politischen Handlungen. Damals hatte er die Idee, ein deutsches *détachement* zur Nationalfeier einzuladen, Soldaten des gemeinsamen Euro-Corps zwar, aber das ist, wie Sie wissen, noch keine wirkliche Einheit. Die Deutschen und die Franzosen marschierten nicht Seite an Seite, die Einheiten folgten aufeinander. Mitterrand ließ sie zu unserem Nationalfeiertag kommen – das ist nicht irgendeine Feier. Wir haben in Frankreich natürlich die deutsche Besetzung nicht vergessen. Wenn einen diese Erinnerungen zu einem Zeitpunkt überkommen, an dem in bestimmten Bereichen noch nicht genügend Fortschritte erzielt wurden, ist das sehr bewegend. Aber diese Emotionen haben auch gezeigt, was noch zu tun ist. Anstatt das negativ zu sehen, habe ich es also von der positiven Seite genommen.

HELMUT SCHMIDT Die Deutschen haben guten Grund zur Vorsicht, wenn man auf die letzten drei, vier Generationen zurückblickt. Ich möchte noch einmal auf die Meinungsumfragen zurückkommen. Ich bin ähnlicher Meinung wie Valéry. Meinungsumfragen darf man nicht allzu ernst nehmen, es kommt auch darauf an, was und wie gefragt wird. Je nachdem, wie man fragt, bekommt man seine Antworten. Aber die Tatsache, daß heute kein Jugendlicher in Deutschland mehr vom Erbfeind Frankreich reden würde, ist schon ein Fortschritt. Wenn wir natürlich die öffentliche Meinung in unseren Völkern irgendwelchen Hallodris, Le Pen oder Haider oder wie sie gerade heißen, überließen, dann würde ich einen Rückfall nicht total ausschließen. Mein Freund Michel Rocard, der frühere französische Premierminister, hat davon gesprochen, daß wir uns in der Zeit des Verlöbnisses befänden, noch nicht in der Zeit der Verehelichung. Wir sind noch nicht soweit, daß man sagen kann, diese Europäische Gemeinschaft, geführt durch Frankreich und Deutschland, ist bereits etwas Endgültiges. Sie ist in einem Zwischenstadium, und viele Schritte liegen noch vor uns. Dazu bedarf es der Führung durch den jeweiligen französischen Präsidenten und den jeweiligen deutschen Kanzler.

Zu unserer Zeit, zur Zeit von Giscard d'Estaing und mir, war noch ein anderes Moment zu beachten. Es gab eine ganze Menge Staatsmänner aus anderen europäischen Ländern, die diese sogenannte Achse zwischen Paris und Bonn ziemlich mißtrauisch betrachtet haben. Dieses Mißtrauen ist immer noch nicht ganz überwunden.

VALÉRY GISCARD D'ESTAING   Ich glaube, man kann der öffentlichen Meinung und insbesondere der Jugend einiges viel einfacher erklären. Wir haben den Fehler gemacht, unser europäisches Projekt als etwas sehr Schwieriges darzustellen. Die aufeinanderfolgenden Verträge – sei es der Vertrag von Maastricht oder der von Amsterdam – sind sehr kompliziert. Man kann sie durch das Fernsehen und in der großen Öffentlichkeit nicht verständlich machen. Man braucht einfachere Vorstellungen. Was hatten wir denn 1950 für Ideen im Kopf? Es sollte keinen Krieg mehr geben. Als ich in Koblenz geboren wurde, konnte man vor der Geburt noch nicht das Geschlecht des Kindes bestimmen. Der deutsche Arzt sagte dann bei der Geburt zu meiner Mutter: ›Madame, Sie können glücklich sein, es ist ein hübscher kleiner Soldat.‹ Natürlich hatte der Gedanke, daß es keinen Krieg mehr geben sollte, für uns in den fünfziger Jahren eine große Faszination.

Der Gedanke des nächsten Jahrhunderts wird sein: Wird es eine Weltmacht Europa geben oder nicht? Das ist sehr wichtig für das Gleichgewicht in der Welt. Denn wir leben in einer friedlichen Region, einer Region, die über wirtschaftliche Mittel verfügt, Mittel aller Art, um zu helfen. Für ein wirkliches Europa brauchen wir durchschaubare starke Institutionen, einen Präsidenten. Das ist ein durchschaubares europäisches Projekt, man kann es den jungen Franzosen und den jungen Deutschen erklären und sie fragen, ob sie daran mitwirken möchten.

Welche Rolle spielen bei der politischen Einigung persönliche Beziehungen? Sie beide verbindet ja eine lange, nahezu einmalige Freundschaft.

HELMUT SCHMIDT   Ich habe das auch als einen großen Glücksfall empfunden und nachträglich bin ich sogar sehr stolz auf diesen Glücksfall. Es gibt in der Tat in der internationalen Politik auch Freundschaften, freundschaftliche Beziehungen zwischen den Menschen, die die Interessen ihres Landes vertreten und anders vertreten als der andere. Persönliche Freundschaften sind aber relativ selten. Immerhin fällt mir ein Beispiel ein, daß nicht nur Valéry Giscard d'Estaing und mich einschließt, sondern auch den früheren amerikanischen Präsidenten Gerald Ford und den früheren englischen Premierminister Callaghan. Wir sehen uns nach wie vor jedes Jahr einmal zu viert, und es ist so, als hätten wir gestern noch jeweils in unseren Ländern regiert. Wir verstehen uns nach wie vor sehr gut.

Persönliche Freundschaften können ungemein hilfreich sein. Sie führen dazu, daß man die Interessen des eigenen Landes räumlich sieht, nicht eindimensional. Man hört zu, wenn der andere spricht und wenn er erklärt, wie er das Problem sieht, von dem gerade die Rede ist. Wenn ein Staatsmann sich nur inspirieren läßt von dem, was ihm seine eigenen Diplomaten aufschreiben, sein eigenes Finanzministerium oder seine Zentralbank, bleibt er ein eindimensionaler Stratege. Wenn er ein kluger Politiker ist, hört er natürlich zu, wenn der andere redet, aber er hört noch besser zu, wenn der andere sein Freund ist.

VALÉRY GISCARD D'ESTAING   Man sollte das Wort Freund nicht im politischen Sinne gebrauchen, wo man ein Messer in der Hand hält und gleichzeitig von Freundschaft spricht. Freundschaft bedeutet, sich wohl zu fühlen mit Menschen, und das ist eine Vertrauensfrage. Man respektiert sich, man interessiert sich für das, was der andere denkt, was er will. Wenn es um ein Projekt geht, hat man natürlich oft Hintergedanken. Möglicherweise wird aber auch eine Freundschaft daraus, eine enge Übereinstimmung. Das ist mit Helmut

Schmidt passiert, wir hatten ein gemeinsames Projekt, wir wollten rasche Fortschritte in der institutionellen Organisation der deutsch-französischen Beziehungen im Dienste der Europäischen Union. Dabei haben wir die Hintergedanken aufgegeben, die Manöver, den Drang, sich in den Medien zu profilieren oder künstliche Erfolge zu präsentieren – all das haben wir hinter uns gelassen.

So etwas ist nicht selbstverständlich. Wir hatten beispielsweise ein Abkommen mit einem britischen Politiker – ich will ihn nicht nennen –, um die britischen Beitragszahlungen in der Europäischen Gemeinschaft zu reduzieren. Wir dachten, dieses Zugeständnis sei nützlich für die Europäische Gemeinschaft und würde auch entsprechend als positive Geste bewertet. Und dann *die* Schlagzeile der Konferenz: ›Giscard kapituliert.‹ So hat man dann die Sache interpretiert. In den sieben Jahren gemeinsamer Arbeit mit Kanzler Schmidt gab es dergleichen nicht, daß man auf Kosten der anderen Vorteile aus einer Situation zieht. Aus dieser Sicht helfen Freundschaften. Aber sie sind sehr selten zwischen Staatsmännern. Weil man gleichzeitig auf das gemeinsame Projekt, auf die gegenseitige Wertschätzung und das Wohlbefinden des anderen achten muß.

War das westliche Gipfeltreffen in Guadeloupe ein Freundschaftsdienst oder ein Ausdruck gemeinsamer Interessen oder beides?

VALÉRY GISCARD D'ESTAING   Das Treffen in Guadeloupe vom 5. bis 7. Januar 1979 war ein Ereignis, das in die Geschichte eingegangen ist. Es war das erste Mal, daß ein deutscher Kanzler als einer der vier Großen der westlichen Welt angesehen wurde. Die Sowjets haben versucht, das zu blockieren, und gesagt: ›Es gibt das Besatzungsstatut, ihr habt nicht das Recht, euch ohne uns mit den Deutschen zu treffen.‹ Und niemand hatte es bis dahin getan. Helmut Schmidt war der erste, der für Deutschland die außenpolitische Handlungsfähigkeit im großen und ganzen wiedererlangt hat. Es ging um den Abzug der sowjetischen Raketen, es war also normal, daß die vier großen westlichen Mächte zusammentrafen und öffentlich ihre Solidarität zeigten.

Ich mochte Präsident Ford und auch Jim Callaghan, den britischen Premierminister. Aber das Wort Freundschaft ist für mich stärker, dazu gehört eine innere persönliche Beteiligung. Und das empfand ich für Helmut Schmidt.

HELMUT SCHMIDT   Ich stimme Ihnen zu, Valéry, aber wir sollten noch erwähnen, daß wir ein Vierteljahrhundert oder dreißig Jahre lang englisch miteinander gesprochen haben. Wenn die Engländer bloß einmal ahnten, welch riesiger Vorteil darin liegt, daß alle Welt ihre Sprache spricht! Valéry Giscard kann deutsch sprechen, aber mein Französisch ist begrenzt auf die Worte ›Oui, Madame‹, und ich habe selten Gelegenheit, sie auszusprechen. Nein, wir haben immer englisch miteinander geredet, was übrigens immer mit sich bringt, daß man seine Worte genauer überlegt, als wenn man in der eigenen Sprache spricht. Die fremde Sprache zwingt zu noch mehr Nachdenklichkeit und zu noch mehr Klarheit in der Sprache. Ich habe das einmal für einen Vorteil gehalten.

Was bleibt im nächsten Jahrhundert von dem, was Sie beide in diesem geleistet haben?

VALÉRY GISCARD D'ESTAING   Seien wir zunächst einmal bescheiden, denn wir leben in einer Zeit, die die Erinnerung verliert. Die Erinnerung ist das Geschriebene, man erhält sich die Erinnerung durch Bücher, durch Lesen. Das Bild bewahrt Emotionen, kann Emotionen hervorrufen. Aber es kann keine Erinnerungen bewahren. Seien wir also bescheiden. Es bleibt nur das, was man verändert hat. Zum Beispiel habe ich in Frankreich drei wichtige Neuerungen in der Gesetzgebung durchgeführt, ich habe die Rechte der Frauen in einem sehr sensiblen Punkt geändert, die politische Zensur in den Medien abgeschafft, den Achtzehnjährigen das Wahlrecht gegeben. Und ich glaube, daß auch international nur das bleiben wird, was wir verändert haben: die Schaffung des Europäischen Rates, die Einführung einer direkt gewählten europäischen Versammlung, die ersten Schritte in Richtung einer europäischen Währungsunion. Ich glaube, daran wird man sich erinnern, wenn man später einmal über diese Epoche liest.

HELMUT SCHMIDT   Ich stimme Valéry zu. Ich halte es für eine Eitelkeit von Politikern, wenn sie danach streben, etwas zustande zu bringen, was ein Jahrhundert überdauert. Eine Eitelkeit, die ich nicht sonderlich schätze. Mir kam es, als ich in der Politik aktiv war, mehr darauf an, im Augenblick des Handelns und für morgen und übermorgen für Frieden und Wohlfahrt aller zu sorgen – in meinem Land, im Nachbarland und in Europa. Ich stimme zu, wir haben einige Dinge zustande gebracht, und wenn wir nicht Nachfolger bekommen sollten, die das alles wieder zunichte machen, dann wird das sogar auch bleiben. Aber ich habe nie nach einem Blatt im Buch der Geschichte gestrebt. Ich bin auch als Hamburger so erzogen, daß ich nicht sehr viel von symbolischen Handlungen halte, von Händeschütteln und Umarmungen. Wir Hamburger nehmen ja auch keine Orden an, wir halten nicht viel von Dekorationen und Tamtam. Das ist vielleicht eine Schwäche, aber ich gehöre zu denen, die diese Schwäche sehr bewußt kultivieren. Es kommt nicht darauf an, in der Geschichte später eine wichtige Figur zu sein, sondern heute und hier und für morgen meine Pflicht anständig zu erfüllen.

Ralf Dahrendorf

mit Helmut Schmidt im Gespräch
am 15. September 1997

Am Ende eines Jahrhunderts, an der Schwelle zu einem neuen gibt es Anlaß genug, über die Grundlagen unseres politischen Systems nachzudenken. Was kann Politik eigentlich noch gestalten? Wie kann die offene Bürgergesellschaft im Zeitalter der Globalisierung überleben? Was wird aus dem Nationalstaat?

Lord Dahrendorf, Sie haben die deutsche und die britische Staatsangehörigkeit. Gehören Sie in Ihrer Selbsteinschätzung mehr nach Deutschland oder mehr nach England, und wo möchten Sie eigentlich begraben sein?

RALF DAHRENDORF   Begraben möchte ich überhaupt nicht sein und habe auch Anweisungen gegeben, daß ich nach der Kremation keinen Ort brauche. Vielleicht ist das schon ein Teil der Antwort.

Ich war 1948 im Januar zum ersten Mal in England, damals in Wilton Park, einem jener Lager, in dem deutsche, meist jüngere Kriegsgefangene, die noch in England waren oder aus Deutschland hingebracht wurden, einige Wochen zusammen gelebt haben. Und diese Faszination für England hat mich nie verlassen. Das heißt aber nicht, daß ich nicht meine Kindheit und Jugend und noch eine wichtige spätere Phase in Deutschland verbracht hätte. Also habe ich eigentlich keine vernünftige Antwort auf die Frage, wohin ich gehöre. Ich gehöre halt auf die Grenze. Früher gab es ja in London die berühmte London Bridge, auf der alles mögliche stattfand, so ähnlich wie auf dem Ponte Vecchio in Florenz. Vielleicht bin ich ein Brückenbewohner.

Helmut Schmidt, auch Sie waren ja lange Zeit von England fasziniert, seit Ihrer Kriegsgefangenschaft.

HELMUT SCHMIDT   Zunächst einmal fängt es bei mir nicht mit der Kriegsgefangenschaft an, sondern mit der Schulzeit. Ich bin in Hamburg aufgewachsen, und die ganze Atmosphäre meiner Vaterstadt war anglophil. Zum Teil in Äußerlichkeiten – es gibt heute noch ein paar hamburgische Bankiers, die ihre Hemden in London machen lassen und ihre Schlipse dort kaufen –, aber zum Teil auch innerlich. Um gleich eines der philosophischen Themen anzuschneiden, die uns vielleicht im Gespräch nachher beschäftigen werden: Mir hat immer imponiert, daß die englische Verfassung sich schrittweise entwickelt hat, ohne große Revolutionen. Sicherlich, es hat die Magna Charta und die Bill of Rights gegeben, aber im Grunde war es eine kontinuierliche, schrittweise Entfaltung, ganz im Gegensatz zu den Deutschen, die dazu neigen, alles grundsätzlich anzugehen und große Entwürfe auf den Tisch zu legen, um sich dann über Details zu streiten.

Aber entgegen dieser von Kindheit an mitgebrachten proenglischen Neigung habe ich nach dem Kriege sehr früh begriffen, daß das entscheidende Problem für die zukünftige friedliche Entwicklung Deutschlands nicht im Einvernehmen mit London lag, sondern im Einvernehmen mit den Franzosen. Und das hat mich sehr geprägt. Deswegen ist meine Neigung zum englischen Common sense aber nicht geringer geworden, im Gegenteil.

RALF DAHRENDORF   Das erinnert mich daran, daß mein Freund Timothy Garton Ash einmal sehr hübsch gesagt hat: ›Deutschland ist ein Land von Anglophilen, die glauben, daß die wichtigste Beziehung für Deutschland die zu Frankreich ist.‹

Das liegt nicht zuletzt daran, daß England sehr lange ein Außenseiter der europäischen Integration war. Auch Sie selbst haben ja immer Zweifel an dieser Integration gehabt, selbst als Kommissar in Brüssel.

RALF DAHRENDORF   Das ist ein großes und schwieriges Thema. Ich habe keinen Zweifel an der Notwendigkeit für die europäischen Länder, so eng, wie es nur irgend geht, zusammenzuarbeiten, aber ich habe zwei Präferenzen, die Helmut

Schmidt vielleicht in dieser Form nicht teilt, obwohl sie ihm gar nicht fremd sind.

Erstens ist nach meiner Meinung der heterogene National-staat, also der Nationalstaat, in dem sich verschiedene Religionen, Gruppen, auch ethnische Gruppen, verbinden, immer noch der wirksamste Rahmen zum Schutz der Bürgerrechte. Es gibt zwar eine Europäische Konvention zum Schutz der Menschenrechte, die beim Europarat angesiedelt ist, und es gibt die Charta der Vereinten Nationen, aber der effektive Schutz geschieht im Nationalstaat. Und zweitens bin ich im Herzen ein unverbesserlicher Mondialist, denn ich glaube, wir brauchen weltweite Regeln, wenn wir ein Maximum an Freiheit haben wollen. Insofern ist für mich Europa als eine Art Zwischenschritt unbefriedigend, zumal die Europäische Union mit der Verteidigung der Bürgerrechte überhaupt nichts zu tun hat und oft eigentlich keinen Schritt in Richtung auf weltweite Regelungen darstellt, sondern eher auf ein regional sich abschließendes Gebilde. Der Nationalstaat und die Welt, diese beiden Schwerpunkte bilden für mich das Herz, und der Rest ist Konstruktion, vielleicht notwendige Konstruktion, aber nicht mehr.

HELMUT SCHMIDT Was die Qualität des Nationalstaats hinsichtlich seiner Fähigkeit angeht, die Grundrechte der Person zu wahren, notfalls zu verteidigen, notfalls wiederherzustellen, da stimme ich dir zu. Zumindest für die Gegenwart, und für die vorhersehbare Zukunft wahrscheinlich auch. Was deinen Mondialismus angeht, deinen Wunsch nach weltweiten kodifizierten Grundrechten, bin ich ebenfalls deiner Meinung. Aber realistisch betrachtet sind wir davon möglicherweise noch weit entfernt. Vielleicht wird dies erst an der Schwelle zum 22. Jahrhundert in greifbare Nähe rücken. Und deswegen sage ich: Das sind Wünsche, keine Wirklichkeiten, auch keine zukünftigen Gewißheiten, nur Wünsche.

Doch ich halte den europäischen Zusammenschluß auch aus anderen Gründen für notwendig. Man denke nur an die vier deutsch-französischen Kriege, Napoleon eingeschlossen, und wenn Sie Ludwig XIV. mitzählen wollen, sind es sogar fünf. Hier macht die Geschichte deutlich, warum wir die europäische Einigung brauchen. Andererseits spielt die voraussichtliche Mächtekonstellation des kommenden Jahrhunderts eine Rolle. Es besteht eine ganz große Wahrscheinlichkeit, daß nach wenigen Jahrzehnten des nächsten Jahrhunderts China eine ökonomische, politische und militärische Weltmacht sein wird. Auch Indien kann eine Weltmacht werden. Dort leben zu Beginn des neuen Jahrhunderts beinah eine Milliarde Menschen, China hat über 1,2 Milliarden Einwohner, und wir in der Europäischen Union kommen auf ein Drittel oder ein Viertel dieser Zahl. England, Deutschland, Frankreich, diese früher einmal weltbedeutenden Staaten werden in dem Machtgefüge des nächsten Jahrhunderts allein und auf sich gestellt keine Rolle mehr spielen, die es ihnen erlaubt, ihre eigenen legitimen Interessen wirksam zu vertreten. Die müssen sie gemeinsam vertreten, sonst werden sie nicht vertreten. Spätestens seit China dank Deng Xiaoping ein Teil der Weltwirtschaft und ein wichtiger Teil des weltweiten Machtgefüges geworden ist, muß man diese Erkenntnis berücksichtigen. Sie drängte sich im Grunde schon seit dem phänomenalen Aufstieg Japans in der zweiten Hälfte des zwanzigsten Jahrhunderts auf.

Was macht denn eine Weltmacht im 21. Jahrhundert aus?

HELMUT SCHMIDT   Man darf das nicht nur geostrategisch sehen. Natürlich hat China Nuklearwaffen und eine große Armee. Aber eines der zentralen Probleme des nächsten Jahrhunderts wird sein, ob es der Menschheit gelingt, all jene Gefahren einzudämmen, die der Erhaltung der natürlichen Umwelt drohen, der Atmosphäre etwa. Möglicherweise tritt der Treibhaus-Effekt ein, wenn wir so weitermachen wie bisher. Möglicherweise werden die Meere ganz und gar verseucht durch das, was überall in der Welt in die Flüsse geleitet oder auf offener See verklappt wird. Um diese Gefahren zu verringern, bedarf es weltweiter Konventionen. Und bei diesen Konventionen wird jeder Staat versuchen, seine Interessen möglichst unbeschädigt durchzusetzen. Der andere soll die Opfer bringen. Da die anderen Gruppierungen, China, die

USA, Rußland, von vornherein stark erscheinen, brauchen auch die Europäer eine gewisse Stärke. Die aber können sie nur gemeinsam erreichen.

Lassen Sie mich ein anderes Beispiel nennen: die Weltmacht auf dem Felde der Währungen. Das letzte Vierteljahrhundert, seit 1971/72, ist gekennzeichnet durch ein phänomenales Durcheinander der Währungen, durch einen Spekulationismus auf den Weltfinanzmärkten, wie es ihn in diesem Ausmaße früher niemals gegeben hat. Es fehlt an Regeln. Gegen Ende des Zweiten Weltkriegs konnten die Amerikaner auf der Währungs- und Finanzkonferenz von Bretton Woods praktisch der ganzen westlichen Welt ein Konzept vorlegen, in das sich alle anderen aus Einsicht gefügt haben. Das kann man für das 21. Jahrhundert von den USA nicht mehr erwarten. Gegen Mitte des 21. Jahrhunderts wird die chinesische Währung eine wichtigere Rolle in der Welt spielen als der amerikanische Dollar. Und was wird dann aus dem Pfund, dem Franc, der D-Mark? Auch dies ist also ein Gebiet, auf dem die Weltmächte eine große Rolle spielen werden und die europäischen Nationalstaaten eine sehr kleine, wenn sie sich nicht zusammenschließen.

RALF DAHRENDORF   Gerade weil ich mit dem zweiten Teil von Helmut Schmidts Bemerkungen so übereinstimme, nämlich der Notwendigkeit weltweiter Regelungen, kann ich mich dem ersten Teil nicht anschließen. Fünf, sechs Weltmächte sind als solche ganz bestimmt keine Garantie für die Schaffung weltweiter Regeln. Weltweite Regeln kann man auf zweierlei Weise zustande bringen. Die erste und, wie die Geschichte lehrt, wahrscheinlichere ist die Hegemonialmethode – so wie die Vereinigten Staaten die Weltordnung nach 1945 geprägt haben und vielleicht bis heute prägen. Die zweite Methode besteht darin, Übereinkünfte auszuloten, die von allen getragen werden, und da hilft es nicht besonders, wenn es fünf oder sechs rivalisierende Blöcke gibt. Dasselbe Ziel, weltweite Regeln, führt mich insofern nicht unbedingt zu dem Schluß, daß wir versuchen müssen, in Europa eine eigene Weltmacht zu schaffen. Übrigens: Währungen sind doch keine Kampfinstrumente.

HELMUT SCHMIDT   Aber ja.

RALF DAHRENDORF   Das ist doch ganz unnötig. Währungen
sind zweckmäßig und nützlich, die benutzt man doch nicht,
um sich zu bekämpfen. Die Franzosen haben ihre gelegentlich
dazu benutzt, aber nicht sehr erfolgreich.

HELMUT SCHMIDT   Die Franzosen nicht allein, auch die
Amerikaner, nimm nur die Abwertung des Dollars im Laufe
der letzten 25 Jahre oder die Abwertung des Pfunds in den
letzten fünfzig Jahren. Währungspolitik ist Außenpolitik.

RALF DAHRENDORF   Die Rolle des Dollars ist eine direkte
Folge der wirtschaftlichen, militärischen und politischen Rolle
der Vereinigten Staaten und nicht das Resultat einer Währungspolitik, bei der der Präsident und der Notenbankchef,
Herr Greenspan, sich zusammensetzen und sagen: ›Jetzt wollen wir einmal etwas für Malaysia tun.‹

HELMUT SCHMIDT   Nicht der gegenwärtige Präsident und
nicht Alan Greenspan, sondern Präsident Nixon hat 1971/72
das bis dahin geltende System fester Wechselkurse aller wichtigen Währungen der Welt, die alle am Dollar gemessen wurden, außer Kraft gesetzt und damit den Spekulationismus,
von dem ich vorhin sprach, überhaupt erst ermöglicht. Die
zweifache Ölpreisexplosion der siebziger Jahre zum Beispiel
ging auch auf diesen Egoismus der Vereinigten Staaten zurück, zum Teil von innenpolitischen Motiven diktiert, und die
ganze Welt hat sich dem fügen müssen. Das war schon
Machtpolitik.

RALF DAHRENDORF   Aber die USA haben vorher Abge-
sandte zu dir und anderen geschickt und gesagt: ›Kinder, ihr
müßt uns helfen. Können wir uns nicht zusammensetzen und
eine gemeinsame Währungspolitik erfinden?‹ Der Hauptab-
gesandte war damals der Unterstaatssekretär Paul Volcker,
und er hat in Europa sehr wenig Freunde gefunden, so daß
am Ende eine einseitige Entscheidung unausweichlich war.

HELMUT SCHMIDT   Nein, das ist nicht richtig. Erst einmal hat er Freunde gefunden. Paul Volcker und ich sind heute noch sehr befreundet. Nein, die Amerikaner wollten sich aus der festen Bindung des Dollars an die übrigen Währungen lösen. Für sie ging es bei diesen Gesprächen nur um die *façon de parler*: Wie sag' ich's meinem Kinde? Und das war Machtpolitik.

Ralf Dahrendorf, Sie sind ja ein erklärter Gegner der Währungsunion. Warum?

RALF DAHRENDORF   Eigentlich gehöre ich nicht zu denen, die hier große Kämpfe ausfechten. Erklärter Gegner ist schon ein sehr starkes Wort. Ich habe nur gesagt, daß die Währungsunion zum Zeitpunkt der Verhandlung des Maastrichter Vertrages zwei große Schwächen hatte. Schwäche Nummer eins: Sie hat im Grunde von den wichtigen inneren Themen der europäischen Länder abgelenkt, von wirtschaftspolitischen Problemen, die im wesentlichen mit der schwachen Nachfrage und auch damals schon mit Beschäftigung zu tun hatten. Und ich meine nicht, daß eine Währungsunion zur Lösung dieser beiden Probleme irgend etwas beiträgt. Man sollte also die Währungsunion nicht dazu benutzen, von den Notwendigkeiten abzulenken.

Das Zweite, was mich von Anfang an an Maastricht beunruhigt hat, ist folgendes: 1989 ist für mich ein Schlüsseldatum wie 1945. Das sind die beiden Daten in meinem Leben, an denen es eine enorme Chance zur Freiheit gegeben hat, 1989 natürlich im östlichen Mitteleuropa. Darum hatte die Europäische Union schon zur Zeit von Maastricht die Hand zum östlichen Mitteleuropa ausgestreckt, und das fortzuführen wäre wichtiger gewesen als der nächste anstrengende Schritt der inneren Integration. Ich befürchte doch sehr, daß die Ostmitteleuropäer jetzt nicht nur lange, zu lange warten mußten, bevor die Europäische Union auch nur eine Verhandlungsgrundlage vorgeschlagen hat, sondern daß sie auch aus der Währungsunion zunächst herausgehalten werden. Das ist unvermeidlich, wenn man an die Kriterien denkt, die die Mitglieder an sich selber angelegt haben. Auch das halte ich für

einen großen Fehler, denn ich glaube zwar nicht, daß Demokratie von außen garantiert werden kann, aber eingebettet zu
sein in den Kreis der Demokratien hilft. Man kann sich natürlich darauf berufen, daß die anderen europäischen Partner
das nicht akzeptieren würden. Deshalb habe ich auch den
Schwerpunkt auf die wirtschaftspolitischen Fragen gelegt, auf
die Ablenkung von den wirklichen Problemen.

*Daß man die Union zuerst vertiefen und dann erweitern will, ist für
Sie ein irrelevantes Argument?*

RALF DAHRENDORF   In dieser Form ja. Denn diese Vertiefung ist von der schlimmsten Sorte. Sicher gibt es in den deutschen Regierungsparteien, vielleicht nicht nur in ihnen, Befür-
worter der Rückkehr zu einem inneren Kern Europas. Eine
solche Definition Europas will schon von den jetzigen Mitgliedern manche an den Rand drängen und ausklammern, ganz
zu schweigen von denen, die erst noch Mitglieder werden wollen. Dieses Europa des inneren Kerns halte ich nun wirklich
für einen unerwünschten protektionistischen Block, mit dem
ich nichts gemein habe.

Ich erinnere mich noch sehr gut an die ersten Jahre der neu
gewonnenen spanischen Demokratie und daran, wie zuerst
Suárez und dann vor allem aber Felipe González in der Rückkehr nach Europa den entscheidenden Schritt zur Stabilisie-
rung der demokratischen Institutionen und Haltung im eigenen Land sahen. Die Rückkehr nach Europa hatte dort also
eine ganz ähnliche Bedeutung wie jetzt in Polen und in anderen ostmitteleuropäischen Ländern. Das ist eine so wichtige
Aufgabe, daß ich nicht verstehe, wie man sagen kann: ›Wer
diese Aufgabe zuerst angeht, trägt zur Desintegration Europas
bei.‹ Bei Europa geht es doch darum, Dinge, die im gemeinsamen Interesse liegen, gemeinsam zu tun.

HELMUT SCHMIDT   Da gibt es zwei Punkte, in denen wir
übereinstimmen. Vorwegschicken muß ich allerdings, daß ich
bereits seit einem Vierteljahrhundert für die Europäische
Währungsunion eintrete, also lange bevor die gegenwärtige
Regierungskoalition in Bonn an der Macht war. Aber du hast

recht, wenn du sagst: Es ist ein deutscher Fehler, durch die immer wieder entfachte Debatte über die Währungsunion die Diagnose und Therapie der dringendsten Probleme, nämlich der Arbeitslosigkeit und des sozialen Ungleichgewichts in unserer Gesellschaft, einfach vom Tisch zu wischen. Und ich stimme auch zu, daß die Währungsunion, für die es gute Gründe gibt, die Arbeitslosigkeit weder verringern noch steigern wird. Die positiven ökonomischen Wirkungen der Währungsunion werden erst nach Jahren zum Tragen kommen.

Was allerdings Osteuropa angeht, so ist die Sache schwieriger. Wenn es nach mir gegangen wäre, hätten wir die Polen, die Ungarn, die Tschechen, wohl auch Slowenien und die drei baltischen Republiken ganz schnell nach 1990 nominell in die Europäische Union aufgenommen, damit sie wissen, wohin sie gehören. Das Gefühl der Zugehörigkeit zum demokratischen Europa ist für sie ganz wichtig. Allerdings hätte das vorausgesetzt, auf vielen Gebieten sehr lange Übergangsfristen und Ausnahmen zu vereinbaren. Leider ist die NATO-Erweiterung dazwischengekommen, von der ich gar nicht viel halte. Ich sehe auch nicht, welchen Sinn es eigentlich hat, den Polen zu versprechen: ›Für den Fall, daß ihr angegriffen werdet, werden wir euch gemeinsam verteidigen‹, den Esten, Letten und Litauern dagegen diese Zusage zu verweigern. Aber da ist auch amerikanische Machtpolitik im Spiel. Die Europäer haben es mehr oder minder hingenommen.

In einem Punkt stimmen wir nicht überein, und zwar wenn du sagst, daß die Osteuropäer aufgrund der Konvergenzkriterien noch lange von der Teilnahme an der Währungsunion ausgeschlossen blieben. Ich glaube, das kommt anders. Wenn am 1. Januar 1999 die Währungsunion in Kraft tritt, wird der Euro, da bin ich ganz sicher, eine gut funktionierende, nach innen wie nach außen stabile Währung sein. Das letztere, die Wechselkursstabilität, wird immer unterschlagen in der deutschen Stabilitätsdebatte, und ich halte es für denkbar, daß sich ostmitteleuropäische Staaten wie Polen oder die Tschechische Republik der Währungsunion de facto anschließen werden, ohne daß sie schon Mitglied der Europäischen Union sind. Die entscheidende Größe für die äußere wie für die innere

Stabilität des Euro wird die Geldmengenpolitik der neuen
Europäischen Zentralbank sein. Und wenn zum Beispiel die
Tschechische Republik ihre Krone fest an den Euro bindet,
dann gibt sie damit ihre eigene Geldmengenpolitik auf und
richtet sich nach den Beschlüssen der Europäischen Zentralbank. Vielleicht wird der Euro auch de facto in Tschechien,
Polen oder Ungarn eine positive Rolle spielen, möglicherweise
geben sie ihre Währung sogar ganz zugunsten des Euro auf.
Das würde ich nicht ausschließen.

RALF DAHRENDORF   Aber das wäre natürlich eine sehr un-
befriedigende Situation. Argentinien beispielsweise hat in seiner Verfassung festgeschrieben, daß der argentinische Peso an
den Dollar gebunden ist. Aber das ist eine Satellitenexistenz
und nicht die Beteiligung an einer gemeinsamen europäischen Konstruktion.

HELMUT SCHMIDT   Darin sind wir uns einig. Aber das Wort
Satellitenexistenz würde ich nicht gelten lassen. Dann wären
die Holländer heute auch Satelliten von Herrn Tietmeyer.

RALF DAHRENDORF   Darunter leiden sie ja wohl.

HELMUT SCHMIDT   Auch das würde ich so nicht gelten lassen. Die Europäische Zentralbank ist ja keine nationalstaatli-
che Einrichtung, sondern eine übernationale. Wenn ich deine
Antwort vorhin richtig verstanden habe, dann bist du in deiner Gegnerschaft gegen die europäische Währung nicht so de-
zidiert, wie es in manchen früheren Äußerungen den An-
schein hat.

RALF DAHRENDORF   Nein, meine Stellungnahmen sind eigentlich alle eindeutig. Ich war ja in Brüssel Kommissar zu
der Zeit, als die erste detailliertere Planung für eine Währungsunion erarbeitet wurde, von Pierre Werner als luxem-
burgischem Ministerpräsidenten für den Europäischen Rat
und Raymond Barre als dem für Wirtschaft und Finanzen zu-
ständigen Kommissar. Diese Diskussion habe ich in sehr lebhafter Erinnerung. Ich habe mich damals mühsam von dem
Vorhaben überzeugen lassen, bin aber schließlich zu dem

Schluß gekommen, daß die Europäische Gemeinschaft in Währungsfragen der Wirklichkeit nicht ihren Kalender diktieren kann. Diese Überzeugung sitzt ganz tief. In Währungsfragen – und vielleicht nicht nur in Währungsfragen – muß man genau beobachten, was konjunkturell und auch politisch vor sich geht. Man kann sich nicht in einem kleinen holländischen Städtchen hinsetzen und sagen: ›Am 1.1.1999 passiert dieses und am 31.12.2002 jenes.‹ Ich meine, wenn schon Währungsunion, dann würde ich sie an einem Freitagnachmittag im August geschehen lassen, am liebsten an irgendeinem See, am Wolfgangsee oder am Brahmsee.

HELMUT SCHMIDT   Der Brahmsee ist viel besser.

(Lachen)

Sie haben Helmut Kohl, der gesagt hat: ›Die Währungsunion ist eigentlich eine politische Union‹, einmal als den letzten Marxisten bezeichnet. Ist Helmut Schmidt dann für Sie der zweitletzte Marxist?

RALF DAHRENDORF   Nein, es gibt heute viele Leute, die glauben, daß die wirtschaftliche Entwicklung alle anderen Entwicklungen antreibt. Das Helmut Schmidt zu unterstellen wäre etwas abwegig, gerade wenn man auf seine Lebensleistung blickt. Denn wenn irgend jemand den Primat der Politik durch sein eigenes Handeln unter Beweis gestellt hat, dann ist er es. Aber viele sind der Überzeugung – auch im Hinblick auf China –, daß die Demokratie von selber kommt, wenn erst einmal die Wirtschaft weiter floriert. Wenn die wirtschaftliche Integration weitergetrieben wird, muß die politische Integration folgen, glaubt man.

Ich teile diese Meinung nicht. Ich glaube, daß dafür gesonderte Entscheidungen nötig sind. Und ich kann mir durchaus eine Welt vorstellen, in der starke wirtschaftliche Integration mit schwacher politischer Integration einhergeht und politische Konflikte bis hin zur Zerstörung einer Währungsunion möglich bleiben. Denn mir ist der Tag noch in lebhafter Erinnerung, als Herr Klaus zu Herrn Meciar sagte: ›Wenn du denn eine selbständige Slowakei willst, sollst du sie ab morgen haben.‹ Und was ist geschehen? Auch die tschechoslowaki-

sche Krone ist dabei sozusagen über Nacht verschwunden. Es
haben sich ja in den letzten zehn Jahren viel mehr Währungs-
unionen aufgelöst, als neue entstanden sind. Weil diese politische Entwicklung für mich nicht eine Folge der Wirtschafts-
entwicklung ist, weil ich also kein Marxist bin, sähe ich es
lieber, wenn beide parallel betrieben würden, und ich habe
sogar eine gewisse Präferenz für den Primat der politischen
Entwicklung.

HELMUT SCHMIDT   Ich glaube, wir liegen da nicht so sehr
weit auseinander. Zunächst einmal muß man den Versuch,
zu einer gemeinsamen Währung zu kommen – und ich
schmeichle mir, einer der Hauptbeteiligten daran gewesen zu
sein –, als einen von vielen Schritten begreifen, die in Europa
getan wurden. Wir haben angefangen mit einer Gemeinschaft
für Kohle und Stahl, die ganze sechs Staaten umfaßte.
Dann haben wir die Europäische Wirtschaftsgemeinschaft
entwickelt, von Euratom über den Airbus bis zur Europäischen Raumfahrtbehörde, und schließlich entstand daraus
der Gemeinsame Markt. Das Wort Wirtschaft wurde aus dem
Namen gestrichen, und es hieß nun Europäische Gemeinschaft. Maastricht war erst der sechste oder siebente Schritt
und bei weitem nicht der letzte.
    Ich bin nicht überzeugt, daß diese ökonomischen Schritte
zwangsläufig politische nach sich ziehen. Da stimme ich dir
zu. Aber wir haben ja versucht, auch die politische Integration
voranzutreiben. Zum Beispiel fanden zu dem Zeitpunkt, als
wir das Europäische Währungssystem eingeführt haben, auch
erstmalig Direktwahlen zum Europäischen Parlament statt.
Das Europäische Parlament nimmt die relativ beschränkten
Kompetenzen, die es hat, bisher nicht ausreichend wahr, und
das ist bedauerlich. Aber seine Einrichtung zusammen mit
der Europäischen Währungsgemeinschaft zeigt, daß es durchaus Führungspersonen gegeben hat, die beides zugleich voranbringen wollten, die wirtschaftliche und die politische Entwicklung. Ein anderes Beispiel ist die Schaffung des sogenannten Europäischen Rates der Regierungschefs. In den Rö-
mischen Verträgen, die durch Maastricht etwas modifiziert

wurden, die aber nach wie vor die Grundlage der Europä-
ischen Union darstellen, ist nur von einem Rat die Rede. In
Wirklichkeit gibt es in Brüssel achtzehn oder zwanzig Räte.
Ralf weiß das besser als ich.

RALF DAHRENDORF   Landwirtschaftsminister...

HELMUT SCHMIDT   Ja, Landwirtschaftsminister, Innenmini-
ster et cetera. Landwirtschaftsminister sind die schlimmsten.
Das ist alles Wichtigtuerei von den Fachministern der fünfzehn Mitgliedsländer, die mit ihren Lieblingsideen zu Hause
nicht landen können und sie dann unter dem Tisch nach
Brüssel bringen und da gemeinsam beschließen. Zu Hause
sagen sie dann: ›Das hat der Rat beschlossen.‹ Ohne die Regierungschefs hätten diese Fachminister niemals Maastricht
oder das Europäische Währungssystem zwölf Jahre vorher zustande gebracht. Dazu brauchten sie erst einen Chef in der
Gestalt des Europäischen Rats.
    Das eigentliche Problem Europas ist heute, daß die Regie-
rungschefs nicht führen. Es gab einmal Zeiten, in denen sie
die Sache vorangebracht haben. De Gaulle und Mitterrand
haben das nicht sofort erkannt, Giscard brauchte keinen Tag
dafür. Auch Kohl hat das instinktiv verstanden, aber trotzdem
funktioniert die von anderen beargwöhnte Achse Paris–Bonn
zur Zeit ziemlich schlecht. London hat sich ganz zurückgezogen. Vielleicht ändert sich das jetzt unter der Regierung Blair
wieder.

RALF DAHRENDORF   Ja, ich setze sehr große Hoffnungen auf
Blair, aus mancherlei Gründen. Er hat es gleich zu Beginn
seiner Regierungszeit geschafft, das Europathema zu entideo-
logisieren und damit auch weniger emotional anzugehen.
Man kann wieder über Europa reden, ohne gleich eine funda-
mentalistische Diskussion zu führen, wie es bei den Konservativen der Fall war. Das halte ich für eine beträchtliche
Leistung, und ich glaube, wenn die Währungsunion kommt,
wird es nicht sehr lange dauern, bis Blair den britischen
Wählern in einem Referendum vorschlägt, daß auch Großbritannien beitreten sollte. Dafür sprechen auch wirtschaftspoli-

tische Gründe, aber vor allem die neue, viel unbefangenere Einstellung zu Europa.

Aber daß es aus der britischen Perspektive bisher starke Ressentiments gegen die Brüsseler Bürokratie gibt, verstehe ich gut. Der Widerspruch zwischen dem alltäglichen Europa und dem gewollten Europa ist nicht leicht zu ertragen. In Deutschland merkt man das vielleicht nicht so, weil hier vieles nicht so direkt in die Praxis umgesetzt wird wie in England. Die Entscheidungen werden ja weder vom Europäischen Rat noch von den Ministerräten getroffen, noch nicht einmal von den ständigen Vertretern. Sie werden auf einer niedrigeren Beamtenebene vorbereitet, segeln dann als nicht diskutierte Punkte am Anfang der Tagesordnung durch die diversen Räte und werden Gesetz.

Ich sitze in dem Gremium im House of Lords, das die europäische Gesetzgebung zu überprüfen und zu kommentieren hat. Und die Dinge, die im Alltagsleben weh tun, hat kein Minister je gesehen. Wenn ich in meinem College Studentenwohnheime schließen muß, weil die Türen nicht der neuen Feuerschutzbestimmung aus Brüssel entsprechen, dann weiß ich genau, das hat kein Minister, kein Staatssekretär und kein Botschafter je gesehen. Übrigens stecken sehr oft andere Interessen dahinter, vertreten von nationalen Beamten und Lobbies. Brüssel ist ein Paradies für Lobbies.

HELMUT SCHMIDT   Das ist leider alles richtig, was du sagst. Aber noch viel schlimmer ist, daß es in Paris oder Bonn, in den nationalen Parlamenten ganz genauso aussieht. Die kontinentaleuropäischen Regierungen – Maggy Thatcher war eine Ausnahme – befinden sich in einer Regelungswut, die man schon als Krankheit bezeichnen muß. Für den Lobbyismus in Brüssel fällt mir ein schönes Beispiel ein: Jemand beschwerte sich über eine Direktive, die die Sitze auf landwirtschaftlichen Traktoren normiert. Und es stellte sich heraus, daß sie aus Brüssel stammt. Wer hat sie dort eingebracht? Ein deutscher Minister. Aber er hat sie nicht selbst erfunden, sondern sie von der Regierung des Freistaates Bayern übernommen. Auch die hat sie nicht selbst erfunden. Die Initiative ging

vielmehr von einem dort angesiedelten Hersteller von Land-
wirtschaftsmaschinen aus, der sich durch diese Vorschrift
einen Vorsprung vor der europäischen Konkurrenz versprach.

So geschieht es täglich, da stimme ich Ralf zu, aber leider
auch in Bonn, in Paris, in Holland. Es ist eine europäische Er-
krankung, alles und jedes zu regeln. In Deutschland bildet
man sich jetzt ein, durch eine Steuersenkung neue Arbeitsplätze schaffen zu können, darüber kann jemand, der die
Sache durchschaut, nur lachen.

Könnte ein deutscher Blair mit diesen Verkrustungen aufräumen?

RALF DAHRENDORF   Die Problematik ist ja in Deutschland
ganz anders als in Großbritannien. In Großbritannien werden
manche Dinge zu schnell eingeführt, noch bevor sie hinläng-
lich durchdacht sind. Im schlimmsten Fall, wie im Fall der
Kopfsteuer der Regierung Thatcher, kann das dann der Anfang vom Ende einer Regierung sein. Es gibt eigentlich keine
gründliche Prüfung von Regierungsentscheidungen. Aber ich
möchte beinahe sagen: Wir haben ja in Großbritannien auch
Spaß daran, daß Dinge schnell geschehen, daß das politische
Leben eigentlich immer interessant ist.

Jemand hat das britische Regierungssystem einmal als
Wahldiktatur bezeichnet, ein Konservativer übrigens. Der
Premierminister hat, wenn er über eine Mehrheit im Unter-
haus verfügt, Machtbefugnisse wie wahrscheinlich kein ande-
rer europäischer Regierungschef. Er kann wichtige Entschei-
dungen in wenigen Tagen durchsetzen. Und wenn zukünftige
Historiker darangehen, die ersten zweihundert Tage der Re-
gierung Blair zu untersuchen, werden sie eine erstaunliche
Zahl an weitreichenden Entscheidungen feststellen, von der
Unabhängigkeit der Bank von England bis zur schottischen
Devolution. In Deutschland wäre das nicht möglich.

HELMUT SCHMIDT   Das wäre in Deutschland deswegen
nicht möglich, weil wir ein Wahlrecht haben, das mit ganz wenigen Ausnahmen jeden Kanzler dazu zwingt, eine Koalition
zu bilden. Schlimmer noch: Wenn nicht vorher klar ist, mit
wem und unter Berücksichtigung welcher Interessen er eine

Koalition bildet, wird er gar nicht erst Kanzler. Das englische Wahlrecht, das in ähnlicher Form auch die Vereinigten Staaten haben, das sogenannte Mehrheitswahlrecht gibt es nirgendwo sonst. Es wird als ungerecht bezeichnet, weil einige Stimmen unter den Tisch fallen, aber de facto führt es dazu, daß in aller Regel weder in Washington noch in Whitehall Koalitionen notwendig sind. Natürlich hat es auch zur Folge, daß der Chef einer Regierung nur seine eigene Partei hinter sich versammelt.

Das Vorhaben, in Deutschland ein Mehrheitswahlrecht einzuführen, ist ja in der Zeit der Großen Koalition gescheitert. Es gab zwei Christdemokraten, die dafür waren, Rainer Barzel und Paul Lücke, und zwei Sozialdemokraten, Herbert Wehner und ich. Wir sind in unseren beiden Fraktionen an dem Egoismus der damals im Parlament sitzenden Abgeordneten gescheitert. Jeweils eine Hälfte von ihnen war ja über die Liste in den Bundestag gekommen und nicht, weil sie in einem Wahlkreis gegenüber den Kandidaten der anderen Parteien obsiegt hat. Das heißt, daß die Abgeordneten nicht so sehr vom Kanzler abhängig sind, von seinem Erfolg oder Mißerfolg, sondern davon, ob sie in dem Hinterzimmergerangel innerhalb der politischen Apparate erfolgreich sind und ob sie die hauptamtlichen Apparatchefs, die die Liste aufstellen, von sich überzeugen können. Das ist die Schwäche des Verhältniswahlrechts, wie wir es in Kontinentaleuropa fast überall haben, wenn auch in Frankreich nicht ganz in der reinen Form. Es führt dazu, daß man fünf, sechs, sieben Parteien im Parlament hat, komplizierte Koalitionen bilden muß und große Entscheidungen erst nach stundenlangem Gerangel innerhalb der Koalition fällen kann.

RALF DAHRENDORF Ich bin ein uneingeschränkter Anhänger des relativen Mehrheitswahlrechts, und dafür gibt es noch einen weiteren wichtigen Grund. In vielen Ländern haben die Parlamente und Parteien ja ein großes Problem mit der Bürgernähe. Beim Mehrheitswahlrecht sind die Abgeordneten gezwungen, als Bindeglied zwischen der Zentralmacht und den Wahlkreisen zu dienen, und zwar über die Parteigrenzen hinweg. Der Abgeordnete im Wahlkreis ist derjenige, an den die Wähler sich mit ihren Problemen wenden können, nicht nur mit Dingen, die er auch tatsächlich verändern kann, sondern mit allem, was ihnen Sorgen macht. Er ist eine wichtige Figur, ein politischer Vermittler, und darum ziehe ich das Mehrheitswahlrecht vor. Aber ich glaube, daß seine Einführung in Deutschland unrealistisch ist, und zwar aus genau dem Grunde, aus dem es eingeführt werden sollte.

Weil es so schwierig ist, solche entscheidenden Reformen in Deutschland noch durchzusetzen? Stillstandland Deutschland?

RALF DAHRENDORF   Das ist ja inzwischen eine große deutsche Diskussion geworden. Ich glaube, daß es etwas komplizierter ist. In Deutschland sind die Leute den Regierenden weit voraus. Sie haben vieles, um das die Regierenden oder die Parlamente sich noch endlos streiten, schon akzeptiert bis hin zur Flexibilisierung der Arbeitszeit, bis hin zu gewissen Einschränkungen in ihren Ansprüchen. Alle Interessenverbände, auch die Gewerkschaften, hinken dem tatsächlichen Verhalten der Mitglieder hinterher, und das hat in Deutschland eine sehr bedenkliche Folge: Die Leute nehmen in dieser Situation auch Recht und Gesetz nicht mehr so ernst. Der Rückgang der Steuereinnahmen gegenüber den Schätzungen etwa hat viele Gründe, aber ein Grund ist, daß die Leute jetzt ganz offen darüber reden, wie sie ihre Steuern hinterziehen können. An den deutschen Stammtischen sagt man: ›In der Zeitung steht ja, daß die großen Unternehmen keine Steuern zahlen. Warum sollen wir es dann?‹ In Deutschland ist die Bevölkerung also weiter als die Politik, was die mißliche Folge hat, daß der Respekt vor den politisch gesetzten Regeln abnimmt.

HELMUT SCHMIDT   In seiner Berliner Rede hat Bundespräsident Roman Herzog gefordert, es müsse ein Ruck durch Deutschland gehen. Und ich dachte: Von wem soll denn der Ruck eigentlich kommen? Was denkst du darüber?

RALF DAHRENDORF   Ich bin der Meinung, der Ruck ist da.

HELMUT SCHMIDT   Die Bereitschaft zum Ruck.

RALF DAHRENDORF   Nicht nur die Bereitschaft zum Ruck.
Ich sehe das an Kleinigkeiten, wenn jemand sagt: ›Wer weiß,
ob die Renten gesichert sind, ich habe jetzt eine zusätzliche
Versicherung abgeschlossen.‹ Oder: ›Dieses Jahr fahren wir
nicht mehr dreimal in die Ferien, sondern nur noch zweimal.‹
Ich glaube, viele haben den Ruck schon vollzogen. Es geht
nicht um den Ruck, sondern um die Verbindung zwischen
dem Denken und Handeln der Leute und dem, was in der
Politik geschieht. Da fehlt es an mehr als an der Bereitschaft
zu Entscheidungen, die vielleicht nicht ganz einfach sind, mit
denen die Leute aber fertig werden.

HELMUT SCHMIDT   Also ich würde das ein bißchen anders
sagen. Ich glaube nicht, daß der Ruck eingetreten ist, ich
glaube vielmehr, daß die Misere fortschreitet. Die Arbeitslosigkeit steigt, die Steuereinnahmen sinken. Es fehlt an Führung, und das hat eigentlich schon Richard von Weizsäcker erkannt, als er Präsident war. Nicht nur an Führung durch den
Regierungschef, sondern auch durch die Opposition. Die Bereitschaft der Deutschen, nicht nur klammheimlich, sondern
öffentlich sichtbar den Gürtel enger zu schnallen, einengende
Gesetze abzuschaffen, die Bereitschaft, den fünf ostdeutschen
Ländern wirklich zum Aufschwung zu verhelfen, ist sicherlich
da. Auch 1990 in Ostdeutschland war sie da. Aber dann hat
man erklärt: ›Es kostet keine Opfer, das macht alles der
Markt.‹

RALF DAHRENDORF   Das ist richtig.

HELMUT SCHMIDT   Und man hat den Ostdeutschen erklärt:
›Ganze vier Jahre dauert es, und dann habt Ihr blühende
Landschaften und dasselbe Einkommen wie die Westdeutschen.‹ Auch da fehlte also die Führung. Das ist ein Versagen
der politischen Klasse in Deutschland, und dazu zähle ich den
politischen Journalismus, die Interessenverbände aller Art,
vom Bundesverband der Industrie über die IG Metall bis hin
zur Landwirtschaft, zur grünen Front, die alle versuchen, soweit wie möglich das zu erhalten, was sie sich mühsam erobert
und ergattert und ergaunert haben.

*Was heißt denn Führung in so vermintem Gelände? Muß man da
nicht zunächst ein paar Schneisen schlagen, so wie Margaret Thatcher
es getan hat?*

HELMUT SCHMIDT   Ja, sicherlich. Thatcher war schon eine
Führerin, das muß man sagen. Was ich an ihr auszusetzen
hätte, wenn ich Engländer wäre, ist eine gewisse soziale Rücksichtslosigkeit, eine Brutalität gegenüber den Leuten, die sich
selber nicht wehren können. Meine Tochter lebt seit siebzehn
Jahren in England, und sie sagt mir immer wieder, wenn das
Gespräch darauf kommt, daß eine englische Rentnerin von
ihrer Rente allein ihr Leben kaum fristen kann. Das können
wir uns hier in Deutschland nicht leisten, das brauchen wir
uns auch nicht zu leisten. Eine solche soziale Rücksichtslosigkeit – wie sie übrigens auch in Amerika praktiziert wird, wo es
inzwischen Millionen von *working poor* gibt – würde kein kon-
tinentaleuropäisches Volk akzeptieren. Tony Blair ist in der
glücklichen Lage, daß er nun einige wenige dieser Gemein-
heiten rückgängig machen kann und als großer Mann da-
steht.

RALF DAHRENDORF   Und er geht mit einer etwas anderen
Einstellung heran. Wenn es um Führung geht, hängt ja auch
manches davon ab, ob man in Worte fassen kann, was die
Leute wollen und denken. Das war nie Frau Thatchers
Stärke.

Aber hinter alledem steckt doch etwas sehr Ernstes, was
uns bis weit in das nächste Jahrhundert hinein beschäftigen
wird. Die Welt verändert sich. Globalisierung mag ein Schlag-
wort sein, aber ein Stück unserer Realität gibt es dennoch wieder. Es gibt viele, die sich in dieser neuen Welt sehr gut zu-
rechtfinden können, und die brauchen Ermutigung. Die
Menschen zum Neuen zu ermutigen, das halte ich für eine
Aufgabe der Führung, und das konnte Thatcher und das
kann in gewisser Weise auch Blair. Für Blair ist die Globalisierung gar kein Thema mehr, er weiß, daß man sie als neue
Realität akzeptieren muß. Auf der anderen Seite gibt es bei
der Globalisierung auch Verlierer. Ich glaube sogar, daß in
den meisten europäischen Ländern bis weit in das nächste

Jahrhundert hinein sogar Parteien bewußt die Verlierer organisieren werden. Im glücklichsten Fall ist das eine Partei wie die italienische Rifondazione Comunista, die die optimistischeren Exkommunisten im Parlament zwar bremst, es ihnen aber dennoch im Grunde erlaubt, in die Zukunft zu gehen. In Deutschland dagegen benehmen sich eigentlich alle so, als müßten sie die Interessen der Verlierer verteidigen, und man sieht kaum jemanden, der sagt: ›Wir haben eine neue Situation, wir haben große Probleme, aber wir können es schaffen.‹

Ich bin übrigens ganz der Meinung von Helmut Schmidt, daß es ganz unerträglich wäre, in den kontinentaleuropäischen Ländern so hart vorzugehen, wie das in Amerika und England geschehen ist. Und das ist auch gut so. Ich habe unlängst in der Schweiz eine lange öffentliche Diskussion mit dem Finanzminister geführt, und der hat etwas Interessantes gesagt: ›Wir müssen uns entscheiden, ob wir unseren Kindern eine etwas höhere Staatsverschuldung oder eine miserable Infrastruktur hinterlassen wollen. Wir haben uns für das erstere entschieden.‹

HELMUT SCHMIDT   Stichwort Globalisierung, Ralf. Eine der großen Fragen des neuen Jahrhunderts wird es sein, ob und wie wir angesichts der Globalisierung, angesichts der Konkurrenz zum Beispiel von Menschen aus Asien, mit demselben IQ begabt wie wir Europäer, aber fleißiger und genügsamer, unsere Idee vom Sozialstaat aufrechterhalten können. Der Sozialstaat ist ja eine Erfindung der Sozialdemokraten, natürlich auch eine Erfindung von Bismarck und des Lord Beverage. Die Frage ist, ob wir das, was notwendig ist, um die politische Stabilität unserer Gesellschaft zu wahren, so stabilisieren können, daß es bezahlbar ist. Ich sehe gegenwärtig nicht, daß die Amerikaner oder die Engländer dieses Problem beherrschen. Daß die Deutschen es nicht beherrschen, sehe ich überdeutlich.

RALF DAHRENDORF   Auf unterschiedliche Weise. Was Amerika angeht, sind wir ganz einig. Clinton hat mit der Initiative zur Gesundheitsversorgung sein erstes großes und folgenschweres Scheitern erlebt. Für 35 Millionen Amerikaner ohne jede Krankenversicherung wollte er eine Absicherung schaffen, und das ist voll und ganz gescheitert – heute sind es eher 40 als 35 Millionen.

Zu England muß ich etwas Grundsätzliches sagen. In diesem Bereich hat jedes Land gewisse heilige Kühe, und das durchaus zu Recht. Es gibt Elemente des Sozialstaats, die eine besondere Bedeutung für Gesellschaften haben. In Großbritannien ist das kurioserweise der noch relativ junge nationale Gesundheitsdienst. Bei der Altersversorgung kann man dort vieles zur Disposition stellen, das ist kein Tabuthema, zumal der größte Teil ohnehin schon auf Selbstversicherung beruht. Aber der nationale Gesundheitsdienst, den Frau Thatcher liebend gern privatisiert hätte, ist unantastbar, das ist der Kontrakt zwischen den Gesunden und den Kranken. In den meisten kontinentalen Ländern gilt genau das gleiche für den Generationenvertrag, und ich schätze, daß der teurer ist als selbst das Gesundheitswesen. In Deutschland, in Frankreich, in Italien über die Zukunft der Renten zu reden ist sehr schwierig, am schwierigsten dort, wo es am dringendsten und auch am einfachsten wäre, nämlich im Bereich des Öffentlichen Dienstes.

Das ist das eine: Man muß darauf achten, daß man nicht Dinge zerstört, die eine symbolische Bedeutung für die Gesellschaft haben. Zweitens: Das Schweizer System der drei Säulen, das auf direkter Eigenbeteiligung, auf der beruflichen Versicherung und auf Steuern beruht und bei dem man variieren kann, welche Säule am stärksten belastet wird, scheint mir nicht schlecht zu sein. In diese Richtung werden wir wohl alle gehen müssen, und nach meiner Meinung kann man die Menschen auch davon überzeugen.

Wie sehen Sie angesichts dieser Probleme die Zukunft der Demokratie, der offenen Gesellschaft, für die Sie sich immer so eingesetzt haben?

RALF DAHRENDORF Und für die ich mich einsetzen werde, solange ich lebe. Ich meine, die Demokratie hat in vielen Ländern große Fortschritte gemacht. Es gibt nicht nur ein Modell dafür, aber alle Demokratien sind dadurch gekennzeichnet, daß Veränderung ohne Brüche und Revolutionen möglich ist.

Zugleich sehe ich eine ganze Reihe von Bedrohungen, die ich in einen einzigen Begriff fassen kann: autoritäre Anwandlungen. Autoritäre, nicht totalitäre Anwandlungen, damit meine ich die Neigung bestimmter Politiker und den Wunsch vieler Wähler nach einer Regierung, bei der die Bürger sozusagen abschalten können, bei der sie die Regierenden gewähren lassen.

HELMUT SCHMIDT   Wenn also zuviel Führung vorliegt.

RALF DAHRENDORF   Zuviel Führung folgt daraus nicht, aber zuwenig Beteiligung. Diese Neigung ist groß, weil manche der Probleme, vor denen wir stehen, sich innerhalb der demokratischen Verfahren nicht so leicht bewältigen lassen. Da ist Führung nötig von Leuten, die die Demokratie eben nicht abschaffen wollen. Aber dieser Hang zum Autoritären, bei dem übrigens ein richtig oder falsch verstandenes asiatisches Modell eine nicht geringe Rolle spielt, ist zweifellos in vielen europäischen Ländern vorhanden. Vor allem diese fundamentalen Veränderungen, von denen wir sprachen, die eingefleischten Interessen zuwiderlaufen, rufen natürlich solche Forderungen wach.

Neulich hat mir ein Schweizer Parlamentarier gesagt: ›Wir brauchen einen General Guisan wie damals im Krieg, der das Volk vorübergehend außer Kraft setzen kann. Wenn wir alles immerfort zur Volksabstimmung bringen müssen, gelingen uns die Veränderungen nie.‹ Wenn man will, kann man, leicht übertrieben, auch den Bundespräsidenten so interpretieren: Woher soll denn dieser Ruck kommen, wenn nicht durch ein vorübergehendes Außerkraftsetzen der gegenwärtigen Interessenkonstellation? Ich sehe unsere Aufgabe darin, Wettbewerbsfähigkeit, sozialen Zusammenhalt und politische Freiheit in Einklang zu bringen. Das ist die Quadratur des Kreises, ganz werden wir es nicht schaffen, aber wir können dem nahe kommen, und dabei ist die Demokratie ein verteidigungswertes Gut.

HELMUT SCHMIDT Wir sind ja beide Verehrer von Karl Popper, und der hat irgendwo geschrieben, es sei ein Mißverständnis, wenn man unter Demokratie verstehe, daß das Volk regiert. Es regieren immer nur wenige, und die Demokratie besteht darin, daß eine Mehrheit des Volkes eine Regierung beseitigen kann, ohne daß dabei geschossen und Blut vergossen wird. Was Ralf eben geschildert hat, kann dazu führen, daß eine Regierung abgewählt wird, wie jüngst in England geschehen. Es kann aber auch dazu führen, daß das Volk die Probleme, unter denen es leidet, selbst nicht mehr durchschaut, daß infolgedessen die Beteiligung der Bürger an der Problemlösung zurückgeht und verkümmert und daß man sein Heil in Ideen sucht, die man irgendwo, sei es im Fernsehen oder in der Zeitung, aufgeschnappt hat. Diese Gefahr ist in Deutschland und in Kontinentaleuropa wegen des Wahlrechts größer als in England. Man kann bei uns auf kleine, komische Parteien ausweichen, die irgendwelche Heilsgewißheiten verkünden, Protestparteien, die dann zu noch komplizierteren Koalitionen im Parlament zwingen.

Mein Fazit: Dahrendorf hat recht, es handelt sich um eine Quadratur des Kreises, die nur annähernd gelöst werden kann und nur dann, wenn die politische Klasse eines Landes Einsicht und Zivilcourage zeigt. Meine gegenwärtige Sorge ist, daß die politische Klasse in Europa weder von dem einen noch von dem anderen genug besitzt. Man kann nur hoffen, daß sich in Deutschland aus der Generation der heute Dreißig- bis Vierzigjährigen Menschen herauskristallisieren, auf die man mehr Hoffnung setzen kann als auf manche der jetzigen Minister.

Michail Gorbatschow

*mit Helmut Schmidt im Gespräch
am 3. Oktober 1997*

Nichts hat die zweite Hälfte unseres Jahrhunderts so geprägt wie der Kalte Krieg zwischen Ost und West, der die Geschichte fünfzig Jahre lang praktisch einfror, und nichts hat uns so unvorbereitet getroffen wie der Zusammenbruch der Sowjetunion und das Ende der Teilung Europas und Deutschlands. Herr Präsident Gorbatschow, viele Deutsche empfinden es fast als ein persönliches Geschenk, daß die Wiedervereinigung gekommen ist. War es eine unvermeidliche Entwicklung? Inwieweit war sie von Ihrem persönlichen Einsatz abhängig?

MICHAIL GORBATSCHOW   Ich glaube, das war wohl eine Entscheidung, die herangereift war, die ist nicht an einem konkreten Tage gefallen. Wenn in der Sowjetunion nicht grundlegende und tiefgehende Veränderungen stattgefunden hätten, wenn nicht unter der Führung einer neuen Politikergeneration die Transformation des Systems begonnen hätte, wenn sich die Außenpolitik nicht geändert hätte, dann hätte die Teilung wahrscheinlich noch lange, lange weiterbestanden. Außerdem hatte sich mittlerweile auch Deutschland verändert. Zum einen war die Bundesrepublik zu unserem wichtigsten Wirtschaftspartner in Europa geworden und über die Jahre hatten sich seit der Ostpolitik die Kontakte vertieft. Und zweitens waren wir ja eng mit der DDR verbunden, und durch diesen Kontakt mit einem Teil der Deutschen ist viel von dem abgebaut worden, was unsere beiden Völker einst geschieden hat. Und als die Zeit zu handeln gekommen war, haben sich alle sehr verantwortungsvoll verhalten, alle führenden Politiker, nicht nur in Moskau und Bonn, sondern auch in Washington, Paris und London.

Zunächst sind wir alle davon ausgegangen, daß dieser Pro-

zeß eine gewisse Zeit beanspruchen wird, daß er mit dem Aufbau Europas verbunden sein wird, denn die Vereinigung
Deutschlands sollte auch eine neue Epoche in Europa einlei-
ten, verbunden mit Gesprächen über eine europäische Sicher-
heitsarchitektur, über Systeme einer Zusammenarbeit für
ganz Europa. Wir dachten an eine Währungsunion oder vielleicht eine Konföderation. Aber dann haben die Deutschen
plötzlich entschieden, sich unverzüglich zu vereinen. Sie haben die Grenzen gestürmt, sie sind auf die Mauer geklettert
und haben begonnen, sie niederzureißen. Damals haben wir
schon nicht mehr so reagiert wie in Ungarn 1956 oder in der
Tschechoslowakei 1968. Die Wiedervereinigung ist daher das
Ergebnis gemeinsamer Anstrengungen über einen längeren
Zeitraum.

HELMUT SCHMIDT   Sie haben von einer neuen Politikergeneration in Moskau gesprochen. Das ist, glaube ich, ganz
wichtig. Ich habe die Herren des Politbüros in der Mitte der
siebziger Jahre kennengelernt, das waren alles ganz alte Männer – Suslow, Tschernenko, Kossygin, Breschnew. Sie sind
25 Jahre jünger. Das war ganz entscheidend. Es bedurfte einer
neuen Generation, die die Lage unter anderen, neuen Ge-
sichtspunkten analysieren und auf dieser Basis Entschlüsse
fassen konnte.

*Ohne daß der Westen irgendwelchen Einfluß genommen hätte auf
diese Entwicklung?*

HELMUT SCHMIDT   Ich glaube, der Westen hat ausreichend
deutlich gemacht, daß er gegenüber der Haltung, wie sie von
Molotow, später von Gromyko verkörpert worden ist, stur und
fest bleiben würde. Aber einen Einfluß auf den Generationswechsel in Moskau hat der Westen nicht ausüben können. Die
Kontroverse über die atomaren Mittelstreckenwaffen war sicherlich einer der Anstöße für die neue Generation in Moskau, aber das ist eigentlich eine Frage, zu der Herr Gorbatschow sich äußern müßte.

MICHAIL GORBATSCHOW   Ich möchte meinem Gegenüber beipflichten: Der Zug des Wettrüstens, dieser Höllenzug hatte zu diesem Zeitpunkt bereits eine so hohe Geschwindigkeit erreicht, daß wir nicht wußten, wie wir ihn hätten stoppen können. Ich darf hier die Aktivitäten von Helmut Schmidt würdigen, nicht etwa, weil er mir hier gegenübersitzt. Er führte einmal ein direktes Gespräch mit Alexej Kossygin und sagte: ›Wissen Sie, wenn Sie die Mittelstreckenraketen stationieren, dann wird es eine Antwort geben. Davon können Sie ausgehen.‹ Aber man hat nicht darauf gehört, und so kamen wir in eine Situation, in der wir uns wie in einem Kerosintank fühlten − Kerosin bis an die Knie, und ein einziger Funke hätte uns alle in die Luft gesprengt.

Meine Vorgänger haben es sehr schwer gehabt, diesen Komplex, den sie vorgefunden haben, aufzubrechen. Wahrscheinlich war wirklich eine neue Generation notwendig. Die ersten Schritte der neuen sowjetischen Führung waren: Einstellung der Atomwaffenversuche, eine Einladung zu ernsthaften Verhandlungen über die Reduzierung der Kernwaffen, und schließlich habe ich am 15. Januar 1986 ein ganzes Programm vorgelegt, wie wir das Problem der Kernwaffen und der konventionellen Rüstung etappenweise lösen könnten. Die erste Reaktion darauf war: Propaganda. Sicherlich vor dem Hintergrund der Erfahrungen der Vergangenheit. Dann kam der Gipfel von Reykjavik, das war schwer zu realisieren, unwahrscheinlich schwierig.

Bereits bei meinem Treffen mit Reagan in Genf jedoch habe ich gespürt, daß etwas Unausgesprochenes da war, daß es im Westen den ehrlichen Wunsch gab, uns einen Schritt entgegenzukommen. Meine Intuition hat mir gesagt: Reagan war letztlich damit einverstanden, daß wir uns nicht nur einfach treffen, streiten und dann wieder auseinandergehen. Wir haben die ganze Nacht zusammengesessen und eine zwei Seiten lange Erklärung erarbeitet. Darin wurde festgehalten: Einen atomaren Krieg darf es nicht geben, da keiner ihn gewinnen kann. Wenn man von dieser Feststellung ausging, dann mußte man den gesamten Prozeß des furchtbaren Wettrüstens stoppen.

HELMUT SCHMIDT   Wären Genf und anschließend Reykjavik auch dann erfolgreich gewesen, wenn George Shultz, der damalige amerikanische Außenminister, nicht dabei gewesen wäre?

MICHAIL GORBATSCHOW   Als ich in Reykjavik damit begann, meine Vorschläge darzulegen – und das waren sehr ernstgemeinte, radikale Vorschläge –, habe ich gespürt, daß wir unsere Minister hinzuziehen sollten. Meiner Ansicht nach war in dieser Phase des Gesprächs die Anwesenheit von Shultz notwendig, denn George Shultz war tatsächlich an der Beendigung der atomaren Rüstung interessiert. Darüber hinaus waren ihm alle konkreten Fragen vertraut. In diesem Zusammenhang gibt es ein interessantes Paradoxon: Hätte mit den Abrüstungsverhandlungen ein anderer Präsident begonnen und nicht einer wie Reagan, der der äußersten Rechten zuzuordnen war, hätte dies Mißtrauen hervorrufen können. Daß Reagan damit begonnen hat, bedeutete, daß alle dieser Initiative Aufmerksamkeit schenken mußten. Aber ohne Shultz wäre dieser Prozeß konkret nie ins Rollen gekommen. Er hat einen sehr großen Anteil daran.

HELMUT SCHMIDT   Wenn ich das richtig verstehe, hat ja nicht Reagan das Gespräch über diese Mittelstreckenwaffen angefangen, sondern Sie waren es. Und Sie haben eben gesagt, das seien sehr radikale Vorschläge gewesen. Für mich waren die gar nicht radikal, ich hatte die sogenannte Null-Lösung schon fünf Jahre lang propagiert. Und als ich sie einmal im Kreml vorgetragen habe, vor versammeltem Politbüro, da war die damalige sowjetische Führung zum Teil konsterniert, zum Teil empört – Suslow zum Beispiel –, und der alte Herr, Herr Breschnew, hat abgewiegelt. Breschnew war nach meinem Gefühl jemand, der auch Angst hatte vor dem Krieg.

MICHAIL GORBATSCHOW   Das ist richtig. Es ist eine Tatsache, daß die sowjetische Führung keinen Krieg wollte. Aber die Vorschläge von Reykjavik waren nicht nur hinsichtlich der Mittelstreckenraketen radikal. Ich habe ebenfalls vorgeschlagen, die see- und landgestützten Kernwaffen um fünfzig Prozent zu reduzieren. Das war der erste Vorschlag, der auch unsere landgestützten Raketen mit Mehrfachsprengköpfen einschloß. Sie bereiteten den Amerikanern besondere Sorge, und als ich sagte, daß wir bereit seien, auch diese um fünfzig Prozent zu reduzieren, war das in der Tat radikal. Aber plötzlich mußte ich hören, daß man die Mittelstreckenraketen auf beiden Seiten nicht antasten wolle. Daraufhin habe ich geantwortet: ›Gestatten Sie bitte, das waren schließlich Ihre Vorschläge, Sie haben doch die Null-Lösung vorgeschlagen, und was wollen Sie nun? Nein! Lassen Sie uns nun Ihre Vorschläge umsetzen. Es wäre mir nicht recht, wenn nur meine realisiert werden würden.‹

Das Wettrüsten war ja für die Sowjetunion nicht der einzige Grund, ihre Politik zu ändern. Ein weiterer lag in der wirtschaftlichen Misere. Was war für Sie der entscheidende Anstoß?

MICHAIL GORBATSCHOW   Entscheidend war die Erkenntnis, daß die Situation außer Kontrolle geriet. Ich war seinerzeit, noch als Mitglied des Politbüros, bei Frau Thatcher. Ich habe damals eine Karte vor ihr ausgebreitet, die in tausend Quadrate eingeteilt war. Auf jedem Quadrat befand sich ein Tausendstel der weltweit zur Verfügung stehenden Waffen − und jedes hätte ausgereicht, alles Leben auf der Welt auszulöschen. Wohin sollte das denn noch führen? Die Sowjetunion war eine Gesellschaft, die alle Kräfte zusammennehmen konnte und über große Ressourcen und über eine leistungsstarke Wissenschaft verfügte. Sie hätte an dem Wettlauf weiter teilnehmen können, obwohl das natürlich verheerende Auswirkungen auf die Wirtschaft und auf die Lösung der sozialen Fragen gehabt hätte. Der Rüstungsbereich hat ja gewaltige Summen verschlungen. Die Vereinigten Staaten von Amerika und die Sowjetunion haben damals jeweils zehn Trillionen Dollar ausgegeben. Einige Milliarden Dollar wären nötig gewesen, um die Armut zu bekämpfen und Hilfe leisten zu können, um einige Probleme in den armen Ländern lösen zu können. Und hier waren es zehn Trillionen Dollar. Der militärische Komplex hat viel Geld und Ressourcen verschlungen. Aber entscheidend war etwas anderes: die Einsicht, daß wir schon sehr weit gegangen waren und alles zusammenstürzen konnte. Die atomare Gefahr war bereits zu spüren.

HELMUT SCHMIDT   Ich bin derselben Meinung wie Sie. Ich glaube, daß manche amerikanische Zeitgenossen sich irren, wenn sie glauben, sie, die Amerikaner, hätten die Sowjetunion totgerüstet. Das Entscheidende ist nicht etwa, daß die Sowjetunion wirtschaftlich oder technologisch nicht mehr hätte mithalten können, das Entscheidende ist der Entschluß des ersten Mannes gewesen: Es muß aufhören, sonst explodiert die Sache irgendwann. Die Sowjetunion mit einer sehr hoch entwickelten Naturwissenschaft und Forschung, mit einer außerordentlich hoch entwickelten Fähigkeit zu technologischer Entwicklung – man sieht es heute noch an der Raumstation ›Mir‹, eine Glanzleistung – wäre in der Lage gewesen, durchaus noch eine Reihe von Jahren bei diesem Rüstungswettlauf mitzuhalten, natürlich unter Vernachlässigung der Bedürfnisse der breiten Bevölkerung. Die wirtschaftlichen und auch die technologischen Kräfte wurden auf den militärischen Komplex konzentriert, und das andere wurde vernachlässigt.

MICHAIL GORBATSCHOW   Ganz abgesehen davon, daß viele Menschen in Rußland heute erheblich mehr leiden als damals: Wir hatten zwei Wirtschaftsbereiche, den zivilen und den militärischen. Während es im Westen keine unüberwindlichen Barrieren gab und fortschrittliche Technologien in beiden Bereichen anzutreffen waren, waren bei uns im zivilen Sektor veraltete Technologien zu finden, aber in dem anderen konnten wir durchaus mithalten. Der militärische Sektor ist in der Lage, alles zu erreichen, das gilt auch heute noch. Heute allerdings ist er eine Quelle für das zukünftige Wachstum Rußlands, für die neue Wirtschaft, eine Quelle für neue Technologien, wenn wir die Krise überwinden können.

HELMUT SCHMIDT   Wir haben das damals nicht ganz verstanden, daß der militärische Komplex praktisch nicht unter der Kontrolle des Politbüros stand, einschließlich des Verteidigungsbudgets, einschließlich bestimmter Rüstungsentschei-

dungen wie diese verdammten SS-20-Raketen. Das habe ich
erst nachträglich begriffen. Wann sind Sie ins Politbüro gekommen, Herr Gorbatschow, und wann haben Sie zum ersten Mal von diesen Rüstungsanstrengungen eine plastische
Vorstellung bekommen? Ich glaube, nicht gleich im Politbüro,
sondern erst später.

MICHAIL GORBATSCHOW   Völlig richtig, und erst heute ist
klargeworden, wie die Entscheidungen getroffen wurden. Die
Lebensdauer der Mittelstreckenraketen ging dem Ende entgegen. Das wäre der geeignete Zeitpunkt gewesen, den Vor-
schlägen des Westens zuzustimmen, um die Kosten zu dämpfen und das Gefahrenpotential zumindest nicht zu vergrößern, vor allem in Europa. Aber die Raketen wurden gebaut. Ustinow erklärte Breschnew: ›Leonid Iljitsch, wir haben
alte Raketen, die wir durch neue ersetzen müssen. Wir haben
gute neue Raketen, wir haben alles entwickelt, sie sind zuver-
lässig und effizient, mit höherer Leistung.‹ Und der sagte:
›Gut, machen wir.‹ So war es beschlossene Sache, und wir
wurden vor vollendete Tatsachen gestellt. Ich glaube, das betrifft nicht nur mich, sondern den gesamten engeren Kreis,
der häufig Entscheidungen getroffen hat, also Breschnew,
Suslow, Andropow, Gromyko, Ustinow, manchmal auch Kossygin. Selbst in diesem engen Kreis waren häufig nicht alle informiert. Denn der Austausch veralteter Raketen wurde als
ganz normale Operation verkauft. In Wirklichkeit aber wurden dadurch das Wettrüsten verstärkt und die Situation in
Europa verschärft.

*Ihre Reformen zielten ja nicht nur auf die Außenpolitik, sondern auch
auf die Innenpolitik und die Wirtschaft. Wie reformiert man denn
eine kommunistische Planwirtschaft?*

MICHAIL GORBATSCHOW   Zunächst gab es die Utopie, daß
wir das System verbessern könnten. Diese Utopie gab es unter
Breschnew, diese Utopie hatte Kossygin, als er mit seinen
Reformen begann. Das war übrigens auch ein ernstzuneh-
mender Reformansatz, aber das System hat alle sofort in ihre
Schranken verwiesen und die Ausgangslage wiederhergestellt.

Deshalb haben wir erst später verstanden, daß es so nicht gelingen kann. Es mußte nicht reformiert, sondern transformiert
werden.

HELMUT SCHMIDT   Wie transformiert man eine Komman-
dowirtschaft in eine Marktwirtschaft? Diese Frage muß wohl
von Land zu Land, je nach der geschichtlichen und kulturellen Entwicklung des Landes verschieden beurteilt werden.
Die Chinesen zum Beispiel haben es in einem Punkte sehr
viel leichter als die Sowjetunion. In China hat es, zumindest
in den Küstenprovinzen, eine ganz lange unternehmerische
und kaufmännische Tradition gegeben. Nicht so in Rußland,
das war eine Agrarwirtschaft, und die Kommunisten haben
dann unter Lenin, Stalin, Chruschtschow und Breschnew
eine gewaltige industrielle Anstrengung zustande gebracht,
aber nicht mit Unternehmern, sondern mit Verwaltungsbeamten. Und wenn Sie mit Verwaltungsbeamten eine Marktwirtschaft aufbauen müssen, ist das unendlich viel schwieriger, als wenn Sie es mit den Söhnen und den Enkeln von Unternehmern machen.

Die Chinesen haben noch einen zweiten Vorteil: Außerhalb des Mutterlandes leben etwa fünfzig Millionen sogenannte Auslandschinesen, auf den Philippinen, in Indonesien, auf Taiwan, in Hongkong damals, in Singapur, und die
wissen, wie eine Marktwirtschaft funktioniert. Sie haben sie
glänzend im Griff. Gleichzeitig aber haben sie die Verbindung
zum Mutterland gehalten. Es gab aber nicht fünfzig Millionen Russen außerhalb der Sowjetunion, die wußten, wie die
Weltwirtschaft funktioniert.

MICHAIL GORBATSCHOW   Ihre erste These akzeptiere ich.
Das war mein Postulat, das ich damals vertreten habe, als ich
die Reformen durchführte – übrigens auch heute noch, wo ich
im Rahmen meiner Stiftung unterschiedliche Modelle für Reformen in unterschiedlichen Gesellschaften untersuche. Man
kann nicht ein Modell nehmen und es auf alle Staaten anwen-
den. Der Versuch, auf Rußland das Modell des Internationalen Währungsfonds anzuwenden – wozu hat das geführt?
Brasilien und andere lateinamerikanische Staaten haben vor

uns ganz ähnliche Erfahrungen gemacht. Ich war erst kürzlich in Rio de Janeiro und hatte ein Treffen mit Präsident Cardoso. ›Nein‹, sagte er, ›solange wir ein Schema einfach übernommen haben, das irgend jemand sich ausgedacht hatte, ist nichts dabei herausgekommen. Wir mußten erst unser Land kennenlernen, sein Potential nutzen, seine Kultur, seine Möglichkeiten, die Energie der Menschen, und dann funktionierte es.‹ Ebenso war es in Japan. Man versuchte, ihm das amerikanische System aufzuzwingen. Eine große Gruppe von Wissenschaftlern wurde ins Land geschickt, darunter auch Milton Friedman, der heutige Nobelpreisträger. Aber das funktionierte nicht, solange die Erfahrungen und die Mentalität der Japaner unberücksichtigt blieben. Das ist das Wichtigste.

Zweitens besteht in der Tat ein großer Unterschied zwischen der Wirtschaft der Sowjetunion und der Chinas. Unser Land ist immerhin ein Industrieland, während dort achtzig Prozent der Bevölkerung Bauern waren. Diese haben Land erhalten und damit begonnen, es zu bestellen. Wichtig ist auch die Bemerkung, daß die Auslandschinesen, die über große Erfahrung verfügen, um Unterstützung gebeten wurden. Auch der Küstenbereich, in dem es ja Erfahrungen mit der Marktwirtschaft gegeben hat, war hilfreich. Dort hat man begonnen, Freihandelszonen zu schaffen, in Schanghai et cetera.

Aber das Allerwichtigste besteht darin, daß auch China nicht darum herumkommt, zu tun, was bei Reformen getan werden muß. Als wir in der Sowjetunion mit der Transformation begannen, das heißt, die wirtschaftliche Macht den Produzenten, den Betrieben und den Pächtern zu übertragen, ist der gesamte Clan der Führungskräfte bis hin zu den Ministern sofort unruhig geworden. Man wollte ihnen ihre Pfründe rauben. An der Macht zu sein ist der einträglichste Platz. Jeder Bürokrat fügt bei der Verteilung der Mittel eine Zeile hinzu und schachert sich damit seinen Teil zu. Und als wir die Freiheit gewährt haben, in Eigenverantwortung die Betriebe wirtschaftlich zu führen und über die produzierte Ware frei zu verfügen, ist die Führungsnomenklatura wach geworden. Als wir begannen, die Parteisekretäre in geheimer

Abstimmung zu wählen, ist auch die Parteinomenklatura wach geworden. Beide haben sich zusammengeschlossen, und an der Jahreswende 1986/87 ist uns klargeworden, daß uns das gleiche Schicksal ereilen könnte wie damals Chruschtschow. Man beruft überstürzt das Plenum ein und beschließt: ›Uns paßt dieser Generalsekretär mit seinen Reformkonzepten nicht.‹ Wie hätte man sich retten können? Wir hatten eine Stütze: einen starken Rückhalt bei den Bürgern. Und dann hat die politische Reform eingesetzt.

HELMUT SCHMIDT   Ich glaube, eine große Rolle spielt auch die Tradition zentralistischer Regierungen. Das alte Rußland, später die Sowjetunion, ist bis ins Detail hinein von den Instanzen geführt worden, die in Moskau versammelt waren und nicht in Nischnij Nowgorod und Swerdlowsk und schon gar nicht in Wladiwostok. Alles mußte in Moskau entschieden werden. Es gibt ja heute noch Staaten, wo alles zentralistisch gesteuert wird. Herr Gorbatschow hat eben Japan erwähnt – alle wichtigen Entscheidungen werden in Tokio getroffen. Wenn in Kobe ein großes Erdbeben stattfindet, und es liegen Hunderte, Tausende von Menschen lebend unter Trümmern, die noch gerettet werden können, dann muß in Tokio entschieden werden, ob dafür Soldaten eingesetzt werden. In der Zentrale streiten sich dann erst einmal die Ministerien und die Bürokraten miteinander, und dann dauert es drei Tage, bis die Rettungsaktionen beginnen.

Die Sowjetunion und Rußland hatten das Handicap, daß alles zentralisiert war, schon zu Zarenzeiten, und eine Marktwirtschaft kann eben nicht funktionieren, wenn von einer Zentrale aus regiert wird. Ich glaube, daß das möglicherweise Ihnen, Michail Gorbatschow, am Anfang nicht so bewußt gewesen ist, daß Sie vor allem die Zentralisierung durchbrechen mußten.

MICHAIL GORBATSCHOW   Ich habe mich ja an der Peripherie befunden und war Erster Parteisekretär im Gebiet Stawropol, heute würde man sagen Politischer Führer des Gebietes oder Gouverneur. Ich war mit diesem Phänomen der russischen Gesellschaft und Führung neun Jahre lang konfrontiert. Das ist Superzentralismus, nicht einfach nur Zentralismus, sondern bürokratischer Superzentralismus. Um ein Beispiel zu nennen: Für den Bau einer öffentlichen Bedürfnisanstalt in Stawropol benötigte man eine Genehmigung aus Moskau. Das konnte dauern. Und wohin ging man in der Zwischenzeit, wenn man einmal mußte? Das war einfach absurd!

Ich konnte dort nichts tun. Sobald ich auf regionaler Ebene eine Initiative ins Rollen brachte, stieß sie auf Hindernisse und Beschränkungen – Budget, Gesetz, Plan et cetera. Und wenn doch eine Initiative zu Ende gebracht werden konnte, stand ein Strafverfahren ins Haus, weil so viele Normen der Planwirtschaft verletzt worden waren. Das war immer eine Gratwanderung. Natürlich glaubte ich, wenn ich erst in Moskau wäre, etwas bewegen zu können. Doch als ich dort ankam, mußte ich das Gegenteil feststellen. Dort war alles festgefahren. Das zu durchbrechen war eine hoffnungslose Angelegenheit.

Ich denke, das Verhältnis zwischen den Machtbefugnissen von Zentrum und Regionen ist heute die Kardinalfrage für alle Länder, selbst für die Länder, in denen alles zum besten steht. Wenn diese Frage nicht rechtzeitig gelöst wird, entstehen separatistische Bewegungen, die bis zur Forderung nach Selbständigkeit gehen werden. Nicht, weil die Völker oder Nationen selbständig sein wollen oder kleine ethnische Fürstentümer gründen wollen. Unsinn! Die Wurzel für den Separatismus sind ungelöste Führungsfragen, übermäßiger Zentralismus.

Ich glaube allerdings, daß sich in Rußland ein klassischer Föderalismus wie in Deutschland wohl kaum durchsetzen wird. Dazu ist das Land zu groß. Es braucht ein stärkeres zentralistisches Element. Aber ohne die Möglichkeit einer Selbstverwaltung in den Regionen wird es kein Rußland geben. In diesem Falle würden die Reformen sterben. Übrigens haben die Regionen heute, bei dieser chaotischen Suche nach einem russischen Modell, bereits eine große Macht übernommen, und ich sage ›Gott sei Dank‹ – darauf kann sich Rußland heute stützen, in dieser Zeit des Übergangs und des Chaos. Aber die Verteilung der Machtbefugnisse muß jetzt aufgebaut und gesetzlich verankert werden.

Gibt es außer der Dezentralisierung noch andere Voraussetzungen für Reformen, die Sie verallgemeinern können, die Demokratisierung etwa?

HELMUT SCHMIDT   Nein, das glaube ich nicht. Ich glaube, die Demokratisierung ergibt sich Hand in Hand mit der Umwandlung in die Marktwirtschaft, sie ist keine Voraussetzung. Wenn die chinesische Marktwirtschaft erfolgreich bleibt, dann, nehme ich an, werden wir im Laufe der nächsten zehn, zwanzig Jahre erleben, daß sich daraus zwangsläufig demokratische Konsequenzen ergeben.

Deng Xiaoping hat ja sehr vorsichtig angefangen, zunächst mit ein paar Sonderwirtschaftszonen hier und da, und dann hat sich das ausgebreitet. Ich bin ziemlich häufig in China, eigentlich jedes zweite, dritte Jahr, und ich sehe, daß die Leute da ganz zufrieden mit diesem schrittweisen Prozeß sind. Sie verlangen nicht, daß Demokratie sofort funktioniert. Aber dieser Prozeß weitet sich von der marktwirtschaftlichen Entwicklung aus allmählich auch in andere, politische Bereiche aus. Marktwirtschaft heißt: Der Unternehmenschef entscheidet, nicht mehr die Ministerialbürokraten in Peking. Er gewöhnt sich daran, Entscheidungen zu treffen, und daraus ergibt sich zwangsläufig, daß er auch Entscheidungen trifft, die nicht mit seinem Produkt zusammenhängen. Es entwickelt sich also schrittweise. Aber China hat keine große demokratische Tradition, obwohl der Staat schon fünftausend Jahre existiert. Rußland hat auch keine große demokratische Tradition, Deutschland übrigens auch nicht.

MICHAIL GORBATSCHOW   Auf dem letzten Parteitag der chinesischen KP wurde ja das Wort Demokratisierung häufig wiederholt, man fand es in den Texten, und auch in den Reden war es zu hören. Und zur Vorbereitung des Parteitags hatte eine Gruppe von Wissenschaftlern damit begonnen, die von mir gemachten Erfahrungen bei der Durchführung einer demokratischen Reform zu untersuchen. Die Fragen waren folgende: Wo, zu welchem Zeitpunkt hat Gorbatschow die Kontrolle über die politischen Reformen verloren und warum? Man denkt dort also über Demokratisierung nach, und das ist richtig. Auch ich würde mir wünschen, daß die Demokratisierung nach und nach einsetzt. Auch für uns ist es wichtig, daß die Lage in China stabil bleibt.

Helmut Schmidt, wie lange wird es denn dauern, bis Rußland wieder ein verläßlicher Staat nach innen und eine verläßliche Macht nach außen sein wird?

HELMUT SCHMIDT   Herr Gorbatschow hat vorhin den Ausdruck ›Chaos‹ für Rußland gebraucht, und ich glaube, daß man da unterscheiden muß: Im Innern herrschen teilweise chaotische Zustände, aber ich habe nicht den Eindruck, daß die heutige russische Außenpolitik chaotisch ist. Ich glaube, für die letzten zehn, zwölf Jahre darf man sagen, daß Rußland eine kontinuierliche, verläßliche Außenpolitik betrieben hat. Nicht alles hat mir geschmeckt, aber es war ein zuverlässiger Staat. Die inneren Verhältnisse sind viel schwieriger. Das kann lange dauern, es kann eine Generation dauern. Aber ich glaube, daß Rußland gleichwohl eine Weltmacht bleiben wird. Als heute an der pazifischen Ostküste in den äußersten Zipfeln Sibiriens die Sonne unterging, da ging sie in Petersburg gerade erst auf. Das ist ein riesenhaftes Land mit Bodenschätzen, die nur zum Teil bisher bekannt sind und ausgebeutet werden, in diesem Land stecken unglaubliche Reserven.

Die Mittel der Macht sind ja leider Gottes nicht nur wirtschaftlicher, sondern auch militärischer Art, und mein Freund Henry Kissinger würde sagen: auch geostrategischer Art. Dabei spielen diese riesenhafte Landmasse eine große Rolle und die Tatsache, daß Rußland so viele Nachbarn hat. China ist für Rußland ein wichtigerer Nachbar als Polen, und dann gibt es noch Kasachstan und die anderen zentralasiatischen Republiken, die Türkei, außerdem gibt es ungelöste Probleme mit Japan. Rußland wird in all diesen Verhältnissen eine außenpolitische Rolle von Weltmachtqualität spielen, da habe ich gar keinen Zweifel.

Herr Präsident Gorbatschow, muß die Welt von Rußlands inneren Turbulenzen Schlimmes befürchten?

MICHAIL GORBATSCHOW   Ich glaube, dieses Gerede dient in
erster Linie dazu, Rußland zu diskreditieren. Es wird als ein
Staat dargestellt, der Furcht einflößt, mit dem man vorsichtig
umgehen muß, zu dem man einen gewissen Abstand halten,
den man mit einem Sicherheitsgürtel umgeben muß. Ich
glaube, daß zu diesem Zweck allerlei Märchen verbreitet werden. In Rußland finden in der gleichen Form und genauso
heftig und ernsthaft Reformen statt wie in jedem anderen
Land mit so weitgehenden Veränderungen. Nur multipliziert
sich hier alles mit der enormen Größe des Landes. Was die
Zukunftsperspektiven betrifft, so bin ich überzeugt, daß Rußland stark, frei und berechenbar wird und eine Großmacht
bleibt. In dieser Hinsicht habe ich keine Zweifel. Aber wie
viele Jahre wird es dazu brauchen?

Lenin wurde zu Beginn des Jahres 1917 in Zürich von
einem Journalisten gefragt, wann es denn in Rußland eine
Revolution geben werde. Wissen Sie, was er geantwortet hat?
Er sagte, er wisse es nicht, aber seine Generation werde es
nicht mehr erleben. Und anderthalb Monate später fand die
Februarrevolution statt. Nun, Lenin war immerhin eine große
Persönlichkeit, ein Analytiker mit großer Erfahrung. Zu den
Zeiträumen werde ich also nichts sagen, aber ich glaube, daß
für Rußland jetzt gleichsam eine neue Etappe beginnt, neue
Realitäten sind entstanden. Es gibt eine Demokratie, egal, wie
stark diese auch verzerrt sein mag. Dasselbe gilt für freie
Wahlen und die Pressefreiheit. Bei aller Dramatik, bei all
dem, was dort passiert: Die jüngsten Meinungsumfragen
haben ergeben, daß 82,5 Prozent der russischen Bevölkerung
nicht zur Vergangenheit zurückkehren wollen. Sie wollen in
einem freien Land leben. Dieses Ergebnis, zusammen mit
dem kulturellen und wissenschaftlichen Potential unseres
Landes, stimmt mich optimistisch.

Welche Wahl werden wir treffen? Jelzin hat eine letzte
Chance. Entweder wir tun Rußland weiter Gewalt an mit den
Mechanismen des Internationalen Währungsfonds und versuchen, die Bedingungen zu erfüllen, um 300 Millionen oder
eine Milliarde Dollar zu erhalten. Meine Güte! Für die Refor-
mierung Ostdeutschlands wendet Deutschland jährlich wohl

hundert Milliarden auf. Und hier soll mit ein paar Milliarden Rußland gerettet werden! Das ist Unsinn! Wenn es Jelzin aber gelingt, einen neuen Mechanismus zu finden, durch eine andere Steuerpolitik, durch neue Kredite, durch Unterstützung der kleinen und mittelständischen Unternehmen et cetera, dann kann man fragen, wieviel Jahre es dauern wird. Es gibt bereits Alternativen. Eine große Gruppe von Wirtschaftswissenschaftlern von der Russischen Akademie hat eine Konzeption vorgeschlagen, um aus der Krise herauszukommen. Sie sind unzufrieden damit, daß ihre Konzeption von Jelzin abgelehnt worden ist, und haben eine Initiativgruppe gegründet. Ich glaube, es wird zu einer Konsolidierung der neuen Kräfte kommen.

HELMUT SCHMIDT   Ich möchte zu den Zukunftsprognosen folgendes sagen. Selbst eine in der Verfassung und auch in der Wirklichkeit hergestellte Demokratie mit freien Wahlen, mit politischen Parteien, mit einem Parlament, das die Gesetze macht – und nicht mit einem Präsidenten, der Dekrete erläßt –, selbst das alles kann nicht sichern, daß die Wirtschaft gut funktioniert. Auch eine Demokratie bedarf der politischen und der wirtschaftlichen Führung. Demokratie an sich ist eine schöne Sache, aber sie kann durchaus schlecht funktionieren, wenn es an den entsprechenden Personen fehlt. Jemand, der früher an der Spitze eines militärisch-ökonomischen Komplexes gestanden hat, der wird nicht von heute auf morgen ein Unternehmer. Jemand, der bisher einem Oblast, einem Gebiet, vorgestanden hat, ein Gouverneur, der wird nicht von heute auf morgen eine effektive Finanzpolitik betreiben können. Bis in den Gebieten, in den Unternehmungen die Personen an die Spitze kommen, die Kompetenz, Urteilskraft und Entschlußkraft in sich vereinigen, braucht es lange Zeit.

Die Prognosen, wie lange dies alles dauern wird, sehe ich mit einiger Zurückhaltung. Wir haben in unserem eigenen Land nach der Vereinigung gehört, in vier Jahren würden wir in Ostdeutschland blühende Landschaften haben. Jetzt sind wir schon im achten Jahr, und nichts blüht.

MICHAIL GORBATSCHOW   Hier und da blüht doch schon etwas.

HELMUT SCHMIDT   Naja, ein paar Blümchen. Statt dessen haben wir im Osten Deutschlands eine Arbeitslosigkeit, wie es sie in diesem Ausmaß zuletzt vor Hitler gegeben hat. Ich will damit nur sagen: Prognosen über strukturelle Entwicklungen soll man sehr zurückhaltend betrachten. Ich stimme Michail Gorbatschow völlig zu, wenn er kritisiert, daß einige Leute des Internationalen Währungsfonds oder Amerikaner immer bei allem wissen, wie es gemacht werden muß. Einer, der aus Amerika, aus Harvard, zu euch kam, den habe ich gefragt: ›Wieviel Seiten Dostojewski haben Sie denn gelesen, um zu wissen, wie das russische Volk reagiert?‹

Sie stehen ja einer Osterweiterung der NATO skeptisch gegenüber. Ist der Grund dafür die Sorge oder der Respekt vor einem wieder erstarkten Rußland?

HELMUT SCHMIDT   Nicht die Sorge, sondern der Respekt vor der Weltmacht Rußland. Der fehlt bei dieser NATO-Erweiterung. Ganz abgesehen davon, daß die Motive dafür nicht Motive sind, die ich mir zu eigen machen kann. Das eine ist die Ausdehnung der amerikanischen Machtklammer über den europäischen Kontinent. Das andere Motiv ist amerikanisch-innenpolitischer Art. Es gibt Millionen von Amerikanern polnischer Abstammung in Milwaukee, in Chicago oder in Detroit, und die hören von ihren Verwandten zu Hause in Krakau oder in Warschau: Wir möchten gerne zum Westen gehören, deswegen möchten wir gerne in die NATO. Der dritte Grund, der schlimmste in meinen Augen, ist, daß die amerikanische Verteidigungsindustrie hofft, zusätzliche Aufträge zu bekommen, wenn es darum geht, die neuen NATO-Mitglieder mit modernsten Waffen auszurüsten. Die Polen brauchen alles andere nötiger als neue Waffen. Ich bin da sehr zurückhaltend, was diese NATO-Erweiterung angeht.

MICHAIL GORBATSCHOW   Sagen Sie, was halten Sie von der Position Deutschlands und Frankreichs unter diesen Bedingungen, wo Fragen der Zukunft Europas und der Aufbau eines Sicherheitssystems erörtert werden? Mir scheint es so, als fühlten sie sich wie das Kaninchen vor der Schlange. Wenn das so wäre, dann hätten wir eine schlechte Situation in der Weltpolitik, wir würden uns irgendwo in der Vergangenheit wiederfinden.

HELMUT SCHMIDT   Ich glaube, daß die französische Staatsführung und auch die deutsche in der zweiten Hälfte der neunziger Jahre die Amerikaner zu weitgehend hat gewähren lassen, was zum Beispiel die Ausweitung des militärischen NATO-Bündnisses angeht. Sie waren mit anderen Problemen beschäftigt, sowohl Frankreich als auch Deutschland, aber auch andere westeuropäische Staaten leiden unter einer schlechten wirtschaftlichen Lage, einem sehr hohen Prozentsatz an Arbeitslosigkeit. Das Gerangel um Steuern, um Sozialversicherungsbeiträge, um Arbeitsbeschaffung spielt in den Köpfen der Politiker mit Recht eine große Rolle, und da haben sie auf die Außenpolitik nicht sonderlich geachtet. Ich sehe das NATO-Bündnis als ein militärisches Bündnis auf der Suche nach einem Feind.

Die nächste Generation, 25 Jahre jünger als Michail Gorbatschow, wird sich fragen: ›Was soll eigentlich dieses Bündnis, das uns immer enger auf den Leib rückt?‹ Ganz abgesehen davon, daß die Amerikaner sich ihrer Sache nicht ganz sicher sind. Es ist ja noch nicht so lange her, da haben sie nicht nur den Russen, sondern auch den Kasachen und den Kirgisen eine Partnership for Peace angeboten, einige wollten sogar ganz Rußland in die NATO aufnehmen ohne Rücksicht darauf, wie das nun wieder auf Peking wirken würde. Sie müssen sich daran gewöhnen, Rußland als eine eigenständige Weltmacht zu sehen, genau wie China, und sie müssen diese *idée fixe* aus dem Kalten Krieg, daß der Westen ein starkes Bündnis gegenüber dem Osten brauche, aufgeben. Ich bin dafür, daß das Bündnis aufrechterhalten wird und mit den Russen zusammenarbeitet, aber ich bin nicht dafür, daß das Bündnis den Russen immer enger auf den Leib rückt. Ich will eine Fußnote hinzufügen: Ich habe Verständnis für den Wunsch der meisten Polen, dem Bündnis anzugehören. Die Polen haben Angst vor euch, das sagen sie laut ...

MICHAIL GORBATSCHOW   Sie haben auch Angst vor euch.

HELMUT SCHMIDT   ... und sie haben Angst vor uns, und das sagen sie leise, weil sie von uns wirtschaftliche Hilfe erwarten, aber das gleiche gilt für die drei baltischen Republiken und für andere Staaten in Osteuropa und im Osten Mitteleuropas. Das ist alles nicht zu Ende gedacht.

Aber auch deren sicherheitspolitische Bedürfnisse müssen doch respektiert werden.

MICHAIL GORBATSCHOW   Dazu muß ich jetzt ein deutliches Wort sagen, damit das hier und heute ein für allemal festgehalten wird. Wir schreiben das Jahr 1990, Ende des Jahres. Deutschland wurde vereinigt, und damit sind die politischen Voraussetzungen für den weiteren Aufbau eines vereinten Europas geschaffen. Wir haben praktisch eine Strategie für die allmähliche Vereinigung Gesamteuropas eingeschlagen. Was finden wir heute vor? Was ist aus der Charta von Paris für ein neues Europa geworden, die doch von den Staatsoberhäuptern aller Staaten unterzeichnet wurde? Es gibt sie nicht mehr. Sie wurde zertreten.

Im letzten Jahr wurde in Paris, in Bonn und in anderen europäischen Hauptstädten die Idee einer Europäisierung der NATO propagiert, und man versprach, diese Fragen gleichzeitig mit der Entscheidung über die Aufnahme neuer Mitglieder zu behandeln. Dann wurde in Madrid die Aufnahme neuer Mitglieder beschlossen, aber wo blieben die Vorschläge zur Europäisierung und zum Kommando Süd? Sie existieren nicht mehr. Sehen Sie, wir dürfen kein neues München heraufbeschwören, wir müssen die Dinge klar und deutlich dann ansprechen, wenn sie auftauchen. Andernfalls werden sie später verzerrt.

Ich betrachte mich als Freund der Amerikaner, und ich glaube, daran zweifelt niemand. Aber die Amerikaner müssen heute lernen, ihre nationalen Interessen im Zusammenhang mit den Entwicklungen draußen in der Welt zu sehen. Sie versuchen immer noch, uns politische Spiele aufzuzwingen und den Kampf um Einflußsphären zu führen.

Helmut Schmidt hat recht, wenn er sagt, daß der militärische Komplex in Amerika Druck ausübt. Sie wollen keine Konversion, die amerikanischen Industriellen wollen ihre Aktivitäten nicht zurückfahren, sondern noch größere Marktanteile beim Waffenhandel an sich reißen. In Rußland haben wir das jetzt erlebt: Wir stellen unseren militärischen Industriekomplex um, und Amerika reißt sich zusätzliche Marktanteile beim Waffenhandel unter den Nagel. Das werden wir nicht einfach hinnehmen.

Solange die Sowjetunion bestand, orientierten sich die beteiligten Staaten an der Charta von Paris und den getroffenen Absprachen über die Revision und Transformation des Warschauer Vertrages und der NATO zu politischen und militärischen Strukturen. Als die Sowjetunion nicht mehr existierte, gab es sofort Versuche, die Situation auszunutzen. Aber schließlich gibt es Rußland, es gibt andere Staaten im postsowjetischen Raum, und es gibt die Strategie, die wir erarbeitet haben, hier ein großes und starkes Zentrum zu schaffen als Gegengewicht zu den Zentren, die im Osten, im pazifischen Raum entstehen. Ich glaube, ein solches Europa kann es geben, auch mit einer direkten und sehr starken Beteiligung Amerikas.

Aber nachdem in Madrid der Entschluß gefaßt worden war, die ersten neuen NATO-Mitglieder aufzunehmen, was hörte man da sofort aus Amerika? Ich glaube, es war Brzezinski, der sagte: ›Prima, Deutschland steht unter Kontrolle, und Rußland ist isoliert worden.‹ Wir dürfen aber unsere Politik nicht von kurzsichtigen Eindrücken abhängig machen, daß etwa Europa als Konkurrent Furcht hervorruft oder daß sich Deutschland erneut mit Rußland einigt und in Europa wieder das Sagen haben wird, wie Kissinger glaubt.

Churchill sagte einmal: ›Wer nur von einer Wahl zur anderen denkt, um diese Wahl zu gewinnen, der ist nur ein einfacher Politiker.‹ Und davon gibt es viele. Aber ein Staatsmann schaut in die Zukunft. Ich verstehe die Fußnote von Helmut Schmidt bezüglich der Angst der osteuropäischen Staaten dahingehend, daß er seinen Kanzler und den Präsidenten Frankreichs etwas rechtfertigen möchte. Ich zähle diese beiden zu meinen Freunden. Aber Freunde müssen, wenn es denn notwendig ist, auch die Wahrheit sagen.

HELMUT SCHMIDT   Ich will etwas zu Herrn Kohl sagen, der nach meiner Meinung dieses russische Unbehagen durchaus spürt. Deswegen gibt er sich große Mühe, mit dem gegenwärtigen Chef in Moskau in persönlich gutem Einvernehmen zu leben. Aber er hat eben zu Hause Probleme, mit denen er nicht fertig wird, und deswegen setzt er sich zum Beispiel gegenüber Washington nicht in dem Maße ein, wie ich es mir wünschen würde. Ich will ein Beispiel geben: Einmal im Jahr treffen sich die sogenannten westlichen wirtschaftlich führenden Mächte, das hieß mal G-7. Hier werden keine Entscheidungen getroffen. Das Entscheidende ist vielmehr, daß der Deutsche zuhören kann, wenn der Amerikaner und der Franzose sich streiten, daß der Amerikaner zuhören muß, wenn die Franzosen und die Deutschen sich über irgend etwas uneinig sind, und auf diese Weise begreift, wie die Welt wirklich zusammengesetzt ist. Ich habe seit drei oder vier Jahren vorgeschlagen, den russischen und den chinesischen Präsidenten dazu einzuladen. Das hat man nicht gemacht. Den russischen Präsidenten laden sie für einen Tag ein und den chinesischen überhaupt nicht. Hier fehlt der Respekt vor Weltmächten.

Wenn ich das Thema ein bißchen verschieben darf: Ich glaube, daß sich im nächsten Jahrhundert andere Konfliktfelder auftun werden, als wir sie bisher kennen. Die Menschheit wird weiter wachsen, sie hat sich in diesem Jahrhundert von anderthalb Milliarden Menschen auf sechs Milliarden Menschen vervierfacht, das geht mindestens noch ein Vierteljahrhundert so weiter, das heißt, der Platz wird immer knapper, der Bedarf an Luft, an Wasser, an Ressourcen wird immer größer, die Gefährdung der natürlichen Umwelt, der Erdatmosphäre, der Meere wächst. Alles das wird zu einschränkenden Maßnahmen zwingen, und die kann ich mir durchaus so vorstellen, daß einige sie zu Lasten anderer diktieren. Aber man kann auch gemeinsam nach Lösungen suchen, die die notwendigen Einschränkungen und Opfer gleichmäßig jedermann auferlegen. Deswegen liegt mir so daran, alle zukünftigen Weltmächte beteiligt zu sehen.

MICHAIL GORBATSCHOW Ich glaube, daß Helmut Schmidt hier völlig zu Recht eine Brücke in das 21. Jahrhundert schlägt. Wir stehen in der Tat vor vielen Herausforderungen, die mit Umweltfragen und der Globalisierung der Prozesse zusammenhängen. Die Umweltprobleme sind von so großer Wichtigkeit, daß wir Entscheidungen treffen müssen, die alle dazu verpflichten, aktiv zu werden.

Oder nehmen Sie die Globalisierung der Wirtschaft. In Düsseldorf haben kürzlich Unternehmer gefordert: Weg mit den nationalen Grenzen, sie behindern das internationale Kapital. Dann stellt sich aber die Frage, wer die sozialen Probleme lösen soll und wer für die staatliche Ordnung sorgen soll. Kommt diese Forderung nicht zu früh? Mich bewegen diese Fragen so sehr, daß meine Stiftung zu Beginn dieses Jahres alle Projekte zur Seite gelegt und sich auf ein Projekt konzentriert hat: die globale Welt im 21. Jahrhundert − Herausforderungen und Antworten.

Für uns ist es wichtig, bei diesen großen Veränderungen Verantwortung zu übernehmen, denn wir müssen die gewaltigen Probleme gemeinsam lösen. Und ich glaube, sie werden letztlich dazu führen, daß wir lernen, einander zu verstehen und gemeinsam verantwortungsvoll zu handeln.

Rainer Barzel

mit Helmut Schmidt im Gespräch
am 28. November 1997

Am Ende des Jahrhunderts können wir Deutsche dankbar und erleichtert feststellen, daß die Demokratie bei uns fest verwurzelt ist. Das ist nicht zuletzt die Leistung von herausragenden Volksvertretern wie Rainer Barzel und Helmut Schmidt, die Krisen und Veränderungen gemeistert haben. Sie waren beide Repräsentanten der Großen Koalition 1966 bis 1969, und man hat oft den Eindruck, daß diese Jahre eine sehr glückliche, vielleicht die glücklichste Zeit für Sie waren.

HELMUT SCHMIDT   Darüber müßte ich erst einmal nachdenken. Glück ist ein sehr relativer Begriff, und es gibt viele Formen von Glück im Laufe eines Lebens.

RAINER BARZEL   Die glücklichste Zeit, haben Sie gesagt, das ist ein bißchen viel. Ich glaube, sie war gut für Deutschland, sie war gut für die parlamentarische Demokratie. Aber bevor wir die Große Koalition beschlossen, fragte ich Willy Brandt: ›Wer wird mein Partner als Fraktionsvorsitzender? Davon hängt meine Entscheidung ab.‹ Er antwortete: ›Helmut Schmidt‹, und ich sagte: ›Dann ist die Sache hiermit beschlossen.‹

HELMUT SCHMIDT   Wir kannten uns seit Mitte der fünfziger Jahre, also schon seit mehr als zehn Jahren.

RAINER BARZEL   Ja, eine bemerkenswerte Geschichte, wie wir uns kennenlernten. Wir arbeiteten an der Wehrverfassung, ich sprach für die Länder. Es war eine bemerkenswerte Situation. Die CDU/CSU und andere wollten die Bundeswehr, die SPD sagte: ›Ohne mich‹. Für die Einrichtung der Bundeswehr aber mußten wir ja die Verfassung ändern. Da gab es eine tiefe Kluft, die wir erfolgreich überbrückt haben —

die Wehrverfassung gilt heute noch. Bei einer dieser Sitzungen kam Schmidt zu mir und sagte: ›Barzel, eigentlich ganz gut, was Sie hier machen. In der SPD ist immer Platz für tüchtige Leute.‹ Dabei interessierte mich die SPD nicht, denn ich war vergeben, ich komme aus einer sehr katholischen Familie. Aber das hat mir damals als junger Mann schon geschmeichelt.

HELMUT SCHMIDT   Sie haben einen wichtigen Punkt vergessen. Die Sozialdemokraten mußten damals über ihren Schatten springen, denn der größte Teil der SPD-Abgeordneten war gegen die Aufstellung der Bundeswehr, jedenfalls zu diesem Zeitpunkt, und auch die CDU mußte über ihren Schatten springen, denn diese Verfassungsänderung, die wir gemeinsam zustande gebracht haben, ging gegen den erklärten Willen von Bundeskanzler Adenauer.

RAINER BARZEL   Der wollte eine Freiwilligen-Armee, aber Nordrhein-Westfalen mit Karl Arnold als Ministerpräsidenten hat dagegen den Widerstand der Länder organisiert. Und dann fanden sich Jüngere in beiden Fraktionen, die die Wehrverfassung erarbeitet haben.

Braucht man eine Große Koalition, um grundlegende Veränderungen zu erreichen, mußte man 1966 eine Große Koalition haben?

HELMUT SCHMIDT   Man muß nie. Aber die alte Koaliton war zerbrochen, eigentlich an der Profilsucht der FDP und an der Schwäche des Kanzlers Erhard. Erhard war zu Beginn der fünfziger Jahre ein wirklich hervorragender Wirtschaftsminister, aber als Kanzler war er sehr schwach.

RAINER BARZEL   Erst am Schluß. Ich habe noch vor Augen, wie Alex Möller ihn als Volkskanzler aller Deutschen bejubelte.

HELMUT SCHMIDT   Ich habe ihn nie als stark empfunden, aber ich rede jetzt von den sechziger Jahren. Seine große Zeit war Anfang der Fünfziger.

RAINER BARZEL   Richtig, das stimmt schon.

HELMUT SCHMIDT   Nein, um große Veränderungen zustande zu bringen, braucht man nicht notwendigerweise eine
Große Koalition. Aber was man immer braucht, ob bei großen Veränderungen oder im ganz normalen Ablauf des politischen Lebens, ist eine ausreichende Zahl von Abgeordneten,
die wissen, daß das Interesse des Landes wichtiger ist als die
Interessen der eigenen Partei.

RAINER BARZEL   Man muß das, was politisch notwendig
war, und das, was uns beide persönlich verbindet, auseinan-
derhalten. Damals lief die FDP Erhard weg. Wir hatten also
keine Mehrheit und glaubten, eine Minderheitsregierung
werde nicht funktionieren. Uns war eine solche Situation
fremd. Außerdem hatten wir einen kleinen Einbruch in der
Konjunktur, eigentlich mehr eine Delle, 1,5 Prozent, alles
lachhafte Erscheinungen im Vergleich zu heute, aber wir
glaubten, die Situation ohne eine Mehrheit nicht meistern zu
können. Da es mit der FDP nicht ging, habe ich dann sehr
früh geraten, es mit den Sozialdemokraten zu versuchen. Da
gab es ja auch einige beachtliche Männer, nicht nur Schmidt,
auch Fritz Erler, Karl Schiller, Georg Leber und viele andere.
    Was uns beide betrifft: Ich habe bei Aristoteles nachgele-
sen, was eigentlich Freundschaft ist. Er schreibt: ›Freunde
müssen so, daß es nach außen hervortritt, Wohlwollen füreinander empfinden und sich gegenseitig das Gute wünschen.‹
Das ist das eine. Das zweite, was uns verbindet, nannte
Schmidt eben, nämlich daß man an den Staat denkt und
daran, Notsituationen abzuwenden. Die Not der Kriegszeit
war ja unsere gemeinsame Erfahrung, und wir haben nichts
anderes im Kopf gehabt, als Not abzuwenden und Deutschland wieder aufzubauen.

HELMUT SCHMIDT   Ich stimme dem zu und möchte in diesem Zusammenhang auch an zwei Männer erinnern, die
längst tot sind, Herbert Wehner von der SPD und Freiherr
Guttenberg von der CDU. Beide waren schon Anfang der
sechziger Jahre miteinander im Gespräch. Damals gehörten
sie noch nicht zum eigentlichen Führungskern der beiden
Parteien. Man sollte die beiden nicht vergessen.

Würden Sie in der heutigen Situation auch eine Große Koalition empfehlen?

HELMUT SCHMIDT   Die damalige Große Koalition hat ungefähr drei Jahre in einer konjunkturellen Delle regiert, die wir
damals als ganz schrecklich empfanden, wir waren das ja
nicht gewohnt. Aus heutiger Sicht, in Anbetracht von vierteinhalb oder fünf und in Wirklichkeit sechs Millionen Arbeitslosen im Jahre 1998, kommt einem das ziemlich komisch vor.
Aber selbst die Bewältigung jener harmlosen Konjunkturschwäche setzte voraus, daß in beiden Parteien mindestens
einer war, der ein gewisses Verständnis für ökonomische Zusammenhänge hatte. Das waren auf sozialdemokratischer
Seite Karl Schiller und auf seiten der Union Franz Josef
Strauß. Beides höchst egozentrische Personen, beide mit einer
schnellen Intelligenz begabt, beide von ungeheurer Beredsamkeit – die konnten reden wie ein Maschinengewehr.
Gleichwohl konnten sie kooperieren, was eigentlich keiner erwartet hat, das war geradezu ein Wunder. Wenn Sie heute von
einer Großen Koalition reden, dann frage ich mich: Wo ist auf
der einen Seite ein Strauß mit seiner ökonomischen Intelligenz, wo ist auf der anderen Seite ein Schiller? In den letzten
fünf, sechs Jahren weiß die politische Klasse in Bonn – ob
Christdemokraten, ob Sozialdemokraten, ob Grüne oder Liberale – in Wirklichkeit nicht, wie sie die ökonomischen Probleme lösen soll. Man bastelt an Details herum, macht sich
gegenseitig taktische Vorschläge und taktische Vorwürfe, aber
ich sehe nicht, daß es irgend jemanden gibt, der ganz genau
weiß, wie man auf Dauer mit der Massenarbeitslosigkeit fertig
wird. Eine große Koalition aber, die nicht weiß, was sie will,
soll mir vom Leibe bleiben. Das Ausmaß der Mehrheit ist
ganz unwichtig, wenn Sie nicht wissen, was Sie entscheiden,
weshalb und mit welchen Konsequenzen. Wenn Sie sich darüber nicht einig werden, dann reicht auch eine Mehrheit von
51 Prozent, dann brauchen Sie keine von 66.

RAINER BARZEL   Manchmal ist es mit 51 Prozent viel leichter, weil dann alle wissen: ›Wenn ich hier ausschere, platzt die
Entscheidung.‹ Adenauer hatte gern sehr knappe Mehrhei-

ten. Man sollte also das Problem nicht von der Mehrheitsbeschaffung her sehen. Damals, 1966, brauchten wir eine Mehrheit, aber das ist in modernen Staaten nicht das Problem. Heute geht es um Führung, um die Geschlossenheit einer Führung, um ein Konzept für die Zukunft. Das erfordert ein paar Männer und Frauen, die von ihrer Sache etwas verstehen, die zueinanderfinden und zueinander Vertrauen haben. Dieses Vertrauen hat uns von Anfang an verbunden, wir wußten voneinander: Der wird mich nicht betrügen, auf den kann ich mich verlassen. Wenn er ›Ja‹ sagt, bedeutet das immer: unter dem Vorbehalt der Zustimmung seiner Freunde. Bekommt er die nicht, sagt er es mir, und zwar rechtzeitig, bevor andere davon wissen. Das war eigentlich die Basis unserer Arbeit damals.

Später waren Sie immerhin einer der aggressivsten Redner gegen die Regierung Brandt/Scheel.

RAINER BARZEL Meine aggressiven Reden waren immer für irgend etwas, das nehme ich für mich in Anspruch.

HELMUT SCHMIDT Also, das kann ich von mir nicht sagen.

RAINER BARZEL Es gab ja das Wort von der ›Schmidt-Schnauze‹. Aber das sind natürlich Vorurteile von Leuten, die ihn nicht kennen. Als er Ehrenbürger von Bonn wurde und ich die Laudatio halten durfte, habe ich scherzhaft gesagt: ›Sie fahren ja mit dem Panzerwagen durch Bonn, und in dem Panzerwagen verbergen Sie sich auch noch in einer Ritterrüstung, damit Ihnen bloß keiner in die Augen schauen und sehen kann, was da unter der Gehirnschale los ist.‹ Aber ich habe die Güte dieses Mannes erfahren, als ich Schwierigkeiten hatte, gesundheitliche und persönliche.

Früher erreichten die sogenannten Volksparteien stets Wahlergebnisse von über vierzig Prozent, heute stehen sie im Durchschnitt bei etwa 35 Prozent. Woran liegt das?

HELMUT SCHMIDT Die beiden großen Parteien sind in ihrer Anhängerschaft etwas kleiner geworden, weil sie eben nicht den Eindruck von klarer Führung hinterlassen. Wenn zum

Beispiel die CDU nicht nur die politische, sondern auch die ökonomische Wiedervereinigung Deutschlands in glänzender Manier bewältigt hätte, dann stünde sie nicht bei 35 Prozent, sondern bei 45. Umgekehrt: Wenn die Sozialdemokratie in den neunziger Jahren den Eindruck vermittelt hätte, sie wüßte wirklich, wie man mit dreißig Prozent Arbeitslosigkeit in ostdeutschen Städten fertig wird, dann würde sie auch zu Wahlerfolgen zurückkehren, die wir lange Jahre hatten, nämlich zu 43, 44 Prozent. Das liegt nicht an einer soziologischen Veränderung der Wählerschaft.

Man darf es übrigens nicht zu schwarz malen, denn in Frankreich oder in anderen europäischen Nachbarstaaten sieht es nicht grundlegend anders aus. Denn wir haben alle vergleichbare ökonomische und soziale Probleme, und die Ursachen dafür sind in den meisten europäischen Staaten dieselben. Erstens haben unsere Regierungen und Parlamente alle nicht rechtzeitig erkannt, was die Globalisierung, die rapide Erweiterung der Weltwirtschaft auf mehr als doppelt so viele Teilnehmer, für uns Hochlohnländer bedeutet. Zweitens haben wir alle die Leistungen des Sozialstaates etwas überborden lassen. Die einzige Besonderheit, die in Deutschland zu diesen Problemen hinzukommt, ist die Vereinigung mit ihren ökonomischen Folgen.

RAINER BARZEL   Ich würde gerne noch etwas hinzufügen. Ich glaube, für den Zustand eines Gemeinwesens sind Regierung und Opposition fast in gleicher Weise verantwortlich. Daß sich eine Regierungspartei im Laufe der Jahre allmählich verschleißt, das ist nicht ehrenrührig, sondern normal. Aber auch die gegenwärtige Opposition in Deutschland steht nicht so strahlend und siegessicher da, daß die Mehrheit in der Mitte sagt: ›Jetzt wollen wir es mal wieder mit denen versuchen.‹ Das macht mir viel mehr Sorgen, denn daran sehe ich, daß unser parlamentarisches System zur Zeit nicht funktioniert.

HELMUT SCHMIDT   Und mir macht es Sorge, daß ich Ihnen nicht widersprechen kann. Taktische Spielereien sind der Situation nicht angemessen, wenn wir nicht einem begabten Demagogen der Rechten in die Hände spielen wollen.

Bei Ihnen beiden, in Ihren Büchern, Ihren Äußerungen klingt gelegentlich an, der politische Stil, der politische Anstand sei nicht mehr so wie früher. Ist das nur die Nostalgie von elder statesmen, oder ist das objektiv festzustellen?

HELMUT SCHMIDT   Daß der Stil besser gewesen sei oder der Anstand, habe ich nicht behauptet. Was ich denke und sicherlich auch mehrfach gesagt oder geschrieben habe, ist folgendes: Wir haben es gegenwärtig in ganz Europa und auch in Deutschland mit einer politischen Klasse zu tun, die, wie Volker Rühe einmal gesagt hat, kein Schicksal hinter sich hat, weder Hitlers Konzentrationslager noch das Zuchthaus, weder die durch Lebensgefahr erzwungene Emigration noch die Schlachtfelder des Zweiten Weltkriegs, weder die Kriegsgefangenschaft noch die Bombennächte in den Kellern. Die gegenwärtige Generation ist in einer Zeit aufgewachsen, als es ihren Eltern und ihnen selbst immer besserging, und sie hat sich allzulange eingebildet, das gehe immer so weiter.

RAINER BARZEL   Ich will es noch weiter zuspitzen: Wir leiden jetzt an unseren Erfolgen. Es war unsere Absicht, eine Demokratie aufzubauen, in der eine neue Generation in Frieden, in Freiheit und in möglichst großer sozialer Sicherheit heranwächst. Das haben wir weitgehend geschafft. Daß eine solche Generation auch mit einem andern Bewußtsein an politische Probleme herantritt, als wir dies taten, damit müssen wir fertig werden. Wir müssen uns auch fragen, ob wir von unserer Lebenserfahrung genügend weitergegeben haben; umgekehrt müssen sich die Nachgewachsenen fragen, ob sie genügend bei uns nachgefragt haben. Ich warne davor zu sagen, daß wir etwa besser gewesen seien. Nostalgie finden Sie in meinen Büchern auch nicht. Wir waren anders.

Ich habe beispielsweise das Mißtrauensvotum gegen Brandt nicht initiiert, um ihn persönlich zu stürzen. Ich wollte die Ostverträge in die Hand bekommen, weil sie so, wie sie vorlagen, die deutsche Einheit nicht mehr zugelassen hätten. Das war mein Motiv, und Brandt hatte dafür keine Mehrheit mehr, und ich hatte noch keine. Was haben wir gemacht? Die Köpfe zusammengesteckt und einen Kompromiß gefunden zwischen den zwei scheinbar unvereinbaren Standpunkten.

Sie, Herr Barzel, haben vor kurzem die Besorgnis geäußert, der Regierungsumzug von Bonn nach Berlin könne für die politische Atmosphäre negative Folgen haben, die Bescheidenheit der Bonner Republik könne verlorengehen.

RAINER BARZEL   Ich möchte nicht mißverstanden werden. Ich bin ein Berliner Junge, in Preußen geboren, in Berlin groß geworden, war zweimal Bundesminister für Berlin. Aber ich höre jetzt aus Berlin sehr große Töne, die mir überhaupt nicht behagen. Kaum war die Entscheidung gegen Bonn und für Berlin gefallen, da sagte der Regierende Bürgermeister: ›Das ist die Entscheidung für die Errichtung europäischer Hauptquartiere in Berlin. Berlin ist jetzt die Mitte Europas.‹ Ich glaube, das ist eine Tonlage, die Deutschland nicht bekommt. Wir sind in Bonn groß geworden durch Bescheidenheit. Erst kam auf außenpolitischem Gebiet der Gewaltverzicht, wir verzichteten auf ABC-Waffen, und die Satzung der Vereinten Nationen gilt für uns, obwohl da noch die Feindstaatenklausel drinsteht. Nun kommt es etwas zu großspurig daher. Die erste Diskussion des wiedervereinigten Deutschlands war militärpolitisch, es ging um Bundeswehreinsätze. Dann erhob man die Forderung nach einem ständigen Sitz im UN-Sicherheitsrat, statt zu sagen: ›Europa gehört da hinein.‹ Wenn ich höre, daß wir eine neue Republik, einen Staat von neuer Qualität haben, kann ich das nicht ertragen. Wir sind die Bundesrepublik Deutschland, so haben wir es in den Wiedervereinigungsverträgen völkerrechtlich festgelegt, und so möchte ich es gerne behalten. Ich möchte, daß es die Bundesrepublik Deutschland bleibt, das größte Friedenswerk unserer Geschichte.

HELMUT SCHMIDT   Ja, wir sind uns völlig einig. Mir verursacht diese Großmannssucht einiger deutscher Politiker Übelkeit. Die kennen auch außer ihrem Wahlkreis, außer Bonn und Deutschland nicht viel von der Welt. Sie sollten einmal nach Amsterdam gehen, nach Bologna oder nach Krakau und mit den Leuten reden. Dann würden sie herausfinden, daß der Umstand, daß Deutschland mit über achtzig Millionen heute bei weitem der größte europäische Staat geworden ist, Besorgnis erregt. Nun spielt sich dieses große Deutschland auch noch dauernd auf, ob in Berlin oder in Bonn. Ich bin empört über die Art und Weise, wie ein deutscher Finanzminister und ein deutscher Bundesbankpräsident drei Jahre lang darüber geredet haben, man könne mit den Italienern keine Währungsunion eingehen und mit den Franzosen auch nur unter bestimmten Bedingungen. Eine davon war: Die europäische Zentralbank muß ihren Sitz in Deutschland, in Frankfurt haben. Das ist mir alles ein bißchen zu dick aufgetragen.

RAINER BARZEL   Ja, man darf nicht von oben auf die Nachbarn herabblicken. Um noch einmal auf die Berliner Republik zurückzukommen: Wir erleben im Moment eine merkwürdige Preußen-Renaissance. Von einem neuen christlichen Preußen ist da die Rede. Ich habe im großen und ganzen nichts gegen Preußen. Aber diejenigen, die nun mit glühenden Augen dafür plädieren, würde ich gern fragen: An welche Tradition will man denn hier anknüpfen? An den Wilhelminismus? Oder an den Freiherrn vom Stein, an das freiheitliche Preußen?

HELMUT SCHMIDT   Wir müssen an die Bonner Republik anknüpfen. Anders geht es nicht.

RAINER BARZEL   Einverstanden. So ist es noch besser.

HELMUT SCHMIDT   Und wir müssen an die Tradition anknüpfen, die beide großen Parteien begründet und ein halbes Jahrhundert lang fortgeführt haben, nämlich unsere nationale Identität zu bewahren, aber nur im Verbund mit unseren europäischen Nachbarn, in der Europäischen Union. Es gibt einen Punkt, der in meinen Augen für Berlin spricht, und zwar die gegenwärtige Situation in den ostdeutschen Bundesländern. In Bonn können viele Politiker, so glaube ich, die ökonomische und infolgedessen die psychologische Lage in Mecklenburg-Vorpommern, Sachsen, Sachsen-Anhalt, Thüringen oder Brandenburg nicht wirklich verstehen. Wenn sie dann aber in Berlin sitzen, kommen sie zwangsläufig in Kontakt mit der Wirklichkeit im östlichen Teil des Vaterlands.

Dieser Kontakt ist dringend notwendig, denn die meisten Bonner Politiker sind die Inkarnation der ›Wessis‹. Sie sehen das alles mit westlichen Augen. Es gibt in Bonn kaum Leute, die sich mit einer Aufgabe, wie sie Stolpe in Potsdam oder Biedenkopf in Dresden bewältigen müssen, auch innerlich identifizieren.

RAINER BARZEL   Ich wünschte, der Kontakt wäre so zwangsläufig. Aber die Baupläne in Berlin sehen eine Fülle von Abschottungen für Ministerien und Bundestag vor. In Bonn kamen wir mit einer Bannmeile aus, in Berlin werden mehrere eingerichtet. Es heißt, Berlin sei durch seine Größe als Hauptstadt ausgewiesen, aber von der Größe ist es nicht sehr weit zur Großsprecherei. Das sage ich, damit man die Gefahr erkennt. Die Bundesrepublik Deutschland muß jetzt aus der Hauptstadt Gestalt und Gesicht gewinnen, aber es müssen die Gestalt und das Gesicht dessen sein, was wir miteinander geschaffen haben.

HELMUT SCHMIDT   Ich möchte sogar noch einen Schritt weiter gehen. Wenn Regierung und Bundestag 1991 nach Berlin umgezogen wären, dann wäre die ökonomische Vereinigung in manchen Punkten etwas besser vonstatten gegangen. Aber sie haben sich gescheut, mit zwei Abgeordneten und zwei Mitarbeitern in einem zwölf Quadratmeter großen Büro zusammenzusitzen, wie wir früher. Es mußte alles ganz großartig sein. Zuerst mußte der Reichstag umgebaut werden, zuerst mußten alle möglichen Ministerien neu gebaut werden.

Ist manches Unbehagen in Ostdeutschland nicht darauf zurückzuführen, daß die Bundesrepublik, der man beitrat, nicht so national war, wie man glaubte?

RAINER BARZEL   Doch, natürlich haben manche gedacht, das Deutsche Reich werde wiedererstehen, und diese Bonner Republik sei zu katholisch, zu linksrheinisch, zu abendländisch. Gerade diese Eigenschaften aber sind uns sehr gut bekommen. Wir haben dadurch immerhin das fast Unmögliche erreicht, nämlich die deutsche Einheit. Das haben wir nicht mit der großen Politik erreicht, sondern durch den Wandel

unserer Gesellschaft, in der Frauen heute die Chance zum
Aufstieg haben, in der Arbeiterkinder studieren können, in
der es keinen Militarismus mehr gibt.

HELMUT SCHMIDT   Die Stimmung in Ostdeutschland, der
Sie gewisse Tendenzen ins Nationalistische attestieren, wäre
in dieser Form nicht entstanden, wenn es nicht diese millio-
nenfache Enttäuschung gegeben hätte. Die Bürger im Osten
Deutschlands haben sich sicherlich Illusionen über die zu er-
wartenden Verbesserungen gemacht. Aber man hat ihnen
auch vorgegaukelt, in vier Jahren werde es blühende Landschaften geben. Nichts von dem ist eingetreten. An dieser
Stelle möchte ich einmal an einen Gedanken von Karl Marx
erinnern: Wenn es den Menschen ökonomisch schlecht geht,
dann bestimmt das zumeist ihr Bewußtsein. Und das Bewußtsein der Ostdeutschen ist beeinträchtigt dadurch, daß
die ökonomischen Erfolge bislang viel geringer sind als erwartet.

RAINER BARZEL   Ich glaube, wir müssen hinzufügen, daß
wir beide nicht erst heute so reden. Schon sehr früh, als die
Wiedervereinigung plötzlich in den Bereich des Möglichen
rückte, aber noch längst nicht konkret war, haben wir beide
unabhängig voneinander gesagt: ›Wenn das jetzt losgeht,
müßt Ihr sofort die Steuern erhöhen.‹ Aber im Kanzleramt
dachte man, die beiden alten Herrn wollten nur den Kanzler
stören.

*Waren Sie 1989 enttäuscht, nicht mehr im Amt zu sein und die Wie-
dervereinigung nicht mehr mitgestalten zu können? Oder sind Sie
überzeugt, daß Sie durch Ihre Vorarbeit diese Wiedervereinigung ermöglicht haben, zum Beispiel durch den NATO-Doppelbeschluß?*

HELMUT SCHMIDT   Nicht der NATO-Doppelbeschluß hat
das ermöglicht, sondern seine Durchführung und die wenn
auch verspätete positive Reaktion der sowjetischen Führung,
die wir, die beschlußfassenden Staaten, allerdings erwartet
hatten. Zur Vorarbeit zählt sicherlich auch die Ostpolitik.
Dennoch war ich 1982 heilfroh, von einer Verantwortung ent-
lastet zu werden, die ich nie angestrebt hatte. Ich habe nie
Bundeskanzler werden wollen.

RAINER BARZEL   Der NATO-Doppelbeschluß war in der Tat
einer der wesentlichen Schlüssel für die Veränderung und
letztlich den Untergang des Kommunismus. Schmidt hat ihn
auf den Weg gebracht. Und wenn Sie fragen, ob ich 1989 gern
noch im Amt gewesen wäre – natürlich, doch ich war vielleicht zu alt dafür. Aber Herr Schäuble hat gesagt: ›Helmut
Kohl konnte durch eine Tür gehen, die Rainer Barzel ihm
offengehalten hatte‹, das nehme ich für mich in Anspruch.
Daß die Wiedervereinigung kommen würde, war ja abzuse-
hen, und dennoch war niemand vorbereitet. Das ist ein Vor-
wurf, den ich erheben muß. Als ich 1963 als gesamtdeutscher
Minister ausschied, waren die Schubladen noch voll mit Planungen für den Fall der Wiedervereinigung. Sozialversiche-
rung, die Kommunalpolitik et cetera, das war alles vorbereitet. Aber dann kam die Anerkennung der DDR, und diese
Planungen wurden eingestellt.

HELMUT SCHMIDT   Es lag auch zu meiner Zeit noch vieles in
den Schubladen, es kam sogar Neues hinzu. Wenn ich eine
Kleinigkeit erwähnen darf, Rainer: Honecker brauchte ja
dauernd Geld, und ich habe in den sechziger Jahren damit
begonnen, Leute gegen Devisen aus seinen Gefängnissen frei-
zukaufen. 1980 oder 81, als Honecker wieder sehr viel Geld
brauchte, habe ich als Gegenleistung von ihm verlangt, die
Autobahn von Berlin nach Hamburg zu bauen. Manche
Leute in Bonn haben mich für verrückt erklärt, aber ich habe
ihnen entgegnet: ›Es kann sein, daß die Autobahn zunächst
leer bleibt. Aber eines Tages sind wir wieder ein Staat, und
dann wird sie voll sein.‹

RAINER BARZEL   Ich habe Ihnen damals als Mitglied der
Opposition geholfen, weil ich diese Forderung als ein Zeichen
der Hoffnung betrachtete.

HELMUT SCHMIDT   Wir waren überzeugt, daß die Wiedervereinigung eines Tages kommen würde. Nicht in diesem
Jahrhundert, das muß ich bekennen. Aber daß sie kommen
würde, davon war ich tief überzeugt. Ich habe 1959 für die
SPD-Führung eine lange Arbeit über die notwendigen ökono-

mischen Schritte nach der politischen Vereinigung verfaßt. In diesem Papier wird zum Beispiel auch Massenarbeitslosigkeit prognostiziert, das konnte man schon 1959 wissen.

RAINER BARZEL   Ich würde gern noch einmal auf Konrad Adenauer zurückkommen, dessen gesamtdeutscher Minister ich ja war. Als er 1963 zurücktrat, sagte er zu mir: ›Barzel, ich habe Ihnen schon so oft gesagt: Sie werden die Wiedervereinigung erreichen, denn ich habe ja Sie als Jüngeren berufen, weil wir der Welt deutlich machen müssen: Wir glauben an die Sache. Aber Sie werden die Wiedervereinigung nicht mit den Großmächten erreichen. Sie werden sie nur erreichen, wenn Deutschland sich gut mit Israel, mit Polen und mit Frankreich steht.‹

Helmut Schmidt sagte, er sei beim Abschied von der Macht erleichtert gewesen. Ihr Abschied ist ja sehr viel schmerzlicher ausgefallen. Wie kommt man darüber hinweg?

RAINER BARZEL   Mein Abschied war ein freiwilliger Akt, nachdem es Mißverständnisse gegeben hatte und ich mich ja quasi im Kriegszustand mit meiner Partei befand; das wollen wir jetzt gar nicht mehr alles aufgreifen. Wie kommt man darüber hinweg? Wenn man sein ganzes Leben der Karriere untergeordnet hat, dann schafft man das natürlich überhaupt nicht. Wenn man noch etwas anderes im Kopf und im Herzen hat, vielleicht eine Familie und irgendeine Art von Religiosität, dann geht das ziemlich gut. Außerdem ist es – anders als in der Monarchie – in der Demokratie normal, daß man abgewählt wird, zuweilen auch gestürzt.

Churchill hat einmal auf die Frage geantwortet, was man nach dem Abschied aus dem Amt am meisten vermisse: Transport und Information.

HELMUT SCHMIDT   Mangel an Information trifft auf mich nicht zu. Im Gegenteil: Ich fühle mich heute besser über das Weltgeschehen informiert als zu meiner Amtszeit. Die Sache mit dem Transport ist wichtig. Ich reise viel in der ganzen Welt herum. Früher hatte ich dafür ein Flugzeug der Bundes-

luftwaffe zur Verfügung. Heutzutage fliegt man in einer He-
ringsbüchse und muß vor dem Flug am Flughafen endlos
warten und nach der Ankunft wieder, diesmal auf das Ge-
päck. Das ist das einzige, was ich bedaure.

*Rainer Barzel sprach von seinem schwierigen Verhältnis zur eigenen
Partei. Sie, Helmut Schmidt, sind ja auch nicht immer mit Ihrer Partei zufrieden gewesen.*

HELMUT SCHMIDT   Ich bin mit meiner Partei nicht unzufrieden. Ich bin nicht sonderlich zufrieden mit der gegenwärtigen
Führung meiner Partei, das ist ein großer Unterschied. Ich
bin ein Sozi und bleibe es auch. Allerdings hat man es nicht
nur in meiner Partei heute in den Führungsetagen mit Menschen anderer Lebenswege zu tun als in früheren Jahrzehnten. Zum Beispiel wurde die sozialdemokratische Parlaments-
fraktion ganz wesentlich durch eine Reihe von gestandenen
Betriebsratsvorsitzenden und Gewerkschaftsführern gestützt,
von Leuten wie Walter Arendt, Georg Leber oder später Hermann Rappe. Die sind etwas seltener geworden, statt dessen
haben wir jetzt Politologen, Soziologen und alle möglichen
Studierten, viel zu viele Leute aus dem Öffentlichen Dienst,
die niemals in einer Firma im harten wirtschaftlichen Wettbewerb gestanden haben. Das ist ein Unterschied.

*Würden Sie empfehlen, die Amtszeit des deutschen Bundeskanzlers
zeitlich zu begrenzen wie etwa beim amerikanischen Präsidenten?*

RAINER BARZEL   Überhaupt nicht. Ich würde das Grundgesetz so lassen, wie es ist. Wir haben es ja – Gott sei dank –
selbst anläßlich der Wiedervereinigung nicht verändern müssen. Einmal haben wir es ja versucht, als wir das Wahlrecht
ändern wollten. Das steht zwar nicht im Grundgesetz, ist aber
Teil der Verfassung. Leider sind wir damals gescheitert und
konnten das Mehrheitswahlrecht nicht durchsetzen. Helmut
Schmidt und ich hätten das damals beide begrüßt.

*Hat man es Ihnen in Ihren Parteien übelgenommen, daß Sie sich über
die politischen Fronten hinweg so gut verstanden?*

HELMUT SCHMIDT   Nicht so sehr. Sicherlich war die Partner-
schaft zwischen dem Fraktionsvorsitzenden der CDU/CSU
und dem der SPD dem damaligen Kanzler Kurt Georg Kiesinger unheimlich. Denn er redete nicht einmal mehr mit seinem Vizekanzler. Kiesinger und Brandt redeten nicht mehr
miteinander. Sie waren zu unterschiedliche Naturelle. Also
kamen sie zu uns, wenn sie etwas voneinander wollten. Ohne
uns beide hätte die Große Koalition in ihren letzten anderthalb Jahren nicht mehr funktioniert.

RAINER BARZEL   Es wurde einmal gefragt: ›Was trauen Sie
denn den Fraktionsvorsitzenden zu, Herr Kiesinger?‹ — ›Alles‹, hat er geantwortet.

HELMUT SCHMIDT   Da hatte er unrecht.

RAINER BARZEL   Nein, wir hätten doch die Regierung ganz
gewaltig stören können. Wir haben sie getragen, oft unter
Ächzen und Stöhnen und mühsam.

HELMUT SCHMIDT   Aber wir sollten jetzt nicht nur über die
Vergangenheit, sondern auch über die Zukunft reden. Über
die ökonomischen Probleme, die die drängendsten sind,
haben wir schon gesprochen. Ein anderes Problem ist die
Wiederherstellung einer föderativen Funktionsordnung. Die
Länder haben kaum noch Kompetenzen, gerade im finanziellen Bereich. Sie sind bei allen großen Steuern vom Bundesge-
setzgeber abhängig, sie sind vom Finanzausgleich und von
den Sonderzuweisungen des Bundes abhängig. Nehmen Sie
den Zustand unserer Universitäten. Sie sind Mittelmaß geworden, in jeder Beziehung. Keine deutsche Universität kann
den Vergleich mit Harvard, dem MIT oder Stanford aushal-
ten. Weshalb? Weil es keinen Wettbewerb zwischen den deutschen Universitäten gibt. Im Grundgesetz steht, daß die Länder zuständig sind für die Bildung und die Universitäten.
Aber die Länder haben sich gemeinsam eine Kultusministerkonferenz geschaffen, die größer ist als ein normales Ministe-
rium in Bonn, ein Riesenapparat mit einem Generalsekretär,
damit alles von Regensburg bis nach Flensburg gleich gere-
gelt wird. Die Professorengehälter, die Studienregelungen,

alles muß angeglichen werden. Die föderative Funktionstüchtigkeit wiederherzustellen und insbesondere die Universitäten und die Forschung in Ordnung zu bringen ist eine ganz wichtige Aufgabe. Ohne Forschung, ohne Entwicklung von Produkten und Leistungen, über die die Konkurrenten in Asien noch nicht verfügen, ist unsere Arbeitslosigkeit nicht zu beseitigen.

RAINER BARZEL   Ich würde gern einen Satz zum Föderalismus sagen. Manche Leute glauben, man sollte jetzt die Zahl der Länder verringern, aber das ist eine Illusion, das ergibt keinen Sinn. Was man machen könnte und müßte, ist, die Aufwendungen in den Ländern zu reduzieren. Die haben Kabinette mit zwölf, fünfzehn Leuten, die haben außer in Hamburg überall vollzeitbeschäftigte Landtage. Wenn man den Aufwand hier verringern würde, könnten die Länder sich auf ihre eigentliche Aufgabe besinnen, nämlich im Bundesrat bei der Gesetzgebung und Verwaltung des Bundes mitzuwirken. Und auch die Regierung könnte sich daran erinnern. Sie ist ja verpflichtet, die Länder über die Führung der Geschäfte auf dem laufenden zu halten und einen ständigen, auch vertraulichen Dialog mit ihnen zu führen. Ich bin mir nicht sicher, ob hier den Bestimmungen des Grundgesetzes Genüge getan wird. Bestimmt verstößt aber jeder Versuch, die Landesregierungen zu Dependancen der Parteizentralen zu machen, nicht nur gegen den Geist der Verfassung, sondern ist auch in politischer Hinsicht Teufelswerk. Die Regierung in Düsseldorf hat andere Interessen wahrzunehmen als die Regierung in Magdeburg, unabhängig von dem Wunsch der Parteizentralen.

HELMUT SCHMIDT   Ich möchte noch einmal auf die Universitäten zurückkommen. Gute Universitäten sind eine der notwendigen Vorstufen für erstklassige Forschung, für Spitzentechnologien, die wir entwickeln könnten, wenn wir uns darauf konzentrieren würden. Am liebsten würde ich den beiden aggressivsten der derzeitigen Ministerpräsidenten, Herrn Stoiber und Herrn Schröder, empfehlen: ›Treten Sie aus der Kultusministerkonferenz aus, beantragen Sie die Aufhebung des Hochschulrahmengesetzes und machen Sie Ihre eigene

Hochschulpolitik, wie es im Grundgesetz vorgesehen ist.‹ Derzeit bestimmen doch Regierungsdirektoren oder Ministerialräte, wieviel Geld eine Universität für neue Büromöbel, für neue Computer et cetera ausgeben darf. Die sogenannte Selbstverwaltung der Universität ist eine Selbsttäuschung. Die Universitäten werden von der Bürokratie verwaltet, und infolgedessen ist die Qualität gesunken.

RAINER BARZEL   Ich stimme dem zu. Ich muß an eines erinnern: Als 1968 die Studentenproteste begannen, die sich ja auch an der Bildungssituation entzündet haben, habe ich mir die Freiheit genommen, im Bundestag zu diesem Thema eine Rede zu halten. Die Länder reagierten empört und warfen mir vor, das verstoße gegen die Verfassung, das Thema Bildung gehöre nicht in den Bundestag. Ich habe entgegnet: ›Dann bleibt nicht weiter untätig, sondern tut selbst etwas gegen die Ursachen der Proteste.‹ Leider hat sich daran nicht viel geändert.

HELMUT SCHMIDT   Ja, und daran trägt auch die Bürokratisierung unseres Gemeinwesens Schuld. Daran hat auch die Große Koalition mitgewirkt, das war ein Fehler. Wir haben die Gemeinschaftsaufgabe Hochschulausbau in das Grundgesetz aufgenommen und damit Macht beim Bund konzentriert. Wir haben dem Bund auch das Recht zuerkannt, ein Hochschulrahmengesetz zu erlassen. Meiner Meinung nach sollte das ersatzlos abgeschafft werden.

Woher kommt es, daß Sie beide sich noch mit soviel Energie, soviel Leidenschaft politisch engagieren?

HELMUT SCHMIDT   Wenn jemand sein ganzes Leben oder den größten Teil seines aktiven Lebens einer Sache gewidmet hat, bleibt er bis zu seinem Tod dabei – denken Sie an Picasso oder Karajan. Wir haben beide einen großen Teil unseres Lebens der Politik gewidmet, und infolgedessen können wir uns davon nicht geistig abschotten. Im Gegenteil, wir leiden stärker unter den gegenwärtigen Zuständen als manche der aktiven Politiker. In Wirklichkeit machen wir ja keine aktive Politik mehr, wir reden nur mit, schreiben ab und zu ein Buch oder einen Artikel, aber unser Einfluß ist gering.

RAINER BARZEL   Gefragt wird man ganz selten. Aber wenn
jemand fragt, muß man natürlich ungefähr den Stand der
Dinge kennen, um eine zuverlässige Antwort geben zu können. Ob Leidenschaft das richtige Wort ist, weiß ich nicht,
aber auf jeden Fall fühlt man sich doch noch mitverantwort-
lich.

Welche Wünsche haben Sie für den Anfang des neuen Jahrhunderts?
Was sollte die Bundesrepublik in zehn Jahren erreicht haben?

RAINER BARZEL   Zunächst einmal wünsche ich mir, daß unsere Demokratie sich als stabil erweist. Dazu gehört, daß wir
die Arbeitslosigkeit und den Radikalismus überwinden, aber
auch, daß das Parlament wieder in seine zentrale Rolle hin-
einfindet. Gegenwärtig wird in Bonn, aber auch in manchem
Nachbarland fast mehr besprochen als entschieden und gehandelt. Ich finde es oft beschämend, wenn man nach großen
Verhandlungen abends mit leeren Händen vor die Fernsehka-
meras tritt. Das ist ganz schlecht für unsere parlamentarische
Demokratie.
   Mein zweiter Wunsch betrifft unsere auswärtigen Beziehungen. Europa öffnet sich nun – es dehnt sich nicht aus, ich
warne hier vor falschen Vokabeln, die Angst auslösen. Es öffnet sich beitrittswilligen Staaten. Wir müssen dafür sorgen,
daß in diesem Europa die Botschaft gilt, die Frankreich uns
im Mai 1950 zum fünften Jahrestag der Kapitulation übermit-
telt hat: ›Laßt uns an die Stelle der Rivalität die Zusammenarbeit und an die Stelle der Hegemonie und der Vorherrschaft
die Gleichberechtigung setzen.‹ Das ist die Philosophie des
gemeinsamen europäischen Hauses.

HELMUT SCHMIDT   Ich stimme dem zu. Die Zukunft
Deutschlands liegt in der Europäischen Union, denn allein
können wir unsere Interessen gegenüber den neuen Giganten, die die weltpolitische Bühne betreten, nicht wirksam vertreten. Aber der Aufnahme weiterer Nationen in die Europäische Union müßte eigentlich die Vertiefung vorausgehen.
Jetzt wird die gemeinsame Währung eingeführt, aber wir
haben immer noch keine gemeinsame Außen- und Sicher-

heitspolitik. Wir machen das, was die Amerikaner wollen.
Natürlich sind wir ihnen zu Dank verpflichtet, natürlich sind
wir auf Kooperation angewiesen, aber warum sollten die
Amerikaner besser verstehen, was gut ist für Europa, als wir
selbst? Am Beginn des neuen Jahrhunderts geht es also darum, Europa wirklich krisenfest zu machen.

Henry Kissinger

mit Helmut Schmidt im Gespräch
am 4. Dezember 1997

Am Ende dieses Jahrhunderts blicken wir zurück auf Krieg und Zerstörung, aber auch auf fünfzig Jahre atomaren Friedensersatz. Als Europa und Deutschland wiedervereinigt wurden, keimte Hoffnung auf, Hoffnung auf eine stabile, friedliche Weltordnung, getragen unter anderen von Europa und den Vereinigten Staaten. Henry Kissinger, wie weit trifft das Bild der großen Freundschaft, der großartigen Zusammenarbeit noch zu? Driften Europa und Amerika nicht vielmehr auseinander? Helmut Schmidt meint sogar, für Deutschland sei Frankreich heute wichtiger als die Vereinigten Staaten.

HENRY KISSINGER Was die Freundschaft zwischen Helmut und mir angeht, so hat sie sich immer mehr vertieft in den Jahrzehnten, die wir uns kennen. Und mein Respekt vor Helmut ist sogar noch gewachsen.

Was die Beziehung zwischen den Vereinigten Staaten und Europa angeht, würde ich nicht sagen, daß Freundschaft die Grundlage sein sollte oder gar muß. Ich glaube, sie spiegelt vielmehr die grundlegenden Notwendigkeiten der modernen Welt wider. Im Zuge der Anpassung an eine Welt, in der der Einfluß Asiens wächst, der Islam sich behauptet und überall ethnische Konflikte ausbrechen, müssen die Länder, die vergleichbare Traditionen und vergleichbare Einrichtungen haben, ausloten, ob sie mit diesen Problemen umgehen können und ob sie dies gemeinsam tun können. Insofern glaube ich, daß eine Beziehung zwischen den Vereinigten Staaten und Europa, die weniger auf Angst vor Aggression beruht als darauf, sich über Bedürfnisse und Herausforderungen abzustimmen, wichtiger ist als die Frage, wie wir an diesen Punkt gekommen sind. Zumindest ist es ebenso wichtig.

HELMUT SCHMIDT   Sie haben am Anfang von der Freundschaft zwischen uns beiden gesprochen. Dem habe ich nichts
hinzuzufügen. Ich würde über Henry genau dasselbe sagen.
Freundschaft zwischen Nationen ist jedoch eine ganz andere
Sache. Was es meiner Ansicht nach geben muß, ist Kooperation, Zusammenarbeit zwischen Nationen und Nationalstaaten. Aber dazu bedarf es weniger der Freundschaft als vielmehr der klaren Interpretation der eigenen Interessen und
auch der klaren Einsicht in die Interessen des Partners, und
zwar in die langfristigen, nicht die kurzfristigen. Davon ausge-
hend muß man versuchen, wo notwendig, Kompromisse zu
finden, Brücken zu bauen. Außenpolitik, die auf Freundschaften beruht, kommt mir ein wenig romantisch vor.
    Die Amerikaner haben ein langfristiges Interesse an enger
Kooperation mit Europa, aus mehreren Gründen. Die Europäer haben ebenso ein langfristiges Interesse an Kooperation mit Amerika. Aber: Die Welt des 21. Jahrhunderts wird
anders aussehen als die Welt in der zweiten Hälfte des zwanzigsten Jahrhunderts. Das Verschwinden der Sowjetunion,
der Bedrohung durch die Sowjetunion, der Angst vor der Sowjetunion ist eine Sache. Die Öffnung Chinas ist eine andere.
Beide Ereignisse führen zu einer völlig anderen Lage, als wir
sie bis 1990 gewohnt gewesen sind. Das führt auch zu einer anderen Qualität in der Zusammenarbeit zwischen Amerika
und Europa, weil die Interessen verschieden sind. Ich bin
nicht so sicher, ob die Amerikaner heute eine klare Vorstellung von ihrem Interesse an einer Zusammenarbeit mit China
haben, ob sie eine klare Vorstellung von ihrer Zusammenarbeit mit Rußland haben. Mir scheint, daß die amerikanische
Politik – ich rede nicht von Henry Kissinger – tastet und nicht
genau weiß, wohin sie will. Für die Europäer – die übrigens
vor dem Wegfall der Bedrohung durch die Sowjetunion auch
besser kooperierten als heute –, für die Europäer ist die Zusammenarbeit mit China kein Problem. Was die Zusammenarbeit mit Rußland angeht, so tasten auch wir Europäer im
Augenblick noch.

HENRY KISSINGER   Ich glaube nicht, daß wir unsicher in unseren Bewegungen sind. Wir sind vielleicht zu sicher in unseren Bewegungen, aber nicht sicher genug, was unser Verständnis unserer langfristigen Interessen betrifft.

Amerika war in seiner Geschichte üblicherweise davon in Anspruch genommen, gegen eine überwältigende Gefahr zu kämpfen oder sich mit speziellen Problemen zu befassen, die damit zusammenhingen. Die Wiederherstellung Europas wäre da etwa zu nennen. All diese Fragen sind der amerikanischen Öffentlichkeit immer so dargelegt worden, als gäbe es dafür eine endgültige Lösung: ›Es sind große Anstrengungen vonnöten, aber in einem absehbaren Zeitraum. Dann haben wir es geschafft.‹ Jetzt leben wir in einer Welt, die sich nicht mehr auf ein einziges überwältigendes Problem konzentriert, in der es keine zerstörerische Bedrohung mehr gibt, die alles andere in den Schatten stellt, und in der sogar in den Vereinigten Staaten das Konzept nationaler Interessenpolitik gilt. Politische Konzepte werden in Amerika immer als Ausdruck moralischer Prinzipien dargestellt, auch wenn das im Ausland als scheinheilig empfunden wird.

Ich glaube auch, daß wir zu einer genaueren Einschätzung unseres langfristigen internationalen Interesses kommen müssen. Ich stimme ebenfalls mit Helmut darin überein, daß im Moment der Glaube an die Notwendigkeit einer Freundschaft mit Europa nicht sonderlich weit verbreitet ist. Wir brauchen aber diese Freundschaft. Andernfalls werden uns die Probleme über den Kopf wachsen. Wir können nicht als ein Land mit 250 Millionen Einwohnern der Welt gegenüber eine Politik vertreten, die keine festgelegten Grundsätze irgendwelcher Art kennt und jedes Problem mit purem Pragmatismus behandelt. Also glaube ich, daß unser langfristiges Interesse eine enge Zusammenarbeit mit Europa erfordert, mit einem anderen Europa als dem uns vertrauten.

Da ist noch eine andere Schwierigkeit. Wenn ich Europa und die westliche Hemisphäre betrachte, dann haben wir es mit Ländern zu tun, deren Traditionen demokratisch sind, mit Marktwirtschaften, zwischen denen militärische Konflikte im Grunde außer Frage stehen. In Asien haben wir es mit Gesellschaften zu tun, die in ihren Beziehungen untereinander in strategischer Hinsicht den europäischen Staaten im neunzehnten Jahrhundert sehr ähnlich sind. In Asien besteht das Problem also nicht nur in der Zusammenarbeit, sondern auch im Gleichgewicht. Und dann haben wir die islamische Welt, deren Situation vielleicht mit dem Zeitalter der Kreuzzüge des Islams oder des Westens vergleichbar ist. Wir haben es also mit ganz unterschiedlichen Problemen zu tun. Wir behandeln den Irak, als handelte es sich um ein rein moralisches Problem. Wie man die Golfregion gegen die zwei größten Nationen dort schützt, ist aber eigentlich ein intellektuelles Problem. Ein faßbares Problem, wenn man einmal von irgendwelchen einzelnen Streitfragen, die sich ergeben, absieht. Ich glaube, daß bei all diesen Fragen die Zusammenarbeit mit Europa wesentlich ist, allerdings nicht nach Art und Weise des Kalten Krieges, als wir das vorherrschende Land waren. Was mir in Amerika im Augenblick die größten Sorgen macht, ist nicht die spezifische Außenpolitik, in der ich oft mit der Regierung übereinstimme. Es ist die Abwesenheit eines Konzeptes, so daß man von den Krisen zu sehr getrieben wird, auch von der Öffentlichkeit zu sehr getrieben wird.

HELMUT SCHMIDT   Ja. Die Lage bis zum Zusammenbruch der Sowjetunion war zwar zeitweilig recht gefährlich, aber sie war relativ einfach und übersichtlich. Es gab einen Feind, vor dem man sich in acht nehmen mußte und dem gegenüber man ein militärisches Bündnis geschaffen hatte, die Nordatlantische Allianz. Im nächsten Jahrhundert wird es keinen gemeinsamen Feind für die Europäer und für die Amerikaner geben, sondern eine Vielzahl von Problemen, mit denen man sich befassen muß. Die Lage wird unübersichtlicher und erfordert eigentlich eine größere Distanz, um den Überblick zu wahren, und diese Distanz, scheint mir, ist augenblicklich weder in Washington noch in Paris, noch in London, noch in Bonn gegeben. Wir müssen uns alle erst an die neue Welt gewöhnen.

Henry Kissinger hat von dem Gleichgewicht gesprochen, das in Asien gewahrt werden muß, wenn der Friede gewahrt werden soll. Vorhin war von einer neuen Weltordnung die Rede; ich glaube, soweit man die kommenden Jahrzehnte überblicken kann, muß keiner von uns einen Krieg zwischen den Weltmächten befürchten, aber es wird um so mehr lokale, regionale Kriege geben. Allein auf dem Boden der früheren Sowjetunion haben seit 1990 fünf Kriege stattgefunden. Tschetschenien war der schlimmste, Berg-Karabach der kleinste. Nordossetien ist irgendwo dazwischen anzusiedeln. Wir haben das kaum bemerkt. Wir waren zu beschäftigt mit der Wiedervereinigung und ihren Folgen. Die Zahl der Konflikte, die in Asien, insbesondere in Zentralasien entstehen können, ist schwer zu übersehen. Die Zahl der Konflikte in Schwarzafrika ist völlig unübersichtlich. Die Vorstellung, die mancher Amerikaner hat – nicht Henry Kissinger, aber mancher andere –, daß Amerika sozusagen als Weltpolizist auftreten sollte, halte ich angesichts dieser Entwicklung für illusorisch. Amerika kann nicht alle Konflikte in Afrika lösen. Es kann nicht einmal die in Bosnien lösen, niemand kann diese Konflikte lösen. Man kann lediglich versuchen, sie zu dämpfen und darauf zu achten, daß sie sich nicht ausweiten.

HENRY KISSINGER   In Amerika wollen sowohl die traditionelle Linke als auch die traditionelle Rechte Weltpolizist spielen. Das ist das Problem. Die Linke will dafür sorgen, daß wir die Demokratie etablieren, wenn nötig, mit Sanktionen, die Rechte will Ordnung schaffen. Die Rechte sagt, daß das Problem des Kalten Krieges erst gelöst werden konnte, als wir einen Präsidenten hatten, der die Sowjetunion ein ›Reich des Bösen‹ nannte. Und drei Jahre später war es verschwunden! Lädt man also ein Thema hinreichend moralisch auf, dann lösen sich die Probleme dadurch von selbst. Es herrscht allerdings eine große Zurückhaltung – die ich in der Form nicht teile –, amerikanische Streitkräfte einzusetzen, es besteht ein enormes Ungleichgewicht zwischen den moralischen Ansprüchen und der Bereitschaft, diesen auch zur Durchsetzung zu verhelfen.

Ist der Begriff der ›letzten Weltmacht‹, der gern im Zusammenhang mit den Vereinigten Staaten verwendet wird, nicht ein Widerspruch in sich? Muß sie nicht vielmehr ein Gegenüber sein, an dem man sich messen kann, mit dem man aber auch auf oberster Ebene zusammenarbeitet?

HENRY KISSINGER   Dazu möchte ich zwei Dinge sagen. Daß Amerika die einzige Supermacht ist, bezieht sich wirklich nur auf den militärischen Bereich. Auf diesem Gebiet sind wir zur Zeit, was Nuklearwaffen angeht, jedem anderen Land weit überlegen. Das einzige Problem dabei ist, daß die wenigsten Herausforderungen in der Welt mit Nuklearwaffen lösbar sind. Auf wirtschaftlichem Gebiet sind wir ein wichtiges Land, aber nicht die einzige Supermacht, wie wir jetzt in Asien und anderswo sehen; und daß nun wirtschaftliche, soziale und andere Angelegenheiten, vielleicht auch der militärische Faktor, miteinander verwoben werden, schafft ein anderes, neuartiges Element in der internationalen Situation. Aber trotz meiner kritischen Anmerkungen zur derzeitigen Lage in Amerika glaube ich, daß es ohne Amerika nicht möglich sein wird, Stabilität in der Welt zu erreichen und zu wahren. Ich sage das nicht, um Amerika zu kritisieren, sondern um die Herausforderung deutlich zu machen, der wir gegenüberstehen, damit immer mehr Verantwortliche begreifen, daß unsere Wahrnehmung unserer Interessen und unserer Rolle in der Welt strukturiert werden muß.

HELMUT SCHMIDT   Ich würde nicht zögern, die Vereinigten Staaten auch für die kommenden Jahrzehnte als eine wirtschaftliche Supermacht anzusehen, wenn auch nicht als einzige. In 25 Jahren wird China einen genauso großen Anteil an den Ex- und Importen der Weltmärkte haben wie die USA. China ist heute schon eine kommende ökonomische Supermacht, selbst wenn innerhalb Chinas die Unterschiede in der Lebenshaltung enorm sein werden und der durchschnittliche Lebensstandard sehr viel niedriger sein wird als in Amerika oder in Europa.

Auch Europa wird vermutlich ökonomisch eine Supermacht werden, nämlich als Konsequenz der gemeinsamen

Währung. Hinter dem Euro stehen sechsmal so große Währungsreserven wie hinter dem amerikanischen Dollar. Das wird dazu führen, daß eine Reihe von Staaten ihre Währungsreserven zum Teil von Dollar auf Euro umschichten, und hier möchte ich an meine eingangs zitierte Bemerkung anknüpfen, daß in Zukunft im Falle eines Interessenkonflikts zwischen Washington und Paris Deutschland an die Seite der Franzosen treten wird, zum Beispiel in Sachen Euro. In Amerika mehren sich die Stimmen derer, die sagen: ›Der Euro – der wird scheitern, der taugt nichts.‹ In Wirklichkeit steckt dahinter die Besorgnis, daß der Euro als Währung genauso gewichtig werden könnte wie der amerikanische Dollar. Und da bin ich allerdings der Meinung, daß es im deutschen wie im französischen Interesse liegt, den Euro stark zu machen und unabhängig von Entscheidungen, die im amerikanischen Schatzamt oder im amerikanischen Zentralbankrat getroffen werden.

HENRY KISSINGER   Was den Euro anbetrifft, haben wir in Amerika zwei Phasen durchlaufen. Zunächst hat niemand geglaubt, daß er kommen würde. Dann haben wir zwar geglaubt, daß er kommen würde, aber unterstellt, daß er sich in keiner Weise von der Mark unterscheiden würde, an die wir bereits gewöhnt sind. Nun kommt die dritte Phase, die Sie beschreiben: ›Es wird mißlingen, er wird implodieren, und das wird Probleme schaffen.‹ Andere meinen, daß der Euro stark sein wird. Ich glaube, wenn er nicht implodiert, wird er eine starke Währung sein.

Aber Sie glauben auch, daß es dann – und das sind Ihre Worte – zu einer Art von Wirtschaftskrieg kommen könnte?

HENRY KISSINGER   Das ist das eigentliche Problem. Sollten wir in Amerika eines Tages aufwachen und herausfinden, daß Währungsreserven in Euro gehalten werden könnten und daß der Kreditrahmen nun beschränkt wird durch Entscheidungen, die irgendwo anders getroffen werden, könnte das zu unerwarteten Reaktionen führen. Und deswegen glaube ich, daß die Existenz des Euro mindestens zwei Folgen haben wird.

Erstens: politische Institutionen in Europa, die den Euro im Gleichgewicht halten, und zweitens: einen Dialog zwischen Europa und den Vereinigten Staaten über unsere Beziehung und unsere Zusammenarbeit. Denn wenn wir abwarteten, bis bestimmte Probleme auftauchen, die dann konfrontativ gelöst werden müssen, wäre das sehr bedauerlich. Und es würde sich ohne jeden Zweifel auch auf unser politisches Verhältnis auswirken.

Ich glaube allerdings, es wird anders kommen: Zunächst werden wir uns in einer neuen Situation befinden. Angenommen, einige Länder zeichnen alle ihre Käufe eher in Euro als in Dollar, dann ist das schon eine neue Situation. Vielleicht eine schwer zu handhabende, auf jeden Fall aber eine, die Nachdenken erfordert. Das gilt auch für Europa. Wenn Europa sich politisch organisiert und es zu einer europäischen Außenpolitik kommt, sollte man irgendeine Konzeption haben, wie diese Beziehung funktioniert.

Ich bin manchmal verärgert, wenn Helmut sagt, bei einem Konflikt zwischen Paris und Washington sollte Deutschland Paris unterstützen. Ich hoffe, daß es nicht zu einem Konflikt zwischen Paris und Washington kommt. Was mich an der französischen Politik mitunter stört, ist, daß man dort zu denken scheint, europäische Identität sei nur oder in erster Linie durch einen Standpunkt gegenüber den Vereinigten Staaten zu erlangen. Zwischen Helmut und mir gab es politische Unstimmigkeiten, aber ich wäre nie auf den Gedanken gekommen, dahinter zu vermuten, daß er mir oder Amerika gegenüber seine Identität beweisen wollte. Wenn also Europa wirklich anderer Meinung ist als wir, dann müssen wir beide unsere Standpunkte überprüfen. Aber wenn Europa absichtlich eine Politik betreibt, die darauf hinausläuft, sich selbst durch einen Standpunkt gegenüber den Vereinigten Staaten zu definieren, dann wird es gefährlich, und ich höre so etwas zu oft von Franzosen, die in der politischen Verantwortung stehen.

HELMUT SCHMIDT Diese Haltung trifft, glaube ich, auf viele Franzosen zu. Nicht auf ganz Frankreich, aber zu viele Franzosen möchten, wie Henry sagt, ihre Identität über ihr inter-

nationales Prestige im Gegensatz zu den USA definieren. Und
in einem solchen Fall würde ich mich nicht auf die Seite
Frankreichs stellen. Ich habe übrigens nicht von einem großen
Konflikt gesprochen, sondern von vielen denkbaren Interes-
senkonflikten, selbst über solche Details wie die Neuorgani-
sation der Kommandostruktur des Nordatlantischen Bündnisses. Das ist ein unwichtiges Detail, aber eines, in dem französische und amerikanische Interessen, wie es schien, nicht
übereinstimmen.

Ich möchte aber das Thema einengen auf einen Aspekt,
der nach der Einführung der gemeinsamen europäischen
Währung wichtig werden wird. In den letzten Jahren haben
wir eine ausgesprochene Schwäche der japanischen Finanzinstitute, der privaten Banken, der privaten Investmenthäuser
erlebt. Wir wurden Zeuge einer *bubble economy* in Japan, einer
überhitzten Preissteigerung zunächst, was Grundstücke und
Gebäude anging, und dann, was die Aktienmärkte anging.
Wir haben in diesem Winter 1997/98 erlebt, wie eine Reihe ja-
panischer Banken in Konkurs gegangen ist. Andere werden
mühselig am Leben gehalten, die nach deutschem Konkurs-
und Bilanzrecht hätten Konkurs anmelden müssen. Wir
sehen ähnliche, schlimmere Entwicklungen in Südkorea, in
Indonesien, in Thailand, in Malaysia und anderswo. Und ich
erhoffe mir von der Europäischen Zentralbank und der europäischen Währung, daß die Amerikaner und die Europäer
gemeinsam dafür sorgen, daß Ordnung in die Währungs-
märkte der Welt kommt, daß das Geschäftsgebaren der privaten Finanzinstitute stärker reguliert wird. Damit meine ich
Investmentbanken, Broker-Häuser und Privatbanken, aber
auch Lebens- und Sachversicherungen.

Ich bin ein großer Anhänger der Deregulierung, ich halte
sie auf vielen Feldern für sinnvoll, aber für die internationalen
Währungs- und Finanzmärkte brauchen wir internationale
Regeln, die es zur Zeit nicht gibt. Bislang haben wir lediglich einen Internationalen Währungsfonds, der unablässig als
Feuerwehr einspringen muß, in Mexiko, in Südkorea, in Dja-
karta, um Staaten aus schweren finanzwirtschaftlichen Katastrophen zu retten. Aber eine Feuerwehr allein reicht auf die

Dauer nicht. Dann geraten wir von einer Krise in die nächste. Wir brauchen vielmehr eine feste Ordnung, und die kann nur von Amerikanern und Europäern gemeinsam errichtet werden.

HENRY KISSINGER   Wir haben das nie erörtert, Helmut und ich. Ich sage das deshalb ausdrücklich, weil ich zufälligerweise völlig mit ihm übereinstimme. Wenn ich diese Überlegung in Amerika anführe, stelle ich fest, daß die Leute noch nicht reif dafür sind. Sie möchten das gegenwärtige Konzept des Freien Marktes wiederherstellen. Das führt in meinen Augen wahrscheinlich in die Katastrophe, weil es eine Kluft schafft zwischen dem, was Länder politisch leisten können, und dem, was das wirtschaftliche System in Form von Krisen verursacht. Früher oder später wird das in Protektionismus der einen oder anderen Art münden. Wie dieses System aussehen sollte, kann ich nicht genau sagen. Aber im Moment wiederholt sich immer dasselbe Muster: In konjunkturell guten Zeiten kommt es zu Überinvestition, weil so viele private Institute Profite vorweisen müssen. Die anschließende Krise aber wird aufgrund der Spekulationen ernster, als sie es wäre, wenn sie nur von den Wirtschaftsbedingungen abhängig wäre. Und diese Kreisläufe unterminieren die politische Stabilität der betroffenen Länder.

Ich glaube eigentlich, daß die Lösungsvorschläge des Internationalen Währungsfonds üblicherweise zu spät kommen. Die Konzepte des Internationalen Währungsfonds verschlimmern normalerweise das politische Problem, weil sie die Länder zu einer starren Politik zwingen, die nur drei, vier, fünf Jahre lang möglich ist. Und diese Politik wird einer Regierung auferlegt, die ohnehin schon schwach war und überdies nicht in der Lage, die Krise vorherzusehen. Bevor die Krise in Südostasien ausbrach, habe ich in Amerika nie eine der Analysen gesehen, die wir jetzt in jeder Zeitung lesen. Aber sie war vorhersehbar. Aus heutiger Sicht hätte das Lösungskonzept des IWF drei Jahre früher erarbeitet werden können. Und wenn sie einem gewissen System von Vereinbarungen unterläge, wäre die Krise weit weniger ernst. Es gäbe auch weniger Spekulation, und die Gefahr einer weltweiten Katastrophe könnte vermieden werden.

HELMUT SCHMIDT   Beinah ein Vierteljahrhundert lang haben wir eine stabile Währungsordnung gehabt, die fast die ganze Welt umfaßte. Nur China und die Sowjetunion haben nicht dazugehört. Ich meine das Bretton-Woods-System, den Internationalen Währungsfonds und die Weltbank, das seit dem Ende des Zweiten Weltkriegs gültig war.

Ich beschränke mich jetzt einmal auf die Aufgaben des IWF. Von 1945 bis in die frühen siebziger Jahre hinein gab es feste Wechselkurse zwischen den Währungen. Die konnten auch einmal geändert werden, aber nur im Einvernehmen mit allen übrigen Staaten und im Einvernehmen mit diesem internationalen Institut, genannt Internationaler Währungsfonds. Alle Währungen waren an den Dollar gebunden. Es gab eine feste Parität zwischen dem amerikanischen Dollar und dem französischen Franc, dem englischen Pfund, dem japanischen Yen oder der Deutschen Mark. Am Anfang waren das vier Mark zwanzig für den Dollar, die meiste Zeit aber vier Mark. In den frühen siebziger Jahren zerbrach das System, eigentlich als Folge der Finanzierung des Vietnamkriegs in Amerika. Und von da an fiel der Dollar, später ging er wieder rauf, dann wieder runter. Im Moment steigt er ein bißchen. Alle Währungen fließen frei gegeneinander, *floaten*, wie man im Englischen sagt. Es steht sogar eine Theorie von einem bedeutenden amerikanischen Nobelpreisträger dahinter, Milton Friedman. Der meinte, Währungen seien auch nichts anderes als Automobile oder Flugzeuge, Würstchen oder Schuhe. Es müsse Marktpreise für Währungen geben.

Die Tatsache, daß es heute Marktpreise gibt und daß Tausende von hochintelligenten jungen Leuten spekulieren, die keine Ahnung haben, was sie da auf diesen Märkten anrichten, führt dazu, daß man sich auf seine Währung, genauer gesagt, auf den Außenwert seiner Währung nicht mehr verlassen kann. Das verführt zur Spekulation. Herr Soros war einer der großen Spekulanten, die mit Erfolg gegen eine Währung spekuliert haben, gegen das englische Pfund. So etwas kann mei-

ner Meinung nach zerstörerische Einbrüche auslösen, die
dann der IWF nur mit Mühe wieder abwenden kann.

Meine Idealvorstellung wäre daher, daß die beiden starken
Währungen der Zukunft, der amerikanische Dollar und der
europäische Euro, zusammen so stark sind, daß sie wieder
stabile Verhältnisse an den Währungsmärkten herstellen können und daß die dahinterstehenden politischen Kräfte, die
USA und die Europäische Union, zusammen stark genug
sind, um allen Finanzinstituten, die international tätig sind,
gewisse Regelungen aufzuerlegen und eine Bankaufsicht zu
etablieren, die in all diesen Staaten nach gleichen Regeln
funktioniert. Wenn wir so weitermachen wie bisher, werden
wir eine Währungskrise nach der anderen erleben. Jede Währungskrise aber löst eine ökonomische Krise aus, und jede
ökonomische Krise löst Nationalismus aus. Das ist eine große
Gefahr für das nächste Jahrhundert.

Henry Kissinger, ist es richtig, daß Sie ein starkes Europa, wie es aus
den Worten von Helmut Schmidt spricht, nicht immer für das Wün-
schenswerteste gehalten haben?

HENRY KISSINGER   Nein, ich war immer für ein starkes
Europa. Manchmal erfüllte mich der Ausdruck dieser Politik
nicht gerade mit Begeisterung, zum Beispiel während des
Nahostkrieges 1973, als sich zu viele Europäer demonstrativ
von den Vereinigten Staaten absonderten, und zwar in einer
Situation, in der europäische Interessen mindestens ebenso
betroffen waren wie unsere, vielleicht sogar angesichts der
Energiekrise noch stärker. Es ist also sehr wahrscheinlich, daß
ein vereintes Europa, das eher in der Lage sein wird, sich
selbst zu behaupten, manches tun wird, dem ich nicht zustimmen könnte. Aber historisch gesehen ist ein starkes Europa
wünschenswert, vorausgesetzt, es fällt nicht zurück in die Fehler der westlichen Zivilisation, in Eifersucht und Bürgerkriege.
Westliche Zivilisationen haben sich in selbstzerstörerischen
Bürgerkriegen beinahe zugrunde gerichtet, und das sollte sich
nicht wiederholen. Ein geteiltes Europa aber würde sich auflö-
sen wie das antike Griechenland. Ich würde also ein vereintes
Europa sehr begrüßen, aber ich würde mir auch eine enge
Kooperation mit den Vereinigten Staaten wünschen.

HELMUT SCHMIDT   Ich möchte noch einmal auf das Jahr 1973 zurückkommen, auf den letzten Krieg zwischen Israel und seinen Nachbarn. Damals war der Dollar schwach – die Dollarparitäten waren seit 1972 aufgehoben –, und auch der reale Wert des Dollars sank. Die OPEC, die Organisation der erdölexportierenden Länder, nutzte die Gelegenheit, um über Nacht das Öl zu verknappen und den Ölpreis zu vervierfachen. Später stieg er vorübergehend sogar auf das Zehn- und Zwanzigfache. Die Tatsache, daß Europa damals nicht in der Lage war, mit einer Stimme zu sprechen und seine eigenen langfristigen Interessen zu erkennen, hat eine sehr gefährliche Lage ausgelöst, die innerhalb weniger Jahre die OPEC zum zweiten Mal verleitet hat, den Ölpreis zu erhöhen, mit schrecklichen Konsequenzen in völlig unbeteiligten Ländern wie Mexiko. Alle Entwicklungsländer, die kein Öl hatten, mußten plötzlich ein Vielfaches für ihr Öl bezahlen, auf das sie dringend angewiesen waren. Sie mußten sich das Geld leihen, in Amerika, in Japan, überall in der Welt. Später konnten sie ihre Kredite nicht verzinsen, und das löste dann die erste große mexikanische Krise aus. Ich möchte mit diesem Beispiel deutlich machen, wie notwendig es ist, daß auf finanzwirtschaftlichem, insbesondere auf währungspolitischem Gebiet Amerikaner und Europäer zusammenarbeiten, wenn große Krisen vermieden werden sollen.

Ich finde es faszinierend, daß Sie beide, wenn Sie an die Zukunft denken, über Währungspolitik sprechen. Spielt die NATO gar keine Rolle mehr als Element europäisch-amerikanischer Stabilität, vielleicht auch als Baustein einer darüber hinausgehenden Weltordnung?

HENRY KISSINGER   Für mich ist die NATO die Institution, die Europa und die Vereinigten Staaten aneinander bindet. Die strategische Zusammenarbeit zwischen Europa und den Vereinigten Staaten ist wichtig. Es gibt vorhersehbare Krisen in der Welt, nicht zwingenderweise in Form eines Angriffs auf Europa, aber ich denke zum Beispiel an den Nahen Osten, die Golfregion und vielleicht sogar an einige Situationen in Asien oder Afrika. Ich bin also für eine Ausdehnung der NATO bis zu einer gewissen Grenze; ich bin nicht dafür, die

NATO als eine Art Klub zu behandeln, dem jeder beitreten kann.

Um das zu präzisieren: Die früheren Satellitenstaaten der Sowjetunion dürfen hinein. Aber den Sicherheitsbedürfnissen Kasachstans, der Ukraine und Weißrußlands oder der baltischen Staaten muß man auf andere Weise Rechnung tragen, mit anderen Methoden als mit der Mitgliedschaft in der NATO. Ich halte es für einen verhängnisvollen Schritt, eine ehemalige Republik der Sowjetunion in die militärische Organisation NATO aufzunehmen. Einen traditionellen Staat Osteuropas aufzunehmen, der in gewisser Weise besetzt war, ist etwas anderes. Die baltischen Staaten sind nie wirklich als Republiken gesehen worden, es ist eine komplizierte Situation. Aber ich würde es vorziehen, ihr Problem, sofern es sich lösen läßt, durch eine Mitgliedschaft in der Europäischen Union zu lösen oder durch eine Außenpolitik, die sehr deutlich macht, daß ein Angriff auf diese Länder weitreichende Konsequenzen für die Beziehungen zum Westen und besonders zu den Vereinigten Staaten hätte.

Ich bin also für eine NATO-Erweiterung, weil ich nicht glaube, daß es gesund war, zwischen Deutschland und Rußland einen luftleeren Raum zu lassen. Diese Länder haben es nicht verdient, isoliert zu sein – andere verdienen es auch nicht, aber man muß unterscheiden zwischen einer integrierten Militärorganisation und Gebieten, wo man sich auf andere Weise verteidigt. Ich bin der festen Überzeugung, daß die NATO erhalten bleiben muß, und mir ist nicht wohl bei dem Gedanken an den neuen NATO-Kooperationsrat, der Rußland einschließt. Ich begrüße häufige politische Beratungen mit Rußland, aber nicht im NATO-Hauptquartier.

HELMUT SCHMIDT   Ich glaube, daß die NATO auch in Zukunft eine nützliche Einrichtung ist. Dennoch muß man sich darüber im klaren sein, daß sie ihrer Geschichte nach ein militärisches Bündnis ist, das notwendig wurde wegen der sowjetischen Bedrohung. Die Bedrohung ist weggefallen, und das Bündnis hat zur Zeit keinen definierten Feind, keinen potentiellen Gegner. Statt dessen macht es sich anheischig, zu-

künftige kleinere Konflikte – auf dem Balkan oder anderswo –
zu unterdrücken.

Was die Ausdehnung dieses Bündnisses in östlicher Richtung angeht, so gibt es für mich nur einen einzigen Grund,
der mich überzeugt, zum Beispiel Polen aufzunehmen, und
das ist die Tatsache, daß neunzig Prozent aller Polen das dringend wünschen. Die Motive, die manche Amerikaner damit
verbinden, sind in meinen Augen höchst zweifelhaft. Da haben einige die Stimmen der Amerikaner polnischer Abstammung im Blick, andere Militäraufträge. Angeblich braucht
Polen dringend moderne Militärflugzeuge und neue Panzer.
Das Hauptmotiv der Amerikaner ist die Aufrechterhaltung
der amerikanischen Machtklammer über Europa. Das ist mir
alles nicht sonderlich sympathisch. Allerdings fürchte ich, daß
unsere gemeinsamen Aufgaben in Zukunft eher auf dem
Felde des internationalen Finanzsystems liegen werden, und
die können nicht von der NATO gelöst werden, nicht von Ge-
nerälen, Admirälen oder Verteidigungsministern.

HENRY KISSINGER   Aber die NATO kann zumindest in Amerika, und hoffentlich auch in Europa, das Bewußtsein eines
gemeinsamen Ziels schaffen. Das kann sich zum Teil auf andere Institutionen auswirken – warum sollte man nicht auch
wirtschaftliche Institutionen auf transatlantischer Ebene einrichten? –, zum Teil kann es dazu dienen, politischen Diskussionen im nordatlantischen Raum größere Bedeutung zu verleihen als militärischen. Ohne dieses Bewußtsein wird es
keine Struktur in dieser Region geben.

*Sie, Henry Kissinger, haben die NATO-Öffnung für osteuropäische
Länder immer auch damit gerechtfertigt, daß man Vorsicht gegenüber
Rußland walten lassen müsse. Auf welches Rußland muß sich der
Westen, muß sich Europa in den nächsten zehn, zwanzig Jahren ein-
stellen?*

HENRY KISSINGER   Ich habe damals auf die in Amerika ver-
tretene Überzeugung reagiert, ein Wandel der innenpolitischen Institutionen in Moskau und die Umwandlung Rußlands in einen westlichen, demokratischen Staat würden alle

außenpolitischen Probleme lösen. Das historische Problem
Rußlands ist die Frage, ob es sich mit seinen gegebenen Grenzen je zufrieden geben kann oder ob seine imperialistische
Tradition unauflöslich zu diesem Staat gehört. Zu einem Rußland, das seine wirtschaftliche Entwicklung frei entscheidet
und im Rahmen eines Netzwerks seine Macht entfaltet, könnten wir gute Beziehungen haben, es gibt keine gleichsam na-
turgegebene Bedrohung. Und es ist umgekehrt unrealistisch
anzunehmen, daß für Rußland, das über 20 000 Nuklearwaffen verfügt und sich im Blickfeld Asiens befindet, eine militärische Bedrohung aus dem Westen das vorherrschende Thema
wird.

Ich glaube, Rußland wird durch das, was es um sich herum
wahrnimmt, dazu getrieben werden, die normalen Beziehungen zum Westen auszubauen. Ich sehe allerdings die Gefahr,
daß durch die Halbdemokratisierung des Staates dem wachsenden Nationalismus in den innenpolitischen Debatten ein
hoher Stellenwert eingeräumt wird, und die übermäßige Ner-
vosität einiger Länder in der Peripherie beschleunigt diese
Tendenzen. Ich habe Angst, daß Rußland sich wieder als
halbgefestigter Staat erweisen könnte, als Bedrohung in dem
Sinne, daß es alle Spannungen aufrechterhält, aus einem,
meiner Ansicht nach, falschen Verständnis von Größe. Ich
glaube, daß seine Größe von einer schnellen inneren Entwicklung abhängt. In diesem Fall muß man es ebenso ernst nehmen wie China. Ich halte China nicht für eine militärische Bedrohung seiner Nachbarn, aber es wird sich zu einer enormen
wirtschaftlichen und politischen Macht entwickeln.

Auch da wächst der Nationalismus ja in erheblichem Maße. Ist der
russische Nationalismus gefährlich und der chinesische nicht?

HENRY KISSINGER Wenn die Welt China als eine Nation von
Unterdrückern begreift oder wenn China eine Wirtschafts-
krise erlebt, besteht sicherlich die Gefahr, daß die Menschen
im Nationalismus Zuflucht suchen. Aber ich glaube, daß
China flexibler in seiner Innenpolitik ist, weil seine Wirtschaft
stärker ist und seine Geschichte und Traditionen andere sind.

HELMUT SCHMIDT   Da stimme ich völlig mit Ihnen überein. Ich würde gerne unserer Diskussion der Bündnisse noch einen Aspekt hinzufügen. Es macht gegenwärtig nicht nur in Amerika eine These Furore, die ein Harvard-Professor namens Samuel Huntington in die Welt gesetzt hat. Huntington spricht mit einem gewissen Recht von der Gefahr eines Zusammenstoßes zwischen den einzelnen Kulturen. Wenn er jedoch zu suggerieren scheint, daß ein solcher Zusammenstoß unvermeidlich wird – und manche Leute fassen das so auf –, dann wird die These gefährlich, insbesondere dann, wenn in diesem Zusammenhang der Westen als Einheit gesehen wird.

Nun versteht kaum jemand in Amerika oder auch in Deutschland etwas vom Islam. Das einzige, was wir zur Kenntnis nehmen, ist der islamische Fundamentalismus, ob im Iran, in Algerien oder sonstwo. Von islamischer Seite aus gesehen gibt es einen westlichen Fundamentalismus, einen demokratischen und einen Menschenrechts-Fundamentalismus. Und ich möchte vermieden sehen, daß das westliche Bündnis mit diesem Fundamentalismus identifiziert wird. Wir neigen ja dazu – vor allem manche Amerikaner –, anderen Zivilisationen unsere Werte zu predigen, obwohl wir nicht mit deren Kultur, deren Prägungen oder Religion vertraut sind. Und ich habe die Befürchtung, daß dieses westliche Bündnis für Zwecke mißbraucht wird, für die es nicht geeignet ist.

HENRY KISSINGER   Ich bin vertraut mit dem Standpunkt Huntingtons, der meinen Respekt hervorgerufen hat. Ich habe das Buch sogar empfohlen, denn ich war von der ersten Fassung beeindruckt, die eigentlich ein Aufsatz war. Darin hatte Huntington die These vertreten, daß politische Konflikte sich verschärfen, wenn sie mit kulturellen Grenzen zusammenfallen. Der Buchfassung stimme ich nicht zu. Offengestanden glaubte ich, meine Empfehlung bezöge sich auf den Aufsatz, nicht auf das Buch. Ich teile den Standpunkt nicht, daß Kulturen zwangsläufig miteinander in Konflikt geraten und wir uns deshalb organisieren müssen. Die extremen Menschenrechtsverfechter in den Vereinigten Staaten schließen nicht einmal die NATO in ihr Konzept ein. Sie glauben, daß die Vereinigten Staaten diese Forderung weltweit vertreten können, und sie bitten insbesondere nicht um Unterstützung durch Europa gegenüber China.

HELMUT SCHMIDT   Noch nicht.

HENRY KISSINGER   Nun, ich denke, daß im allgemeinen die innere Entwicklung eines so schwierigen Landes wie China jenseits unserer Möglichkeiten liegt. Wir können die Chinesen beeinflussen, wir können auf diplomatischem Wege Empfehlungen aussprechen, aber wir können sie nicht ändern, auch nicht durch Handeln. Unternähmen wir doch den Versuch, würden wir sicherlich laut und vernehmlich zu hören bekommen: ›Es kann nicht in unserem Interesse sein, daß China als Gegenreaktion eine asiatische Gruppierung gegen eine westliche Gruppierung organisiert.‹

HELMUT SCHMIDT   Es gibt einen gewissen Trend in Teilen der außenpolitisch interessierten Schichten in den USA, überall Organisationen einzurichten, in denen Amerika sozusagen das Zentrum bildet. Es gibt den Versuch einer panamerikanischen Freihandelszone, zunächst unter Einschluß Mexikos und Kanadas, aber mit dem Ziel, sie möglichst bis nach Feuerland auszudehnen. Es gibt die Idee einer pazifischen Freihandelszone. Dahinter steckt, vage noch, aber doch spürbar, die Vorstellung, Amerika sei die einzige Supermacht und müsse es bleiben. Die Hauptaufgabe der heutigen amerikanischen Politik müsse es demzufolge sein, die Phase der alleinigen Supermachtstellung Amerikas möglichst zu befestigen und zu verlängern. Zbigniew Brzezinski ist für mich einer der Fürsprecher dieser Vorstellung, die mir etwas unheimlich ist.

HENRY KISSINGER   Wenn es ein vereintes Europa gäbe, dann wäre Amerika nicht notwendigerweise in einer Nordatlantischen Freihandelszone, die ich einmal vorgeschlagen habe, der Mittelpunkt. Und man sollte auch die Motive der einzelnen Leute, die das Konzept befürworten, Amerika solle die einzig beherrschende Weltmacht sein, unterscheiden. Ebenso würde in der westlichen Hemisphäre ein gewisses Gleichgewicht geschaffen, wenn sich Mercosur, der gemeinsame Markt im Süden Lateinamerikas, unter brasilianischer Führung schneller entwickeln würde. Meines Erachtens läuft es dem langfristigen Interesse Amerikas sogar zuwider, die einzige Supermacht zu sein. Wir würden uns in der Fülle der Probleme verausgaben und unsere Vorherrschaft bald verlieren. Es wäre eine Wiederholung des Vietnamkrieges, vielleicht auf wirtschaftlichem Gebiet und in weltweitem Maßstab. Gerade deshalb wünsche ich mir ein starkes Europa. Gegengewichte zu Amerika beunruhigen mich nicht. Was mich beunruhigt, das ist die Erwartungshaltung anderer Länder, die an uns herantreten, als wären wir der Chef, der alles organisiert.

HELMUT SCHMIDT   Leider gibt es in Wirklichkeit heute noch kein Vereinigtes Europa. Es gibt eine Reihe von Ansätzen, die sich über fünf Jahrzehnte entwickelt haben, aber wir haben keine gemeinsame Außenpolitik und keine gemeinsame Sicherheitspolitik. Europa wird nur ganz langsam zusammenwachsen. Auf der anderen Seite muß man anerkennen, daß es sich um ein einmaliges Unterfangen handelt. Niemals früher haben Nationen verschiedener kultureller Entwicklung, verschiedener Sprachen, verschiedener historischer Hintergründe sich freiwillig zusammengetan und gesagt: ›Jetzt wollen wir gemeinsam auftreten.‹ Das hat es in fünftausend Jahren schriftlich überlieferter Menschheitsgeschichte niemals gegeben, und infolgedessen ist es schwierig. Es gibt Krisen, auch Vertrauenskrisen, aber bisher sind sie alle, wenn auch mühsam, überwunden worden. Über den Wegfall der Bedrohung aus dem Osten als Motiv für die Einigung haben wir schon gesprochen. Ein anderes Motiv ist nach wie vor wichtig, nämlich das Gefühl, daß Deutschland mit achtzig Millionen Menschen etwas zu groß ist für die übrigen. Und natürlich spielt der offensichtliche Vorteil, einem gemeinsamen Markt anzugehören, zunehmend eine Rolle. Aus dem Grunde sind die Finnen beigetreten, die Österreicher, die Dänen.

Ich würde gerne auf die Rolle Deutschlands dabei zurückkommen. Sind Sie, Henry Kissinger, manchmal besorgt angesichts dieses Gewichts Deutschlands, nun da die Disziplinierung durch den Kalten Krieg weggefallen ist?

HENRY KISSINGER   Ich glaube, daß Deutschland als Nation
in einer besonders schwierigen Situation ist. Es hat keine ge-
schichtliche Tradition einer beständigen Außenpolitik, und
ich spreche jetzt nicht in erster Linie von der Nazizeit. Seit der
Reichsgründung im neunzehnten Jahrhundert fehlte ihm
eine kohärente Politik, wie sie Großbritannien und Frankreich
über die Jahrhunderte entwickelt hatten. Bismarck führte eine
außerordentliche Tour de force durch, die man aber nicht un-
begrenzt fortsetzen konnte. Eine Politik, die in jeder Generation ein Genie erfordert, ist nicht haltbar. Das ist das eine Problem. Zweitens ist Deutschland ein Land, das lange Zeit geteilt war, so daß die jetzt wiedervereinten Teile einen unterschiedlichen psychologischen Hintergrund haben. Drittens
rückt durch den Regierungsumzug von Bonn nach Berlin
Deutschland wieder näher an den Osten. Wenn Rußland wieder ein geachtetes Land wird, werden sich neue Annäherun-
gen entwickeln. Und vielleicht gibt es auch eine gewisse ro-
mantische Strömung, die die beiden gemeinsam haben.
    Um so wichtiger sind daher unsere gemeinsamen Struktu-
ren, wenn die Generation, die den Krieg noch als prägend erlebt hat, endgültig von der politischen Bühne abtritt. Ich
würde gerne glauben, daß es für Europa einen gefühlsmäßi-
gen Unterschied zwischen dem Umgang mit Amerika und
dem mit China und anderen Teilen der Welt gibt, daß man
sich nicht von Bismarck leiten läßt, also dem Richelieuschen
Grundsatz, daß die stärksten Mitglieder einer Gemeinschaft
systematisch geschwächt werden müssen.

HELMUT SCHMIDT   Ob der Regierungsumzug die Auswirkungen nach sich ziehen wird, die Henry Kissinger gerade angedeutet hat, weiß ich nicht. Ich habe an der Notwendigkeit
des Umzugs nie gezweifelt. Aber daß es eine solche Tendenz
geben könnte, das will ich nicht ausschließen. Die grundsätzliche Sympathie zwischen Europa und Amerika, die Sie sich
wünschen, ist gegenwärtig noch gegeben. Und sie ist auch
nicht sonderlich gefährdet. Aber sie könnte durch etwas gefährdet werden, was mit Außenpolitik überhaupt nichts zu
tun hat – durch das Fernsehen und amerikanische Filme,

durch die Übermacht billiger Fernsehserien. Der freie Markt hat auf diesem Feld mehr Gefahren als Vorteile mit sich gebracht. Wir werden ihn nicht beseitigen, wir können und wollen ihn auch nicht beseitigen, aber ich fürchte, daß dies auch die Zivilisation innerhalb der USA verändern wird.

HENRY KISSINGER   Die Auswirkungen des Fernsehens betreffen in vielen Bereichen die Amerikaner ebenso wie die Europäer, und noch hat niemand herausgefunden, wie man diese Entwicklung stoppen könnte, ohne in die Gedankenfreiheit einzugreifen. Ohne Zweifel macht Amerika einen bedeutenden kulturellen Wandel durch, nicht nur wegen seiner sich wandelnden ethnischen Zusammensetzung, sondern auch, weil die Generationen, die mit Computern und Fernsehen aufwachsen, anders sind als die Generationen, die mit Büchern erzogen wurden. Wenn man sein Wissen aus Bildern bezieht, ist man gefühlsbetonter und weniger phantasievoll, als wenn man Bücher liest. Und deshalb sollten sich die Staatsmänner auf beiden Seiten des Atlantiks Gedanken darüber machen. Wer in ein höheres Amt gewählt wird, hat die Verpflichtung, der Gesellschaft den Weg in unbekanntes Terrain zu weisen, ihr eine Entwicklung zu ermöglichen. Geschieht dies nicht bald, dann werden die auseinanderstrebenden Tendenzen zu ausgeprägt. Das Amerika des nächsten Jahrhunderts wird ganz anders sein als das Amerika von Acheson und McCloy.

Man hat den Eindruck, daß Sie mit moderater Besorgnis, fast mit Pessimismus an die Zukunft denken.

HENRY KISSINGER   Ich glaube, in gewisser Weise haben Leute wie wir die Pflicht, auf Probleme und Herausforderungen aufmerksam zu machen. Ich glaube auch, daß dies Herausforderungen sind, die bewältigt werden können. Sie können natürlich sagen: ›Sie beschreiben eine schwierige Situation, deswegen sind Sie ein Pessimist.‹ Sie könnten auch sagen: ›Sie beschreiben eine Situation als eine Herausforderung, und das macht Sie zum Optimisten.‹ Wir stehen vor lösbaren Problemen, aber sie werden sich nicht von selbst lösen.

Man kann sie nicht einfach abtun nach dem Motto: ›Vielleicht passiert es ja nicht.‹ Ich bin nicht pessimistisch, aber die Herausforderungen sind groß.

HELMUT SCHMIDT   Ich stimme dem vollständig zu, und ich würde mich vehement dagegen wehren, als Pessimist bezeichnet zu werden. Ein Arzt, der eine Krankheit erkennt, muß dafür sorgen, daß ihr begegnet wird. Da gibt es Therapien, da gibt es Medizin, möglicherweise auch Psychotherapien – in diesem Sinne habe ich Henry eben verstanden. Ein Arzt, der eine Krankheit erkennt und sie verschweigt, ist ein Schuft. Wir sind ein bißchen älter als die gegenwärtigen politischen Eliten in Washington oder in Bonn, möglicherweise erkennen wir die Gefährdungen etwas deutlicher als sie, die täglich mit tausend Dingen beschäftigt sind. Vielleicht täuschen wir uns, vielleicht benennen wir die Krankheiten nicht vollständig, vielleicht übertreiben wir, aber ich stimme Henry völlig zu: Es ist unsere moralische Pflicht, darauf hinzuweisen und zu sagen: ›Diese oder jene Therapie kommt vielleicht in Frage, aber es ist eure Aufgabe, sie anzuwenden, nicht unsere.‹

Helmut Kohl

*mit Helmut Schmidt im Gespräch
am 16. Dezember 1997*

An der Schwelle zum neuen Jahrhundert geht der Blick nach vorn, aber auch zurück zu den Ereignissen und Erfahrungen, auf denen die Zukunft aufbaut. Es gibt kaum zwei Menschen, die besser in der Lage wären, uns hierbei Gedanken mit auf den Weg zu geben, als die, die ein Vierteljahrhundert lang die höchste politische Verantwortung der Republik getragen haben.

Was bedeutet dieses Amt für Sie, Herr Bundeskanzler? War der Augenblick, als Sie Kanzler wurden, die Erfüllung eines Lebenstraums, oder war es ein Alptraum?

HELMUT KOHL   Ganz gewiß kein Alptraum, denn ich glaube nicht, daß jemand das Amt des Bundeskanzlers unfreiwillig übernimmt, das ist ja eine freiwillige Entscheidung. Ich glaube aber, daß jeder – jedenfalls ging es mir so – die besondere Verantwortung verspürt. Nach unserer Verfassung hat der Kanzler ein besonders herausragendes Amt; er muß außerdem in seiner alltäglichen Praxis sehr vieles bedenken, was in der Verfassung nicht vorgesehen ist, beispielsweise in Koalitionsregierungen. Er hat ein Amt, das auch international ein besonderes Ansehen genießt, und zwar ein Ansehen, an dem alle meine Amtsvorgänger mitgewirkt und das sie aufgebaut haben.

Man kommt ja nicht von der ›grünen Wiese‹ in dieses Amt, sondern steht ungeachtet aller parteipolitischen Gegensätze in einer Kontinuität. Wenn man viele Jahre politisch tätig war – ich bin es seit meinem siebzehnten Lebensjahr –, und plötzlich ist dieser Augenblick da, das ist schon etwas ganz Ungewöhnliches. Wenn man das nicht verspürt, ist man, glaube ich, fehl am Platze. Da ist ja auch die Dimension der Verantwortung für ein ganzes Land in einer geschichtlichen Periode.

Helmut Schmidt, Sie haben einmal geschrieben, als das Amt auf Sie zukam, seien Sie erschrocken gewesen.

HELMUT SCHMIDT   Tatsächlich habe ich einen gewaltigen Respekt gehabt vor diesem Amt und auch ein bißchen Angst. Ich habe mich nicht danach gedrängt. Im Gegenteil: Ich hatte noch wenige Tage vorher den damaligen Kanzler Willy Brandt in einer ganz unangemessenen Weise beschimpft, weil er, wie ich dachte, aus einem unzureichenden Grund seinen Rücktritt erklären wollte. Diese Schelte meinerseits rührte, wenn ich ehrlich bin, daher, daß ich sah, daß ich ihm würde nachfolgen müssen, und ganz hat mir das nicht behagt. Denn mich hat nicht die Macht beschäftigt. Was mich beschäftigt hat, war die Last der Verantwortung.

HELMUT KOHL   Wir haben in Deutschland die seltsame Angewohnheit, Macht zu diffamieren. Macht an sich ist ja nichts Gutes und nichts Schlechtes. Die Frage ist, wie man Macht gebraucht. Sie können nirgendwo ein politisches Amt wahrnehmen, ohne Macht auszuüben. Sie können kein erfolgreicher Bürgermeister in einem Dorf oder in einer Gemeinde sein, wenn Sie nicht die Kompetenz und die Zuständigkeit, die Sie haben, nutzen. Dann üben Sie Macht aus. Für einen Bundeskanzler trifft das sicherlich in ganz besonderer Weise zu. Aber das, was der Kollege Schmidt gerade gesagt hat, gehört eben auch dazu. Man geht da nicht naßforsch drauf los, sondern wenn man, meinem Empfinden nach, einigermaßen normal ist, zögert man und sagt: ›Traue ich mir das zu?‹ Und: ›Ist es richtig, daß ich das mache?‹ Natürlich stellt sich auch die Frage: ›Was wird auf mich zukommen?‹ Aber Macht ist notwendig. Wer Macht denunziert und der Macht entflieht, der kann nichts gestalten. Das gilt übrigens nicht nur für die Politik, das gilt für viele Bereiche des Lebens.

Sie haben ja auch Krisen erlebt, die Schleyer-Krise etwa oder die Nachrüstungskrise. Möchte man in solchen Situationen das Amt manchmal los sein?

HELMUT SCHMIDT   Nein. Das ist mir jedenfalls nicht passiert. Man muß sich am Anfang überwinden, aber wenn man
dann ins Wasser gesprungen ist, muß man schwimmen. Und
da muß man eines zur Relativierung des Machtbegriffes hinzufügen: Das ist ja keine ungeteilte Macht, keine absolute
Macht, denn Sie hängen von vielen anderen Menschen ab.
Sie hängen ab von Ihrer eigenen Regierungsfraktion, vom Ko-
alitionspartner, von der öffentlichen Meinung, von der veröf-
fentlichten Meinung. Sie hängen ab von den Regierungen in
Paris, in Washington, in Moskau; überall sitzen Leute, die
ihre Interessen oder das, was sie dafür halten, vertreten. Und
da sollen Sie jetzt die Interessen Deutschlands vertreten, und
Sie wissen: Ich muß überall Kompromisse machen. Das ist ja
etwas, was im deutschen Demokratie-Unterricht meist unterschlagen wird, daß Demokratie ohne den Willen zum Kompromiß nicht funktioniert.

Wie lernt man, sich plötzlich in diesem Gewebe von Abhängigkeiten
zurechtzufinden?

HELMUT KOHL   Sie kommen doch nicht über Nacht in ein
solches Amt. Wenn Sie uns beide betrachten, so haben wir
einen weiten Weg zurückgelegt. Wir hatten andere Funktio-
nen inne, in der eigenen Partei, in politischen Ämtern. Diese
Vorstellung: Du bist jetzt in einem Amt, wirst vereidigt und
kannst jetzt alles machen, ist falsch. Alles, was der Kollege
Schmidt gesagt hat, spielt eine Rolle. Gleich zu Beginn werden Sie auf die Verfassung vereidigt. Damit haben Sie schon
einen ganz klaren Rahmen. Sie lernen sehr rasch, daß die öffentliche Meinung allgemein und die verfaßte öffentliche Meinung im besonderen eine große Bedeutung haben, wenn es
darum geht, Macht zu kontrollieren, Macht einzuschränken.
Diese Entwicklung ist im Laufe der Jahre, meinem Eindruck
nach, noch vorangeschritten. Solange das fair zugeht, habe ich
auch gar nichts dagegen einzuwenden.

Wird Macht in einer Fernseh-Demokratie anders ausgeübt als in den
fünfziger Jahren, in denen Sie beide Ihr politisches Lehrgeld gezahlt
haben?

HELMUT SCHMIDT   Nicht nur die Aufgabe des Regierungschefs hat sich dadurch etwas verändert, sondern die Demokratie hat sich überhaupt verändert. Eine Demokratie in einer
Fernsehgesellschaft ist etwas anderes als in einer lesenden Gesellschaft. Heutzutage beschäftigen sich die Leute länger mit
der Glotze als mit Büchern. Infolgedessen ist das wichtigste
Medium, mit dem heute Politik vermittelt, glaubhaft und
durchsichtig gemacht wird, leider Gottes das Fernsehen. Im
Fernsehen aber muß man sich kurz fassen. Lange Sachen sind
da nicht gefragt. Und deswegen verleitet das Fernsehen alle
Politiker zur Oberflächlichkeit. Wenn nach einer Fraktionssit-
zung im Bundeshaus die Teilnehmer herauskommen und
miteinander reden, stellt sich einer mit einem Mikrophon und
einer Kamera dazu und fragt: ›Was sagen Sie dazu?‹ Und der
Angesprochene weiß genau: Wenn er länger antwortet, als
eine Minute, wird es weggeschnitten. Also konzentriert er sich
auf wenige Sätze, und die sind zwangsläufig oberflächlich.
Das macht den Unterschied aus zwischen einer Fernseh-Demokratie und einer lesenden demokratischen Gesellschaft.

HELMUT KOHL   Ich bin 1953, als 23jähriger Student, zum ersten Mal bei Konrad Adenauer im alten Bundeskanzleramt
gewesen. Wenn ich mir vorstelle, unter welchen Gesichtspunk-
ten er seine Arbeit einteilte, und das dann mit dem Leben von
Helmut Schmidt und mit meinem vergleiche, dann verläuft
unser politischer Alltag natürlich unter völlig anderen Ge-
sichtspunkten. Die Tatsache, daß die Medien, und vor allem
die elektronischen Medien, heute ganz andere Möglichkeiten
haben, ist evident. Es kommt nicht mehr darauf an, *was* ich in
der einen Minute sage, sondern darauf, wie das Bild aufgenommen wird, ob verzerrt vom Boden aus oder durch eine
faire Kameraführung.

Bedenklich finde ich, daß dies sicherlich auch Auswirkungen auf die Beurteilung von Persönlichkeiten hat. Ich lasse
jetzt mal den Kanzler außen vor. Das Problem ist ganz allgemein: Präsentiert man die Menschen, wie sie sind, oder präsentiert man sie so, wie sie sein sollten, um ›anzukommen‹.
Ich weiß nicht, ob jemand, der im Fernsehen eine glanzvolle

Figur abgibt, dies dann auch automatisch in der politischen Verantwortung tut, wenn es um schwierige Entscheidungen geht, wenn es darum geht, im Sturm Standfestigkeit zu beweisen und seine Meinung durchzusetzen. Der Kollege Schmidt wie auch ich haben viele Zeitgenossen erlebt – wir brauchen keine Namen zu nennen –, die das belegen.

HELMUT SCHMIDT   Ich scheue mich nicht, Namen zu nennen. Ich habe ja Ronald Reagan in verschiedenen Versionen gekannt: als Privatmann, als Gouverneur von Kalifornien, als Präsidentschaftskandidaten und später als Präsidenten. Der konnte sich hervorragend dem Fernsehpublikum präsentieren. Viel besser, als er gedacht hat.

HELMUT KOHL   Das kann ich ausdrücklich bestätigen. Wobei bei ihm neben seiner Schauspielerausbildung noch hinzukam, daß er einen beachtlichen natürlichen Charme hatte, den er auch in Verhandlungen zu nutzen wußte.

Der Bonner Journalist Rolf Zundel, den Sie beide kannten, schreibt: ›Helmut Kohl ist immer ein Fremdling in der Medienlandschaft gewesen. Helmut Schmidt hat sie meisterlich benutzt.‹ Ein Fremdling in der Medienlandschaft hat sich so lange im Kanzleramt gehalten, Herr Bundeskanzler?

HELMUT KOHL   Ja, das ist auch kein Widerspruch. Das ist eine Frage der Einstellung, der Statur und hat natürlich auch etwas zu tun mit dem politischen Herkommen. Der eine hat da mehr Chancen beim Zustand der Medien in Deutschland als der andere. Da gibt es Unterschiede. Ich glaube, da muß man seinen Weg finden, sich überlegen, ob man sich verstellt oder nicht. Meine Begabung liegt ganz gewiß nicht auf diesem Gebiet. Ich habe mich nie verstellt, das wäre wohl auch kaum erfolgreich. Aber ich stehe dazu, wie ich bin, und es gibt ja offensichtlich Leute, die das auch goutieren.

HELMUT SCHMIDT   Das Fernsehen – und ich meine jetzt nicht die politischen Sendungen und nicht die Nachrichtensendungen –, das Fernsehen ist leider Gottes der wichtigste Faktor der Erziehung junger Menschen geworden, die drei,

vier Stunden am Tag vor der Glotze sitzen. Es übt eine sugge-
stive Wirkung aus. Das Fernsehen präsentiert mehr Gewaltta-
ten und mehr Katastrophen als das wirkliche Leben. Und die
jungen Leute werden verführt, das, was sie auf dem Bild-
schirm sehen, und nicht das, was sie in der Schule oder zu
Hause mitbekommen, für das wirkliche Leben zu halten.

HELMUT KOHL   Ich möchte noch einen anderen Punkt aufgreifen. Wissen Sie, wenn man sich zur Wehr setzt, wird man
schnell diffamiert. Wir sind es aus unserem Job gewohnt,
ganz besonders in der Kritik zu stehen. Das ist auch in Ordnung. Aber wir sind ganz normale Zeitgenossen, wir haben
auch das Recht, uns gelegentlich zur Wehr zu setzen. Wenn
ich das Gefühl habe, ich werde besonders unfair – von unfein
rede ich schon gar nicht – angegangen, dann setze ich mich
zur Wehr, denn ich bin auch ein freier Bürger in einem freien
Land. Daß mir das nicht nur Sympathien einbringt, ist wohl
richtig. Ich möchte dabei nicht pauschal eine ganze Zunft be-
schimpfen. *Die* Politiker, *die* Wirtschaftler, *die* Journalisten zu
sagen – das ist immer falsch. Jede Verallgemeinerung ist
falsch. Aber man muß dennoch das Recht haben zu reagieren. Wenn Sie bei einer Konferenz über Stunden photogra-
phiert werden und so lange jede Ihrer Bewegungen verfolgt
wird, bis das entscheidende, negative Bild gemacht werden
kann, dann merken Sie das natürlich, wenn Sie lang genug im
Job sind und sagen auch mal Ihre Meinung. Im übrigen ist
dieses ›Dampfablassen‹ auch gut für die Gesundheit.

HELMUT SCHMIDT   Ich möchte hier einhaken und ausdrücklich unterstreichen, was Herr Kohl sagt. Auch der Politiker hat
das Recht zur Kritik. Es gibt die weitverbreitete Meinung in
der Journalistik, daß nur Journalisten das Recht haben, zu
kritisieren und Fragen zu stellen. Der andere soll gefälligst
brav seine Antworten geben, aber zurückschlagen darf er
nicht. Und da bin ich Ihrer Meinung. Er darf durchaus
zurückschlagen. Und Gott sei Dank tut er das ja dann auch.

Wie einsam ist man als Kanzler? Kommen Situationen auf, wo man dasitzt und weiß, es kommt nur auf einen selbst an, man muß schnell entscheiden, etwa während der Schleyer-Affäre?

HELMUT SCHMIDT   Ich habe eigentlich, wenn ich nachdenke, höchstens fünf-, sechsmal eine Entscheidung ganz allein getroffen, vielleicht sogar nur dreimal. Ansonsten habe ich persönlich – und das mag bei Herrn Kohl anders sein. – Entscheidungen immer erst nach Beratung mit anderen getroffen. Wir hatten hier die Übung, daß der Chef des Kanzleramts, damals Herr Schüler, der Staatsminister, Herr Wischnewski, der Pressesprecher der Bundesregierung und ich uns gegenseitig sehr offen kritisiert haben. Davon ist nie ein Wort nach außen gedrungen. Wir haben sehr offen über alles mögliche miteinander beraten, bisweilen auch mit den beiden Chefs der Regierungsfraktionen. In seltenen Fällen – Sie haben an die Mogadischu-Geschichte erinnert – auch mit dem Chef der damaligen Opposition. Dann erst wurden Entscheidungen getroffen, für die man dann allerdings alleine geradestehen mußte, in der Hoffnung, daß die anderen zu dem Rat stehen würden, den sie einem gegeben haben. Manchmal tun sie das nicht. Aber einsame Entscheidungen gab es ganz selten.

HELMUT KOHL   Ich möchte unterscheiden zwischen Entscheidung, einsamer Entscheidung und Einsamkeit. Natürlich macht man in einem solchen Amt die Erfahrung – das weiß ich auch von vielen Kollegen –, daß man sich, wenn jemand zu einem kommt, als erstes die Frage stellt: Sagt er das jetzt, weil ich es gerne höre, oder sagt er mir das, weil es richtig ist. Ich bin von Natur aus kein mißtrauischer Mensch, aber dennoch stellen sich solche Überlegungen ein. An Tagen, an denen vieles schiefgeht, sehen Sie sehr rasch, wie die Zahl der sogenannten Freunde abnimmt. Das hat mit der Tragweite der Entscheidungen zu tun. Es ist ein großer Unterschied, ob ich irgendein Geschäft betreibe oder ganz grundsätzliche Entscheidungen mit enormen Auswirkungen für viele Menschen zu treffen habe. Das habe ich mit Einsamkeit gemeint, und die wächst natürlich. Man kann es ganz salopp sagen: Je höher Sie steigen, um so eisiger wird die Luft.

Dann kommt der Faktor ins Spiel, den der Kollege Schmidt ansprach: Man braucht Hilfe und Unterstützung. Ich glaube, man braucht zunächst einmal Freunde außerhalb des Politischen. Man braucht eine persönliche Schutzhülle zu Hause. Und im Amt brauchen Sie natürlich Mitarbeiterinnen und Mitarbeiter – dazu habe ich eine ganz ähnliche Beziehung wie der Kollege Schmidt –, mit denen man zusammensitzen kann, die den Mund aufmachen, aber ihn halten, wenn sie den Raum verlassen. Sie müssen alles sagen können und wissen, daß nichts davon nach außen dringt.

Dennoch bleiben natürlich Situationen, in denen Sie sich sehr einsam fühlen, selbst wenn Sie in der Sache völlig überzeugt sind. Ein ganz konkretes Beispiel: An einem Samstagmorgen auf dem Höhepunkt der Massendemonstrationen gegen die Nachrüstung waren vielleicht 300 000 Leute hier in Bonn unterwegs. Ich hatte gerade den Hubschrauber bestiegen, um nach Hause zu fliegen, nach Ludwigshafen. Ich war ganz allein in der Maschine und habe plötzlich den Piloten gebeten: ›Flieg doch mal eine Schleife‹, um das aus der Luft zu sehen. Ich war meiner Sache völlig sicher, ich habe keinen Zweifel gehabt, daß unser gemeinsamer Kurs richtig war. Aber wenn Sie da so sitzen und Hunderttausende sehen, die demonstrieren, in diesem Fall sogar gegen Sie selbst ganz persönlich, dann stellen Sie sich doch schon mal die Frage: Bist du deiner Sache absolut sicher? Ich war meiner Sache sicher und habe es auch durchgestanden, aber das war dennoch eine Situation, in der man sehr allein ist.

Ich erinnere mich an eine andere Szene, an eine Diskussion, die jetzt wieder hochaktuell geworden ist: Sollte man das Rentensystem der alten Bundesrepublik in dieser Form auf die neuen Bundesländer übertragen? Aus der Sicht der Experten gab es eine Menge guter Gründe, das nicht zu machen, weil die Rentenzahlungen zum Beispiel nicht erwirtschaftet worden sind. Es gab aber auch die andere Sicht, der ich anhing, daß nämlich die Menschen, die jetzt in Frankfurt an der Oder oder in Schwerin siebzig, achtzig Jahre alt sind, genauso den Krieg verloren haben wie wir in Westdeutschland. Wie konnte man die ganze Zeit von Solidarität reden und sich jetzt abkoppeln?

Sie sind beide bekennende Christen. Hat man in einer solchen Situation der Einsamkeit auch manchmal das Bedürfnis, zu Gott um Beistand zu beten?

HELMUT SCHMIDT   Ob das mit dem lieben Gott etwas zu tun hat, das weiß ich nicht. Es hat etwas damit zu tun, daß man seinen eigenen Verstand, die eigene Vernunft auf das äußerste anstrengen muß in einer schwierigen Lage, um vor seinem Gewissen zu bestehen. Sie können sagen, um vor Gott zu bestehen, Sie können auch sagen, um vor der Öffentlichkeit oder vor dem Parlament zu bestehen, ich sage, um vor dem eigenen Gewissen zu bestehen. Ich habe einige wenige Male Entscheidungen ganz allein getroffen. Da war das Vorspiel zur Nachrüstung, als ich den NATO-Doppelbeschluß, den dann Herr Kohl auch durchgestanden hat, ungefähr ein Jahr vorher durch einen Vortrag vor einem internationalen Gremium in London ausgelöst habe – da habe ich mich mit niemandem vorher beraten. Ich war einfach entschlossen, unsere amerikanischen Verbündeten vor diese Frage zu stellen. Oder ein anderes Beispiel – noch vor der Schleyer-Entführung und seiner Ermordung –, als Terroristen in Stockholm unsere Botschaft besetzt hatten und der schwedische Ministerpräsident Olof Palme mich anrief: ›Was soll ich tun?‹ Er erwartete von mir, daß ich auf irgendeinen Handel eingehen, Leute freilassen würde, damit die Terroristen die Botschaft räumen und die Botschaftsangehörigen freilassen sollten. Und ich habe instinktiv am Telefon gesagt: ›Lieber Olof, du mußt das tun, was die Gesetze und die Verfassung deines Landes dir gebieten, von meiner Seite gibt es keine Verhandlungsbereitschaft.‹ Das sind Entscheidungen, die ich alleine getroffen habe. Aber das sind ganz seltene Fälle.

Galt dies auch für die Ankündigung zurückzutreten, wenn die Befreiungsaktion in Mogadischu schiefgegangen wäre?

HELMUT SCHMIDT   Ja, nicht wenn sie schiefgegangen wäre, sondern wenn sie in dem Sinne schiefgegangen wäre, daß sie viele Menschenleben gekostet hätte. Das wäre meine eigene Entscheidung gewesen. Aber die Entscheidung, dieses Unternehmen durchzuführen, haben wir gemeinsam getroffen, nicht nur die Regierung und die Regierungsfraktionen, sondern auch die Oppositionsführung, Herr Kohl, Herr Strauß, Herr Zimmermann. Sie waren alle beteiligt.

HELMUT KOHL   Es gibt Situationen, in denen man, wie es so heißt, beten lernt. Ich nehme jetzt einmal dieses Beispiel, das der Kollege Schmidt gebracht hat und das ich von einer anderen Warte als sehr bedrückend erlebt habe, die Entführung von Hanns-Martin Schleyer. Wir waren sehr befreundet, und wir sprachen noch ein paar Tage vor dem Überfall und der Entführung über eine solche Möglichkeit. Wir hatten gerade die Entführung von Peter Lorenz erlebt, außerdem lagen bestimmte Drohungen vor.

Wir waren uns beide einig, daß man, wie schon bei der Entführung von Peter Lorenz, nicht nachgeben dürfe. Der Staat darf nicht erpreßbar werden. Das war auch für unsere spätere gemeinsame Entscheidung sehr wichtig. Aber dann sitzt man da und sieht in solche einer Stunde das Bild des Freundes, der Frau und der Kinder. Das ist dann eine ganz andere Sache; man hat zu ihnen eine persönliche Beziehung, wie auch schon im Fall von Peter Lorenz. Wir waren durch viele Jahrzehnte im Wortsinn freundschaftlich verbunden. Ich muß ganz offen sagen, in so einem Moment lernt man beten, und zwar in dem Sinne, daß man sein eigenes Gewissen befragt: ›Tust du jetzt das Richtige? Ist das bloß, in Anführungszeichen, Staatsraison?‹

HELMUT SCHMIDT   Nein!

HELMUT KOHL   Das ist es eben nicht.

HELMUT SCHMIDT   Staatsraison ist es gewiß nicht. Ich muß bekennen, ich habe im Amt aus irgendeinem konkreten bedrückenden Anlaß sicherlich niemals gebetet, aber ich habe doch Seelsorge gesucht und gefunden. Bei einem herausragenden, katholischen Seelsorger, dem leider längst davongegangenen Bischof Franz Hengsbach zum Beispiel, bei dem evangelischen Bischof Lohse in Hannover, aber auch bei einem, der vermutlich Herrn Kohl sehr viel näher steht als

mir ursprünglich, nämlich bei Pater Oswald von Nell-Breu-
ning in Frankfurt. Den habe ich während meiner Amtszeit
zwei- oder dreimal in seiner Klause besucht und mir seine
Sicht der sozialen Probleme unseres Landes erklären lassen.
Das nenne ich Seelsorge: den Zuspruch von Leuten, die außerhalb stehen, aber einen gewissen Überblick haben und
über einen gewissen Fundus verfügen, die fest auf dem Boden
ihrer Überzeugung stehen, die einem sagen: ›Das ist richtig,
was du denkst, aber überlege auch noch einmal in der Richtung‹, oder ›Das ist eigentlich nicht richtig, daß du glaubst, es
noch einmal überlegen zu müssen‹. Das ist ganz wichtig, daß
man auch Menschen hat, die außerhalb des eigenen Amtes,
außerhalb des engeren Umfelds der eigenen Partei oder Koalition stehen.

*Sie, Herr Schmidt, sind acht Jahre lang Bundeskanzler gewesen, Sie,
Herr Bundeskanzler bekleiden dieses Amt seit inzwischen fünfzehn
Jahren. Läßt man sich nach einer so langen Zeit überhaupt noch
wirklich beraten, oder greift man nicht doch immer stärker auf den
eigenen Fundus an Erfahrungen zurück?*

HELMUT KOHL   Nein, das ist reiner Blödsinn. Natürlich er-
wirbt man besondere Kenntnisse und Fertigkeiten. Wenn
man wie ich seit dem Dezember 1982 an europäischen Gip-
feln teilnimmt, dann regen einen manche Gegebenheiten dort
überhaupt nicht mehr auf. Man weiß, daß bei der Ankunft
eine Schar von vielleicht drei-, vierhundert Journalisten be-
reitsteht, die schon genau prognostiziert haben, daß diese Ta-
gung scheitern wird. Sie haben dies auch schon Tage vorher
geschrieben. Es laufen viele aufgeregte Mitarbeiter herum,
aus der Kommission und den Delegationen, die das ebenfalls
befürchten.
    Dann beginnt ein mühsamer Prozeß; das Wichtigste dabei
ist Geduld, Geduld und noch einmal Geduld. Dabei können
Sie vieles mittlerweile sehr genau abschätzen. Sie sitzen mit
Leuten zusammen, die Sie zum Teil schon seit vielen Jahren
kennen. Wenn ich etwa an François Mitterrand denke: Ich
wußte, wann er wütend wurde und ich das Flugzeug abbestel-
len konnte, da die Sitzung nicht um acht Uhr geschlossen

würde. Wenn der Streit mit Margaret Thatcher losging, hat
man nachts um elf Uhr noch zusammengesessen.

HELMUT SCHMIDT   Haben Sie sich auch mit Maggy Thatcher gestritten?

(Lachen)

HELMUT SCHMIDT   Das gönne ich Ihnen!

HELMUT KOHL   Aber Ihnen ist umgekehrt natürlich auch bewußt, daß in vielen Bereichen enorme Veränderungen stattfinden. Nehmen wir zum Beispiel die Veränderung, die in
Kyoto eine Rolle gespielt hat, das veränderte Bewußtsein für
die Bewahrung der Schöpfung. Die Bedrohung der Schöpfung ist zum Teil so dramatisch geworden, daß jeder von uns
in einem solchen Amt in hohem Maße auf Fachkenntnisse
angewiesen ist. Ich setze mich ausgesprochen gerne mit Leuten zusammen, um ihnen einfach zuzuhören, um von ihnen
zu erfahren, was sie wissen.

Ich begrüße es auch, im Kabinett Sachverständige zu haben, die eine völlig andere Perspektive mitbringen. Wir haben
doch in der Wahlnacht vom lieben Gott nicht den Sachver-
stand für alle Fragen des menschlichen Lebens bekommen.
Wer das glaubt, ist meines Erachtens fehl am Platze.

Aber natürlich hat man Erfahrung. Wenn Sie lange genug
in der Bundestagsfraktion sind, dann bekommen Sie eine
ziemlich genaue Vorstellung von den Abläufen und Positionen. Wir beide waren auch Fraktionsvorsitzende. Sie wissen
irgendwann genau, wer zu welchem Punkt aufsteht. Das können Sie prognostizieren. Sie wissen nach einer Weile sogar,
was er ungefähr sagen wird. Also müßten Sie ja dumm sein,
wenn Sie das in Ihre Reaktionen nicht mit einkalkulieren würden. In diesem Fall brauche ich keine Beratung.

Leider Gottes hat sich das politische Leben bei uns hier
in der Bundesrepublik so entwickelt, daß es meist einem
Schwarz-Weiß-Schema folgt, man kann fast sagen – obwohl
das ein bißchen weit geht –, einem ›Freund-Feind-Schema‹,
auch wenn die Beziehungen unter den Abgeordneten der
Fraktionen zum Teil sehr viel besser sind, als es sich für die

Öffentlichkeit darstellt. Aber auch das können Sie in Ihre Überlegungen mit einbeziehen.

Sie beide haben darauf hingewiesen, daß der Bundeskanzler in der Regel überzeugen, Verbündete gewinnen muß. Wie kann man die Richtung vorgeben? Was heißt politische Führung heute?

HELMUT KOHL   Politische Führung muß mit Sicherheit heißen, daß man zunächst einmal das Problem erkennt; das ist die Voraussetzung. Ich behaupte, es gehört auch dazu, eine Vision zu haben. Der Weg, den die Bundesrepublik in über vierzig Jahren genommen hat, im Bereich der Europa-Politik zum Beispiel, wäre ohne eine Vision gar nicht denkbar gewesen. Ich glaube, in diesen Wochen der Beitrittsverhandlungen hat sich gezeigt, daß die Visionäre von gestern die Realisten von heute sind.

HELMUT SCHMIDT   Also, ich muß Ihnen bekennen, daß ich das Wort Vision nicht so gerne höre, und ich selber würde es auch nie gebrauchen. Vielleicht meinen Sie etwas anderes als das, was man normalerweise unter dem Wort versteht. Vielleicht meinen Sie: Er muß eine Vorstellung davon haben, wie sich eine Sache in Zukunft entwickeln soll.

HELMUT KOHL   Das ist ja eine Vision.

HELMUT SCHMIDT   Nein, das ist keine Vision, das ist eine hoffentlich klare Vorstellung im Kopf. Aber sicherlich haben und hatten der Bundeskanzler Kohl, der frühere Oppositionsführer Kohl und der frühere Kanzler Schmidt im Grunde die gleiche Vorstellung von der notwendigen Entwicklung Europas in der Gegenwart und in der Zukunft. Herr Kohl hat eben die Klimakonferenz in Kyoto vom Herbst 1997 in Erinnerung gerufen. Wenn dort zum Beispiel die Franzosen, die Holländer, die Spanier, die Deutschen und die Italiener jeder für sich aufgetreten wären mit jeweils eigenen Positionen, dann wäre überhaupt nichts zustande gekommen, denn die Amerikaner wollten im Grunde nicht, die Chinesen wollten im Grunde nicht, die Japaner wollten nicht. Dadurch, daß die Europäer gemeinsam auftraten, ist wenigstens etwas dabei herausgekommen.

*Sie haben beide sich ja auf der Tribüne des Bundestages einmal über
Führung gestritten – geistig-moralische Führung, politische Führung.
Heute hat man das Gefühl, daß die Bürger so etwas verlangen und
nicht immer bekommen. Liegt das daran, daß sich die Bedingungen
von Führung angesichts der heutigen diffusen Beziehungen, Verhältnisse und Gruppierungen grundlegend verändert haben?*

HELMUT KOHL   Das hat viele Gründe. Zunächst einmal
glaube ich nicht, daß die Politik Ersatzleistungen für alle Bereiche des menschlichen Lebens erbringen kann. Solche Erwartungen sind ja gerade ein Teil des Problems unserer Gesellschaft geworden.

Der Kollege Schmidt sprach vorhin im Zusammenhang
mit dem Fernsehen von Erziehung. Erziehung ist natürlich
vor Gott und den Menschen zunächst Sache der Eltern und
nicht der Schule, wie man heute oft hört. Die Schule hat eine
wichtige Funktion, aber wenn Sie in einer Gesellschaft darüber streiten, ob Autorität noch notwendig ist, und den Begriff Autorität mit autoritär gleichsetzen, hat diese Sichtweise
auch Auswirkungen auf den politischen Bereich, auf die Anerkennung der Amtsautorität. Da hat sich etwas verändert. Alles
zu hinterfragen ist mittlerweile wichtiger als die Bereitschaft
zu sagen: ›Ich akzeptiere das. Der hat das erarbeitet, das ist
richtig. Ich akzeptiere das.‹

Es ist heute wesentlich schwerer, etwas durchzusetzen. Das
beginnt in der eigenen Partei. Ich bin vor fünfzig Jahren der
CDU beigetreten. Wir waren damals wahrscheinlich aufmüpf-
iger in der Partei als unsere Jugendlichen heute. Nur änderte
das nichts an der Tatsache, daß man einfach bestimmte Dinge
akzeptiert hat, weil man denjenigen, die sie vorbrachten, auch
die Kompetenz dafür zuerkannt hat. Heute kommen Diskussionen oft nicht zu einem Abschluß, sondern werden immer
neu aufgeworfen.

HELMUT SCHMIDT   Ich möchte noch einmal auf die Gegen-
überstellung von geistig-moralischer Führung auf der einen
und politischer Führung auf der anderen Seite zurückkommen. In unserer Auseinandersetzung im Parlament, vor etwa
zwanzig Jahren, haben wir beide Positionen vertreten, die

vielleicht zu extrem waren. Sie haben damals verlangt, die Regierung solle geistig-moralische Führung ausüben, und ich habe entgegnet: ›Nein, das ist nicht meine Aufgabe. Meine Aufgabe ist es, politische Führung auszuüben.‹ Und ich habe noch hinzugefügt: ›Was die geistige und moralische Führung betrifft, dafür haben wir das Grundgesetz, die Grundrechtsartikel im Grundgesetz, die unverrückbaren Säulen der Verfassung.‹ Ich glaube heute, daß ich untertrieben habe, aber ich glaube auch, daß Herr Kohl damals übertrieben hat.

HELMUT KOHL   Da sind wir uns sofort einig.

Bevor Sie sich ganz einigen ...

HELMUT SCHMIDT   Das ist nicht zu befürchten.

... Helmut Schmidt, Sie haben vor allem in den Jahren seit der Wiedervereinigung mitunter ungeduldig mehr Führung gefordert, auch und gerade von diesem Bundeskanzler. Meinen Sie, daß mehr Führung von oben hier grundsätzlich etwas hätte ändern können?

HELMUT SCHMIDT   Ich leide unter der Tatsache von fünf, in Wirklichkeit beinahe sechs Millionen Arbeitslosen, weil ich fürchte, daß, wenn es uns nicht gelingt, diese Zahlen wesentlich zurückzuschrauben, daraus seelische und politische Konsequenzen erwachsen, wie ich sie in meiner Jugend noch miterlebt habe. Ich bin etwas älter als Herr Kohl und habe die frühen dreißiger Jahre bereits als heranwachsender, junger Mensch erlebt. Deswegen treibt es mich, in die öffentliche Debatte mit Artikeln oder Büchern einzugreifen, um zu sagen, was nach meiner Meinung eigentlich geschehen müßte. Und wenn ich in dem Zusammenhang politische Führung angemahnt habe, dann bezog sich das im wesentlichen auf ökonomische Entscheidungen, etwa die Währungsumstellung bei der Vereinigung oder, später, die Diskussion um ein Steueropfer für die Vereinigung. Mein CDU-Freund Gerd Bucerius und ich waren beide der Meinung, wir brauchten eine zweite Vermögensabgabe, einen zweiten Lastenausgleich; und auch später hat es lange gedauert, bis der Solidaritätszuschlag eingeführt wurde, dann lief er aus, dann wurde er ein paar Jahre

später wieder eingeführt, jetzt soll er verringert werden. Alles
das hat auf mich nicht den Eindruck der Zielstrebigkeit gemacht. Ich komme noch einmal auf die Frage der Regierungs-
dauer zurück. Herr Kohl hat mit Recht darauf hingewiesen,
daß er natürlich jedesmal neu Entscheidungen trifft und daß
nur ein Teil der Entscheidungen Routine ist, andere bedürfen
des Nachdenkens und der inneren Analyse und Begründung.
Ich glaube, daß die amerikanische Verfassung der unsrigen in
diesem Punkt überlegen ist. In Amerika darf ein Präsident
nur zweimal je vier Jahre amtieren. Selbst meine Amtszeit war
schon zu lang. Ich bin fest davon überzeugt, daß ich zu lange
im Amt geblieben bin, ich hätte vorher aufhören sollen, schon
vor der Vollendung des achten Jahres. Die französische Verfassung sieht zwei Präsidentschaftsperioden zu je sieben Jahren
vor, viel zu lange in meinen Augen. Je länger man im Amt ist,
desto größer wird die Zahl der routinemäßig gefällten Entscheidungen und um so kleiner die der grundsätzlich erarbei-
teten Entscheidungen.

HELMUT KOHL   Meine Meinung ist eine andere. Bevor es
untergeht, möchte ich zuvor jedoch noch einen anderen
Punkt des Kollegen Schmidt aufgreifen: die Vorstellung, daß
wir nach 1990, wenn auch verändert, eine Vermögensabgabe
nach Art derjenigen von 1950 hätten einführen können. Ich
halte das für falsch, weil es nicht die geringste Chance für eine
Mehrheit dafür gab. Die CDU hat 1990, mitten im Prozeß der
deutschen Einheit, durch die verlorene Wahl in Niedersachsen die Mehrheit im Bundesrat verloren, und daher waren
diese Dinge – oft die einfachsten Dinge – gar nicht mehr möglich.

Was nun die Dauer der Regierung betrifft, scheint mir eine
Kleinigkeit vergessen worden zu sein: Es wird ja gewählt. In
Deutschland wird nicht alle vier Jahre der Bundestag gewählt,
sondern es wird praktisch jedes Jahr dreimal gewählt. Wir
haben in diesem Jahr Landtagswahlen in Niedersachsen,
Landtagswahlen in Sachsen-Anhalt, Landtagswahlen in Bayern, wir haben Bundestagswahlen und am Tag der Bundestagswahl außerdem die Wahl in Mecklenburg-Vorpommern.

Das weiß der Kollege Schmidt so gut wie ich: Wenn eine Landtagswahl schiefgeht, ist man als Bundeskanzler der Hauptschuldige. Das hat er erlebt, das erlebe ich. Geht die Wahl nicht schief, haben die Leute vor Ort sie gewonnen, und man selber steht sozusagen im zweiten Glied. Wir haben eben nicht das System der Amerikaner und nicht das der Franzosen, sondern wir haben ein System, in dem unentwegt der Spitzenmann in die Wahlentscheidung mit einbezogen wird. Das ist eine völlig andere Sache. Erster Punkt.

Der zweite Punkt betrifft die Routine. Ich kann Ihre Ausführungen da nicht akzeptieren. In meiner Amtszeit sind zwei Jahrhundertentscheidungen gefallen. Die deutsche Einheit war kein Vorgang der Routine und die europäische Einigung ebensowenig. Trotz meiner fünfzehnjährigen Amtszeit ersticke ich nicht in Routine. Mein Alltag sieht im Moment vielmehr so aus, daß ich einen beachtlichen Teil meiner Zeit aufwenden muß, um gemeinsam mit meinen Kollegen in Europa und hier im eigenen Land die Einführung des Euro, die Vollendung der europäischen Wirtschafts- und Währungsunion durchzusetzen. Das sind ungeheure Veränderungen. Hätte ich den normalen Amtstrott, würde ich Ihren Einwand gelten lassen. Aber einer meiner Gründe, warum ich noch einmal antrete, ist der, daß ich beim Bau des Hauses Europa noch etwas einbringen kann.

HELMUT SCHMIDT   Ich glaube, die Beschlüsse zum europäischen Währungssystem im Jahre 1992 waren eine Routineentscheidung. Die Engländer hatten – aus Prestigegründen – Angst, das englische Pfund abzuwerten, die Franzosen wollten nicht den Franc und die Italiener die Lira nicht abwerten, alle drei mit Rücksicht auf ihr heimatliches Wählerpublikum. Und die deutsche Seite wollte aus ähnlichen Erwägungen die Mark nicht aufwerten. Und dann hat man im Grunde ohne sorgfältige Erwägungen das europäische Währungssystem, die Vorstufe zur gemeinsamen europäischen Währung, 1992 kaputtgehen lassen. Man hat statt dessen gemeint, das alles mit Hilfe des Maastrichter Vertrages regeln zu können, aber zwischen dem Maastrichter Vertrag und der geplanten In-

kraftsetzung der Währung lagen sieben Jahre. Der Vertrag ist
1992 geschlossen worden, wer zu den Teilnehmerstaaten der
neuen Währung gehört, soll im Laufe des Jahres 1998 endgültig beschlossen werden, und am 1. Januar 1999 soll sie in Kraft
treten. Die De-facto-Zerstörung des europäischen Währungssystems ist meines Erachtens routinemäßig zustande gebracht
worden, von allen vier beteiligten Regierungen, durch die Finanzminister, mehr noch durch die Zentralbankpräsidenten,
am wenigsten durch die Regierungschefs selbst.

HELMUT KOHL   Und am wenigsten durch die Deutschen.

HELMUT SCHMIDT   Die Deutschen waren nicht die Haupt-
schuldigen, aber sie waren Mitschuldige.

HELMUT KOHL   Sie waren nicht die Treiber, denn die Deutschen hatten, wenn Sie es genau betrachten, letztlich gar keine
andere Chance.

*Es gibt in unserem Land das Wort von der Politikverdrossenheit oder
von der Politikerverdrossenheit. Spüren Sie das selbst, und was halten
Sie für die Ursachen? Ist die Kritik berechtigt? Oder sind die Erwartungen an die Politiker zu hoch?*

HELMUT KOHL   Fast alles, was Sie sagen, spielt dabei eine
Rolle. Das Thema Politikverdrossenheit ist weithin beliebt,
wobei ich mich immer wieder wundere, mit welch einer
Entschiedenheit viele Leute diese Ansicht vertreten, weil ich
bisher kein meßbares Kriterium dafür gefunden habe außer
einem: das der Wahlbeteiligung.
    In der Bundesrepublik Deutschland ist die Wahlbeteili-
gung hoch, zwischen siebzig und achtzig Prozent. Ich bin kein
Prophet, aber bei der Bundestagswahl in diesem Jahr rechne
ich mit knapp achtzig Prozent Wahlbeteiligung, vielleicht
sogar darüber. Gemessen an anderen Ländern liegen wir da
weit über dem Durchschnitt. Also, so verdrossen können
die Menschen nicht sein. Zweitens waren die Wähler in der
jetzt bald fünfzigjährigen Geschichte der Bundesrepublik nur
höchst selten bereit, Gruppierungen zu wählen, die nur um
der Opposition willen angetreten sind. Daß viele Splitterpar-

teien nicht gewählt wurden, liegt nicht nur an der Fünf-Prozent-Klausel, die sinnvoll ist.

Sicherlich stimmt es, daß die Erwartungen an die Politik weit über das hinausgehen, was Politik leisten kann. Der Kollege Schmidt hat die Arbeitslosigkeit angesprochen. Politik kann Rahmenbedingungen schaffen, aber Einstellungen beispielsweise müssen durch die Wirtschaft erfolgen. Wenn diese sich dabei zurückhält − aus welchen Gründen auch immer, manche sind gute Gründe, andere weniger gut −, hat das natürlich Folgen. Aber die Prügel dafür bekommt die Politik, und das gilt für viele andere Bereiche auch.

Daß es sehr viel Grund zur Kritik gibt, steht außer Zweifel. Auf der anderen Seite versagen es sich viele fähige Leute, politische Verantwortung zu übernehmen. Statt dessen kritisieren sie lieber. Es muß nicht jeder jahrzehntelang in der Politik sein. Aber die Bereitschaft, zeitweise aus der Wirtschaft beispielsweise herauszugehen und Verantwortung zu übernehmen, ist bei uns sehr viel weniger entwickelt als etwa in den Vereinigten Staaten von Amerika. Dort hat einer, der es wirklich wissen mußte, einer der ganz Großen der Wirtschaft gesagt: ›Ich bin erfolgreich, mein Land hat mir die Chance gegeben, und jetzt schulde ich dem Land diese vier Jahre im Dienst.‹ In seinem Fall waren es sogar acht Jahre, Herr Kollege Schmidt, gemeint ist George Shultz, der Außenminister von Ronald Reagan.

HELMUT SCHMIDT   Es gibt einen wichtigen Unterschied zwischen der amerikanischen und der deutschen Verfassung, der ursächlich ist für das geringere Interesse von Leuten aus anderen Bereichen der Gesellschaft, sich in der Politik zu engagieren. Der Unterschied liegt im Wahlsystem. Wenn ein Amerikaner sich in der Politik engagieren will, dann tritt er in einem Wahlkreis an und wird entweder gewählt oder nicht. In Deutschland bemüht er sich um einen Platz auf der Landesliste, das heißt, er hängt schon lange vor der Wahl von der Einstellung der Delegierten, der Partei und der Funktionäre ab. Das ist für viele sehr abschreckend, was ich gut verstehen kann. Wir haben ja einmal zur Zeit der Großen Koalition den

Versuch unternommen, hier in Deutschland ein Mehrheitswahlrecht einzuführen, und sind in beiden großen Parteien
gescheitert. Ich bedaure das heute noch sehr. Wenn wir im
Parlament nur sechshundert direkt in einem Wahlkreis ge-
wählte Frauen und Männer hätten, wären die übrigens auch
selbstbewußter als die, die auf der Liste gewählt worden sind
und davon abhängen, daß ihre Delegiertenversammlung in
Nordrhein-Westfalen sie auch das nächste Mal wieder auf
die Liste setzt, und zwar oben. Wenn sie bei der FDP tätig
sind, ganz oben, sonst werden sie überhaupt nicht gewählt.
Das behindert die Entwicklung der Politiker. Und es ist abschreckend für alle, die von außen kommen und mit dem Gedanken spielen, vielleicht einmal vier oder acht Jahre ihrer Le-
benslaufbahn für das Vaterland zu opfern, wenn sie es in
Wirklichkeit mit den Widrigkeiten des Klüngelclubs innerhalb der eigenen Partei zu tun haben.

HELMUT KOHL   Herr Kollege Schmidt, das ist sicher zu einem erheblichen Teil so zu belegen. Aber in einem Punkt
möchte ich ein Stichwort aufgreifen, das Sie selbst genannt
haben. Wir beide haben kein Problem damit, vom Vaterland
zu reden oder von gelebtem Patriotismus. Die Zurückhaltung
vieler bei uns hat etwas mit unserer Geschichte zu tun. In den
Vereinigten Staaten und auch in vielen anderen europäischen
Ländern gilt es als Patriotismus, etwas für das Land zu tun.
Verantwortung zu übernehmen und damit auch an Reputa-
tion zu gewinnen, ist ein sehr wichtiger Punkt. Wir haben
auch in Deutschland Beispiele erlebt. Ich habe an einem bestimmten Tag einen der erfolgreichsten Unternehmer gebeten, in der Treuhand die Führung zu übernehmen, Herrn
Rohwedder.

Als seine erste Zeit im Amt vorbei war, bin ich wieder an
ihn herangetreten und habe ihn gebeten weiterzumachen. Er
hat eine klassische Antwort gegeben. Er sagte: ›Eigentlich will
ich jetzt gar nicht mehr, aber wenn Sie, der Bundeskanzler,
mich bitten, mache ich es noch einmal.‹ Er hat den höchsten
Preis bezahlt, er ist ermordet worden. Aber die Tatsache, daß
er so gehandelt hat, ist weithin sehr respektiert und geachtet
worden.

Die Haltung von George Shultz – ›Ich schulde dem Land etwas‹ –, das ist eine Gesinnung, von der ich glaube, daß sie wiederkommen muß. Die gab es auch einmal in Deutschland. Nehmen Sie die Weimarer Republik. Da waren viele großartige Leute dabei, die sich in diesem Geist engagierten. Durch die NS-Zeit hat der Dienst für das Vaterland dann einen ganz anderen Beigeschmack bekommen. Viele haben deutlich gesagt: Jetzt auf gar keinen Fall mehr.

HELMUT SCHMIDT   Die Haltung, von der Sie sprechen, war übrigens auch in den fünfziger und sechziger Jahren auch bei uns wesentlich ausgeprägter als heute.

HELMUT KOHL   Und warum, Herr Kollege Schmidt? Weil das die Überlebenden waren!

HELMUT SCHMIDT   Sie nehmen mir das Wort aus dem Mund! Weil es sich bei den Adenauers und bei den Schumachers und Erlers und Dehlers und wie sie alle gehießen haben um Leute gehandelt hat, die, wie Volker Rühe einmal sagte, durchs Feuer gegangen waren, die Überlebenden, die Nachgebliebenen, die alles daransetzten, daß sich dies um Gottes willen nicht wiederholte, daß Deutschland wieder in Ordnung gebracht wurde.

HELMUT KOHL   Im deutschen Bundestag saßen von 1949 bis vielleicht noch in die sechziger Jahre hinein eine ganze Reihe von Männern aus dem Bereich der deutschen Wirtschaft, die nun wirklich viel zu tun hatten und angesichts des Aufbaus ihrer Betriebe jeden Tag die Ausrede gehabt hätten: ›Also, ich habe jetzt so viel zu tun, ich mache das nicht.‹ Sie haben sich trotzdem zur Verfügung gestellt, auch außerhalb des Parlaments. Denken Sie an Joseph Hermann Abs oder Kurt Birrenbach. Ich kann Ihnen aus allen Parteien ein halbes Dutzend Leute nennen ...

HELMUT SCHMIDT   Deist, Philipp Rosenthal.

HELMUT KOHL   Konrad Adenauer konnte damals einfach immer viele Leute ansprechen und sagen: ›Ihr müßt das tun.‹ Ich glaube, daß diese Möglichkeit heute auch wieder da ist.

HELMUT SCHMIDT   Noch nicht, noch nicht.

HELMUT KOHL   Es ist besser geworden, Herr Schmidt, das ist meine Erfahrung. Nur die öffentliche Anerkennung fehlt noch. Wenn ich heute jemanden aus der Wirtschaft bitte, eine Aufgabe zu übernehmen, dann hört er: ›Hat der das nötig, steht der Betrieb nicht so gut, ist das vielleicht der Grund?‹

HELMUT SCHMIDT   Nun geht es ja bei dem Stichwort Patriotismus nicht nur um Leute aus der Wirtschaft oder aus andern Bereichen der Gesellschaft. Es geht auch um die Politiker selber. Und für sie gilt, glaube ich, dieselbe Beobachtung. Es sind Menschen, die alle nach dem Krieg aufgewachsen sind. Sie haben die Erfahrung gemacht, daß es zunächst ihren Eltern und später ihnen selbst stetig besserging. Daher fehlt ihnen das Bewußtsein, daß dieser Wohlstand, den wir in Deutschland zustande gebracht haben, hart erarbeitet worden ist. Und daß man weiterhin hart arbeiten muß, wenn man ihn erhalten, geschweige denn weiterhin mehren will. Dieses Bewußtsein fehlt. Und wenn ich ein hartes Wort sagen darf, Herr Kohl, einem Teil unserer heutigen Politiker – und ich rede nicht von einer Partei und auch nicht von zweien – fehlt das, was Sie Patriotismus genannt haben und was ich Solidarität mit dem eigenen Land nenne. Das Bewußtsein von der eigenen Karriere ist dagegen zu stark ausgeprägt.

HELMUT KOHL   Herr Kollege Schmidt, das mag sein. Es ist nicht falsch. Aber die Politiker sind die Kinder ihrer Gesellschaft.

HELMUT SCHMIDT   Das ist wahr.

HELMUT KOHL   Und wenn die ganze Gesellschaft so ist, nein, wenn viele in der Gesellschaft so sind, dann ist das natürlich entscheidend. Die deutschen Parteien, so wie sie heute sind, sind ein Ergebnis des deutschen Volkes, wie es heute ist. Und die Kriegsgeneration tritt ab.

HELMUT SCHMIDT   Ja, die ist schon abgetreten.

HELMUT KOHL   Ja, natürlich. Ich bin bei Kriegsende fünfzehn Jahre alt gewesen, war noch in der Kinderlandver-
schickung. Ganz am Ende habe ich noch die Wehrertüchti-
gung erlebt. Ich habe zum Beispiel noch beim Schülerlösch-
trupp nach Fliegerangriffen Leute ausgraben müssen. Das ist
etwas anderes. Wir können jetzt nicht erwarten, daß die Jungen, die den Erfolg der Gründergeneration der Republik genießen, das gleiche Bewußtsein haben. Die Sache ist ziemlich
einfach: Ich habe noch mit vierzehneinhalb Jahren Hunger
gelitten. Aber meine Kinder verstanden unter Hunger – als
sie noch in der Schule waren –, daß sie, wenn sie mittags
einen Röntgentermin hatten, nichts essen durften. Den Unterschied können Sie nicht vermitteln, Gott sei Dank nicht,
aber der Wohlstand hat große Wirkungen, wie Sie es eben geschildert haben.

Sie, Herr Schmidt, deuteten noch etwas anderes an. Einen Zweifel
nämlich, ob es so etwas wie einen Grundkonsens über Identität, ge-
meinsame Zukunft, gemeinsame Werte noch gibt.

HELMUT SCHMIDT   Ich wollte nicht soweit gehen zu sagen,
der Grundkonsens sei beschädigt. Es gibt im Grunde ein er-
hebliches Maß an Übereinstimmung. Aber der Egoismus des
einzelnen hat sich heute breitergemacht, als es wünschenswert
ist. Dem muß entgegengesteuert werden. An diesem Punkt
kommt das Wort von der geistigen, der moralischen oder der
politischen Führung wieder zu seinem Recht, denn dazu bedarf es der Führung, nicht nur durch die Regierenden, auch
durch die Opponierenden, die Lehrer ...

HELMUT KOHL   Durch alle!

HELMUT SCHMIDT   Das wollte ich sagen. Die Erziehung
zum Bewußtsein der eigenen Verantwortlichkeit, die hat ein
bißchen Mangel gelitten. Es gab 1934 in Abwehr des Versuchs
der Nazis, die evangelische Kirche in ihre Hand zu bekommen, bei der sogenannten Bekennenden Kirche die Barmer
Erklärung, in der ich eine These nach wie vor für ungemein
bedeutsam halte. Da heißt es: ›Nicht nur die Regierenden
sind verantwortlich, sondern auch die Regierten.‹ Und dieses

Bewußtsein der Verantwortlichkeit wieder zu wecken, das
scheint mir eine der wichtigsten Aufgaben in unserer Generation.

HELMUT KOHL   Ich glaube, es gibt eine spürbare Veränderung. Wenn ich auf meinen Weg in den letzten Jahrzehnten
zurückblicke, dann habe ich nicht nur das Gefühl, sondern die
absolute Sicherheit, daß die Wertediskussion eine ganz neue
Bedeutung gewonnen hat. Das Pendel schlägt natürlich nicht
so einfach zurück, wie man meint. Das hat auch nichts mit
links und rechts zu tun, damit wir uns nicht falsch verstehen.
Ich behaupte vielmehr, daß bei der Bundestagswahl die Frage
der Werteordnung wieder eine erhebliche Rolle spielen wird.
Und daß viele Fragen, die jenseits von Angebot und Nachfrage liegen, für die Wahlentscheidung sehr, sehr wichtig werden.

Sie können das überall mit Händen greifen. Ich diskutiere
mittlerweile seit Jahrzehnten mit Schülern und Studenten. Es
war doch ganz bemerkenswert, wie ein breiter Teil der deutschen Öffentlichkeit auf die jungen Soldaten im Oderbruch
reagiert hat. Darauf, daß die Soldaten da ganz selbstverständlich gesagt haben: ›Wir lassen uns nicht ablösen. Wir wollen's
wissen. Wir bleiben die Nacht auf dem Damm.‹

HELMUT SCHMIDT   Das ist der Vorteil einer konkreten Not-
situation. Dann reagieren die Leute nach wie vor solidarisch.

HELMUT KOHL   Wir stehen an der Schwelle zum neuen Jahrhundert, zum neuen Jahrtausend, und es gibt viele Leute, die
mit einer gewissen Bangigkeit auf diese Zeit sehen und wieder
Werte und Möglichkeiten der Sinnstiftung suchen. Ich glaube,
daß wir zwar nicht vor einer Renaissance der Werte stehen –
das wäre zuviel gesagt –, aber daß die Situation sich im Vergleich zu der vor zehn Jahren doch verändert hat und weiter
verändert.

HELMUT SCHMIDT   Es wäre gut, wenn es so wäre. Ich kann
Ihren Optimismus einstweilen noch nicht teilen. Ich habe
jüngst eine ganz andere Erfahrung gemacht. Ich habe mit einigen anderen zusammen einen Kodex allgemeiner menschli-

cher Verantwortlichkeiten verfaßt – wir haben zehn Jahre
daran gearbeitet. Wir haben ihn in der ZEIT abgedruckt, und
die ersten Reaktionen, die ich von relativ jungen Leuten zwischen dreißig und fünfundvierzig bekam, lauteten: ›Was heißt
hier Verantwortlichkeiten, was heißt hier Pflichten? Rechte
haben wir! Und je mehr ihr die Pflichten betont, desto mehr
wollt ihr in Wirklichkeit unsere Rechte beschneiden.‹ Das hat
mich sehr schockiert, und ich kann nicht umhin, das bei
einem erheblichen Teil der mittleren Generation in Deutschland heute für symptomatisch zu halten.

HELMUT KOHL   Jetzt sprechen Sie aber von der mittleren Generation.

HELMUT SCHMIDT   Das stimmt. In die jüngere Generation
habe ich in diesem Punkt sehr viel mehr Vertrauen.

HELMUT KOHL   Ich glaube auch, daß die Generation der
Älteren ebenfalls erkennt: Man muß sich zu Wort melden.
Herr Kollege Schmidt, Sie sind dafür ein Beispiel. Das Land
braucht einen Grundkonsens in den Werten. Ihn zu definieren ist natürlich schwierig, aber ich sehe enorme Veränderungen in den Diskussionen und in der Bereitschaft, etwas zu
tun. Dies geschieht allerdings fast verschwiegen, fast verschämt. Es ist nicht interessant, der Öffentlichkeit gute Taten
zu präsentieren.

*Herr Bundeskanzler, kapselt man sich angesichts des Pensums, das
Sie tagtäglich bewältigen müssen, ab? Oder kann man sich noch ein
Gefühl für das, was die Menschen außerhalb des Bundeskanzleramts
bewegt, erhalten?*

HELMUT KOHL   Ich kann doch unter die Leute gehen, es hindert mich ja niemand daran.

Nun sind Sie da in der Regel immer die Respektsperson beziehungsweise der Bundeskanzler.

HELMUT KOHL   Ja, aber das kann ich nicht ändern. Was sich
jedoch verändert hat, ist die Art, wie die Leute damit umgehen. Wenn Konrad Adenauer ein Lokal betrat, haben nur

wenige es gewagt, ihn anzusprechen. Das ist heute fast selbstverständlich. Wenn ich am Sonntag aus der Kirche komme,
warten Leute auf mich – die einen mit einer Petition, die andern mit einem anderen Anliegen – und sprechen mich an.
Wenn ich plötzlich irgendwo auf der Straße auftauche, ist da
dieselbe Unbefangenheit.

HELMUT SCHMIDT   Ich glaube, daß es eine Angwohnheit
vieler Journalisten ist, davon auszugehen, daß ein Regieren-
der, sagen wir ein Bundeskanzler, einsam sei, abgekapselt von
der Gesellschaft, und das stimmt überhaupt nicht. Andererseits kann ein Regierungschef mit einem Arbeitstag von
durchschnittlich sechzehn Stunden nicht jeden Tag drei Stunden darauf verwenden, mit jedermann auf der Straße oder am
Kirchenausgang zu sprechen.

HELMUT KOHL   Das erwartet auch niemand.

HELMUT SCHMIDT   Nein. Infolgedessen ist die Zeit, die ihm
für Gespräche mit Leuten, die nicht in der Politik sind, zur
Verfügung steht, begrenzt. Aber daß es deswegen zu Fehlvor-
stellungen in seinem Kopf kommt, das glaube ich nicht.
Unabhängig von den Kontakten zu den achtzig Millionen unseres Volkes bleiben ja, medizinisch gesprochen, das Nachdenken über die Anamnese eines Problems, die Diagnose und
die Therapie notwendig. Darüber hinaus ist die Tatkraft erfor-
derlich, das, was ich als notwendige Therapie erkannt habe,
anderen Leuten so zu vermitteln, daß sie mitmachen, Kompromisse auszuhandeln und es dann in die Tat umzusetzen.
Das ist die Hauptaufgabe eines Regierenden, nicht, Meinungsumfragen zu lesen und Leuten zuzuhören, die in der
Kneipe, auf der Straße oder dem Fußballplatz ihre Meinung
über Politik austauschen.

HELMUT KOHL   Aber, Herr Kollege Schmidt, genau das ist
die Crux. Ich stimme Ihnen völlig zu, aber vielen fehlt einfach
die Geduld. Ich treffe beispielsweise Journalisten, die mich
schon vor dem Eintreffen eines Ereignisses nach dessen Ablauf fragen und um einen Kommentar bitten. Dann werden
Sie mitunter absurderweise mittelbar für eine Sünde bestraft,
die Sie noch gar nicht begangen haben.

Aber das betrifft mich ja nicht allein. Ich gehe beispielsweise in meinen Parteivorstand. Ich gehe in Fraktionsgre-
mien. Ich gehe in bestimmte politische Zirkel, die bereits,
bevor die Sitzung überhaupt begonnen hat, unter einem
enormen Druck stehen, sich öffentlich zu äußern. Noch vor
der Sitzung des Parteivorstandes liegen bereits die Tickermel-
dungen vor, was eine Reihe von Kollegen aus dem Parteivorstand angeblich gesagt hat.

HELMUT SCHMIDT   Ich würde sagen, Sie haben in dieser
Hinsicht mir gegenüber einen großen Vorteil. Sie sind der
Vorsitzende, der Parteivorstand, ich war das nie. Ich habe das
bedauert. In dieser Demokratie, in der Fraktion und Partei
eine Riesenrolle spielen, vielleicht eine unangemessen große
Rolle, ist es natürlich für die Erfüllung der Aufgaben eines
Kanzlers von enormem Vorteil, wenn er gleichzeitig der eigenen Partei vorsteht und die Führung ausüben kann. Wenn er
statt dessen daneben sitzt und ein anderer in der Partei die
Führung ausübt, während Sie dies in der Regierung tun müssen, erschwert das Ihre Lage. Selbst wenn man ganz aufeinander eingespielt ist, zu zweit oder zu dritt, schafft eine solche Situation Hemmungen und Friktionen. Ich habe damals die
Zusammenarbeit mit dem Parteivorsitzenden Herbert Wehner als sehr glücklich empfunden, wir haben auf das engste
harmoniert und kooperiert. Mit dem Parteivorsitzenden Willy
Brandt, der meinem Gefühl nach alle möglichen Leute viel zu
lange zu Wort kommen ließ, so daß die Diskussionen ausufer-
ten, war die Zusammenarbeit nicht so eng. Da hat Herr Kohl
einen großen Vorteil. Das ist einer der Gründe, weswegen Sie
seit fünfzehn Jahren im Amt sind.

HELMUT KOHL   Ja natürlich. Ich bin auch der Meinung, daß
man unter den Bedingungen der Bundesrepublik Deutschland als Bundeskanzler im Grunde nur erfolgreich sein kann,
wenn man einen ungewöhnlichen personellen Glücksfall neben sich hat. Aber damit kann man nicht automatisch rechnen, ohne Parteivorsitzender zu sein. Es kommt noch etwas
hinzu. Das Land ist föderal gegliedert. Wenn Sie Bundeskanzler sind und Parteivorsitzender, haben Sie mit vielen Landes-

vorsitzenden und Ministerpräsidenten der eigenen Partei zu tun. Ohne das Amt des Bundesvorsitzenden haben Sie in konkreten Situationen enorme zusätzliche Schwierigkeiten.

Mein Gremium ist der Bundesparteitag, weil ich ein Mann bin, der in der Partei fest verankert ist. Ich kann auf dem Bundesparteitag eine ganze Menge Weichen stellen, und deswegen ist diese Konstellation angesichts unseres Systems sinnvoll, auch wenn sie natürlich eine enorme zusätzliche Belastung darstellt. Man kann sich als Parteivorsitzender nicht einfach im Stuhl zurücklehnen.

Ist das Ihr Rat an etwaige Nachfolger: Versucht, auch Parteivorsitzender zu sein?

HELMUT KOHL   Absolut.

Was würden Sie beide außerdem raten? Was muß man hinter sich haben, was muß man erfahren haben, um Kanzler werden zu können?

HELMUT SCHMIDT   Ich würde das nicht auf einen oder zwei Ratschläge begrenzen wollen. Vieles ist notwendig. Vor allen Dingen muß jemand, der das Regierungsamt in diesem Achtzig-Millionen-Staat ausüben soll, die Geschichte kennen, nicht nur die Geschichte Deutschlands, auch die Europas, er muß die französisch-deutsche, die polnisch-deutsche Geschichte kennen, die tschechische Geschichte, die italienische, die englische, die russische. Er muß nicht in der Lage sein, darüber eine Dissertation zu schreiben, aber er muß sie abrufbar haben, um im konkreten Fall darauf zurückgreifen zu können. Er muß Verwaltungserfahrung haben. Ministerpräsident eines Landes gewesen zu sein ist eine hervorragende Schule für ein höheres Amt. Ich war vier Jahre lang Landesminister, Senator in Hamburg. Ich hatte das Glück, auf Bundesebene Verteidigungsminister und Finanzminister gewesen zu sein. Da lernt man Dinge, die wichtig sind für den, der hinterher dem Verteidigungsminister sagen muß: ›Das mache ich mit, was du da vorschlägst, aber dies hier mache ich nicht mit, und zwar aus den und den Gründen.‹ Er muß ja auch seine Meinung begründen, wenn er überzeugen will. Aber meine Erfahrungen auf einen Ratschlag für künftige Kanzler zu komprimieren, das widerstrebt mir.

HELMUT KOHL   Ich kann dem nur zustimmen. Ich würde sagen: Fügen wir noch ein paar Facetten hinzu. Bildung im besten Sinne des Wortes gehört dazu, auch wenn es altmodisch klingen mag. Im Kontakt mit Ausländern, mit anderen Ländern, anderen Strukturen kann das sehr wichtig werden. Es gehört Stehvermögen dazu, das heißt, daß man sich, wie Helmut Schmidt gerade gesagt hat, eben nicht an den Meinungsumfragen orientiert, sondern daß man sagt: ›Das ist meine Meinung, und die muß ich durchsetzen.‹ Offenheit gehört dazu, und zwar in dem Sinne, daß man andere anhört, miteinander wirklich redet. Ich glaube auch, daß man Bonner Erfahrung haben muß. Ich habe zumindest diese Erfahrung gemacht. Es war ja ein sehr knappes Wahlergebnis 1976. Ich wäre seinerzeit spätestens nach einem Jahr gescheitert. Das Raumschiff Bonn, wie Kiesinger zu sagen pflegte, ist eben ein völlig anderes Milieu.

Wie ist es, wenn man von diesem Amt Abschied nimmt? Helmut Schmidt, Sie haben, glaube ich, ein Gefühl der Erleichterung verspürt, im Oktober 1982, ein Gefühl des Bedauerns, aber auch der Erleichterung. Auch angesichts der Schwierigkeiten mit der eigenen Partei?

HELMUT SCHMIDT   Aus der heutigen Rückschau würde ich sagen: Ich hätte vorher, von mir aus, der FDP den Stuhl vor die Tür setzen sollen, das ist ein bißchen spät gewesen. Die eigene Partei wurde erst anschließend schwierig. Solange ich im Amt war, haben die sich einigermaßen ordentlich benommen. Hinterher kamen plötzlich alle möglichen Weltverbesserer, und darunter leiden die Sozialdemokraten zum Teil heute noch. Nein, ich habe das Ausscheiden aus dem Amt nicht bedauert. Auch die Entzugserscheinungen, die Journalisten so gerne annehmen, habe ich nicht verspürt. Man hat ja nicht in dem Sinne von der Politik gelebt wie andere Leute von Zigaretten, Cola oder Kaffee – so ist das nicht. Man braucht die Politik nicht, um ein Mensch zu bleiben.

HELMUT KOHL   An diesen letzten Satz glaube ich fest.

Und was gedenken Sie zu tun, wenn Sie einmal ins Pensionsalter kommen? Memoiren schreiben?

HELMUT KOHL   Im Moment habe ich die Absicht, die Wahl
zu gewinnen, und werde das Nötige dafür tun. Vor dem Pensionsalter — in das ich hoffentlich einmal komme — habe ich
keine Angst. Wissen Sie, mit den Memoiren ist es so eine
Sache. Wenn ich die Wahrheit schreibe, weiß ich nicht, ob ich
damit viel Freude auslöse. Viele leben ja noch, und da ich
sehr lange dabei war, habe ich viel erlebt. Die Vorstellung
aber, irgend etwas zu schreiben, nur um geschrieben zu
haben, finde ich nicht sehr attraktiv. Ich habe überdies eine
Menge anderer Interessen, mit denen ich mich beschäftigen
kann. Die Befürchtung, ins Nichts zu fallen, kenne ich nicht.
Für mich ist das kein Thema.

Henning Voscherau

*mit Helmut Schmidt im Gespräch
am 22. Dezember 1997*

*Unser Jahrhundert ist ›das sozialdemokratische Jahrhundert‹ ge-
nannt worden, und viele sagen, es sei das letzte. Als sei die Zeit vor-
über für den Versuch, wirtschaftlichen Wettbewerb und staatliche Planung, Profitstreben und Solidarität miteinander zu verbinden. Welche
Rolle wird die SPD im kommenden Jahrhundert spielen? Helmut
Schmidt und Henning Voscherau sind zwei herausragende Sozialdemokraten, die ihrer Partei seit Jahrzehnten verbunden sind, auch
wenn sie sie nicht immer als einfach empfunden haben. Helmut
Schmidt, warum sind Sie Sozialdemokrat geworden?*

HELMUT SCHMIDT   Sozialdemokrat wurde ich 1945, noch vor
Kriegsende, im englischen Kriegsgefangenenlager auf belgi-
schem Boden. In dem Zelt, in dem ich lag, war auch ein etwa
zehn Jahre älterer Oberstleutnant der Reserve untergebracht,
ein Ritterkreuzträger, im Hauptberuf Professor für Pädago-
gik. Er war religiöser Sozialist, und das hat mich sehr beeindruckt. Denn ich hatte all die Jahre nur gewußt, daß ich gegen
den Nationalsozialismus war, aber nicht, wofür ich sein sollte.
Nun brachte es mir dieser Mann bei. Da unser politisches Engagement im Gefangenenlager Unmut hervorrief – wir haben
dort sogar Vorträge gehalten –, wurden wir beide ziemlich
bald entlassen. Als ich nach Hamburg zurückkam, bin ich sofort in die SPD eingetreten.

*Henning Voscherau, Sie sind 1966 in die SPD eingetreten. Was hat
Sie dazu bewogen?*

HENNING VOSCHERAU   Die Entscheidung fiel schon viel früher. Ich bin in einem sehr sozialdemokratischen Elternhaus
aufgewachsen, auch meine Großeltern und mein Urgroßvater

waren SPD-Anhänger. Meine Mutter stammte aus einer Wilhelmsburger Arbeiterfamilie, ihr ältester Bruder, Guschi Lohmann, beteiligte sich an der Untergrundarbeit gegen die Nazis. Ich erinnere mich auch noch an den ersten Bundestagswahlkampf 1949, als ich acht Jahre alt war. Meine ganze Familie war für Kurt Schumacher, und so bin ich quasi in die Sozialdemokratie hineingewachsen. In die SPD eingetreten bin ich erst nach meinem Examen. Vorher hatte ich keine Zeit für die Politik, denn nach dem Tod meines Vaters mußte ich mein Studium sehr zügig beenden.

Kurt Schumacher, der erste SPD-Vorsitzende nach dem Krieg, war ja ein sehr national denkender Mann. Wie haben Sie das empfunden, Helmut Schmidt?

HELMUT SCHMIDT   Ich habe Kurt Schumacher noch vor der Gründung der Bundesrepublik Deutschland kennengelernt. 1947 oder 48 war ich zusammen mit Ernst Heinsen, einem späteren Hamburger Senator, in Hannover, und wir konnten ein langes Gespräch mit Schumacher führen. Durch seine phänomenale Auffassungsgabe, seinen großen Überblick, die Penetranz seiner Fragen hat er uns damals fasziniert. Aber schon 1950/51 habe ich im vertrauten Gespräch seinen Nationalismus zurückgewiesen. Denn ich hatte zur gleichen Zeit wie Schumacher auch Jean Monnet kennengelernt, der ein überzeugter Anhänger der europäischen Einigung war. Darin wurde ich sein Schüler und blieb ihm bis zu seinem Tode freundschaftlich verbunden. Als Schumacher dagegen erklärte, wir Deutschen seien bereit, wieder Soldaten zu stellen, wenn die Alliierten mit uns gemeinsam die Verteidigung Deutschlands bis zur Weichsel und Nahe verschieben würden, hat mich das tief getroffen. Meine Hochachtung vor dem Mann und vor seinem Lebensweg ist ungeschmälert, aber seine außenpolitische Überzeugung habe ich damals nicht geteilt.

Herr Voscherau, hat Sie denn damals diese nationale Ausrichtung der SPD fasziniert?

HENNING VOSCHERAU   Nein, als Kurt Schumacher noch lebte, war ich viel zu klein, um mich für Außenpolitik zu interessieren. Was mich zuerst an die Sozialdemokratie band, war einfach die Identifikation mit der Partei der sozial Schwachen, derer, die durch gemeinsame Anstrengung, gemeinsame Leistung versuchen wollten, große Probleme zu lösen. Als ich dann in die SPD eingetreten war, stand ich der Ostpolitik zunächst skeptisch gegenüber. Hamburg lag ja nur vierzig Kilometer vom Eisernen Vorhang entfernt, und ich hatte immer das Gefühl, daß die Deutschen in der damaligen DDR unverschuldet in eine deutlich schlechtere Lage geraten waren als wir im Westen und daß man sie nicht so einfach ihrem Schicksal überlassen durfte. Es war sehr faszinierend für mich, dieses Gefühl bestätigt zu sehen, als ich im Herbst 1989 das erste Mal in meinem Leben Gelegenheit hatte, unkontrolliert mit ganz normalen Bürgern in Dresden zu sprechen.

HELMUT SCHMIDT   Henning, du sagtest, als Kind interessiere man sich nicht für Außenpolitik, und das ist überzeugend. Gleichwohl könnte es sein, daß sich damals die Eltern und Freunde deiner Eltern über die außenpolitischen Äußerungen Schumachers unterhalten haben. Was haben sie damals gedacht?

HENNING VOSCHERAU   Als Adenauer 1952 die Stalin-Note brüsk zurückwies, sagte meine Mutter folgendes: ›Dieser rheinische, katholische Separatist.‹ Das ist die Antwort.

Für viele repräsentierte ja gerade Adenauer, der Europäer, in diesen Jahren eine ganz neue, zukunftsweisende Idee.

HELMUT SCHMIDT   Ich habe ihn in den frühen fünfziger Jahren nicht als Europäer empfunden. Als ich 1953 nach Bonn kam, erzählte man sich in der Bundestagskantine das Bonmot, für Adenauer fange bei Magdeburg die russische Steppe an. Die Linke war damals der Auffassung, er habe den Osten schon verloren gegeben.

War die SPD denn in den fünfziger Jahren die Partei der Wiedervereinigung?

HELMUT SCHMIDT   Das kann man so nicht sagen. Sie müssen bedenken, daß lange vor Beginn dieses Jahrhunderts die deutsche Sozialdemokratie wie die meisten sozialdemokratischen Parteien Europas internationalistisch ausgerichtet war. Unter Schumacher schien es eine Zeitlang so, als wäre diese wichtige Tradition nach der Teilung Deutschlands unterbrochen worden. Aber in Wirklichkeit bestand die internationalistische Gesinnung in der SPD fort und mündete in den Geist der europäischen Integration. Schumacher starb 1952, und sein außenpolitisches Erbe wurde zunächst von Erich Ollenhauer fortgeführt. Auch Herbert Wehner war noch stark auf Kurt Schumacher fixiert, in diesem Punkt allerdings nicht mehr so deutlich wie Ollenhauer. Inzwischen war ja die Westintegration vollzogen worden. Deutschland war seit 1952 Mitglied der Europäischen Gemeinschaft für Kohle und Stahl, seit 1955 im Nordatlantischen Bündnis. Damit stand die SPD vor vollendeten Tatsachen. Die Möglichkeit einer ›Wiedervereinigung in Frieden und Freiheit‹, wie es damals hieß, schien in der zweiten Hälfte der fünfziger Jahre in weite Ferne gerückt. Sie blieb unsere Hoffnung, unsere Sehnsucht, lag aber nicht mehr im Bereich des Möglichen. Aus dieser neuen Situation hat die Sozialdemokratie dann die Konsequenz gezogen. Höhepunkt dieser Neuorientierung war die berühmte Bundestagsrede von Herbert Wehner im Juni 1960.

In den folgenden Jahrzehnten hat sich die SPD nur wenig von der nationalen Gesinnung der fünfziger Jahre bewahrt. Stand die Partei deshalb 1989 der Wiedervereinigung so distanziert gegenüber?

HENNING VOSCHERAU   Die Partei umfaßte damals vielleicht 900 000 Menschen, und jeder hatte hier seine eigenen Vorstellungen. Nach außen wird die Partei ja von einer relativ kleinen Gruppe führender Funktions- und Mandatsträger repräsentiert...

HELMUT SCHMIDT   ... die immerhin von der Basis gewählt werden.

HENNING VOSCHERAU   Sicherlich hat die SPD nicht frühzeitig genug erkannt, daß in der DDR-Bevölkerung grundlegende Veränderungen vor sich gingen, die auch mit der Hoffnung auf die deutsche Einheit verbunden waren. Man hat das in der SPD nicht für denkbar gehalten, zumal die Intellektuellen in der DDR, deren Stimme in unserer Publizistik ja großes Gewicht hatte, ein anderes Bild vermittelten. Darum trat im November 1989 eine atemlose, ungläubige Verunsicherung in unseren Spitzengremien ein. Sie dauerte nur etwa zweieinhalb Monate, aber das waren entscheidende Monate des Zauderns, die für das Erscheinungsbild der SPD 1990 sehr negative Auswirkungen hatten.

HELMUT SCHMIDT   Ich möchte sehr unterstreichen, was du sagst, die Unsicherheit lag bei der Parteiführung. Die 900 000 Mitglieder und die Wähler haben die Ereignisse zum Teil ganz anders empfunden. Ich war in der ersten Novemberwoche 1989 in Brandenburg und in Sachsen. Es bestand damals immer noch die Gefahr, daß die Situation eskaliert, daß bei den Massendemonstrationen in Leipzig und in Berlin irgendein hysterischer Divisionskommandeur einen Schießbefehl erteilt. Und als wir nach Hamburg zurückgekehrt waren und wenige Tage später die Mauer fiel, war das eine der drei Gelegenheiten in meinem Leben, bei der mir die Tränen gekommen sind. Ich war völlig aufgewühlt und hingerissen, ich hätte nie gedacht, daß ich das noch erleben würde. Vielen Sozialdemokraten ist es, glaube ich, ähnlich ergangen. Kohls Verdienst ist es, daß er die Chance zur Wiedervereinigung erkannt und genutzt hat, das muß man zugeben. Am meisten hat allerdings Herr Gorbatschow dazu beigetragen, denn er hat mit Glasnost, Perestrojka und seinem persönlichen Einsatz für den Frieden die deutsche Einheit erst möglich gemacht. Wäre Herr Tschernenko oder Herr Andropow noch an der Macht gewesen, dann wäre alles ganz anders verlaufen.

Angesichts der Diskrepanz zwischen Parteiführung und den Mitgliedern, die Sie gerade geschildert haben, drängt sich die Frage auf: Wie schafft eine große, traditionsreiche Partei wie die SPD den Zusammenhalt? Braucht sie nicht dazu eine Ideologie?

HENNING VOSCHERAU   Eine Ideologie nicht, aber einen Min-
destkanon von Prinzipien und von Grundwerten. Eine Ideologie ist eine Weltsicht mit dem Anspruch auf alleinseligma-
chende Weisheiten, und das lehne ich strikt ab. Die SPD hat
Grundwerte, an die alle gebunden sind. Die Anwendung solcher Grundwerte auf sich wandelnde Lebensumstände kann
natürlich zu weltanschaulichen oder praktischen Meinungsverschiedenheiten führen, und solche Konflikte hat es ja in
den letzten 25 Jahren auch immer wieder gegeben.

HELMUT SCHMIDT   Ich möchte das Wort von den Grundwerten aufgreifen. Die deutsche Sozialdemokratie entstand in
der Mitte des vorigen Jahrhunderts, und wenn Ralf Dahrendorf sagt, das sozialdemokratische Jahrhundert gehe jetzt zu
Ende, dann täuscht er sich, denn im 21. Jahrhundert werden
dieselben Grundwerte gelten wie zu Bebels und Lassalles
Zeiten, nämlich Freiheit, Solidarität − oder Brüderlichkeit −
und Gerechtigkeit. Weil der Ideologie im Sinne von Henning
Voscherau, den großen Gedankengebäuden zur zukünftigen
Gestaltung von Wirtschaft und Gesellschaft lange Zeit zuviel
Bedeutung beigemessen wurde, haben wir es vielleicht ver-
säumt, diese Grundwerte rechtzeitig ins öffentliche Bewußtsein zu rücken. Erst das Godesberger Programm 1959 bedeutete den großen Durchbruch der ethischen Grundwerte
gegenüber allen tagespolitischen Ideologien oder solchen, die
nur auf eine bestimmte Periode anwendbar waren.

*Aber werden die Grundwerte, die Sie nennen, nicht auch von anderen
Parteien vertreten?*

HELMUT SCHMIDT   Der Grundwert der Solidarität wurde
sicherlich auch in der katholischen Arbeiterbewegung und in
der alten Zentrumspartei vertreten, nicht aber in der Deutsch-
nationalen Volkspartei, die ja auch in der CDU/CSU auf-
gegangen ist. Für die CDU insgesamt ist die Solidarität sicherlich ein konsensfähiger Wert, aber nicht von derselben fundamentalen Bedeutung wie für uns Sozis.

HENNING VOSCHERAU   Vor allem sind in Deutschland in der praktischen Politik der letzten fünfzehn Jahre die Solidarität und die Gerechtigkeit eindeutig in den Hintergrund gerückt. Man hat manchmal den Eindruck, daß der Dreierkanon an Grundwerten auf der konservativen Seite eher ›Freiheit, Effizienz, Wettbewerbsfähigkeit‹ heißt. Im Zeitalter der Globalisierung ist das nicht angemessen. Deswegen glaube ich, daß eine soziale Demokratie, die sich ernsthaft für Gerechtigkeit und Solidarität einsetzt, ohne die Notwendigkeit von Leistung und Effizienz zu leugnen, im nächsten Jahrhundert eher an Bedeutung gewinnen wird.

Aber, Herr Voscherau, sind die Sozialdemokraten auf das 21. Jahrhundert vorbereitet? Ihr Amtsvorgänger Klaus von Dohnanyi schreibt in seinem neuen Buch, die SPD leide unter einem Theoriedefizit, was die Bewältigung der Globalisierung angeht.

HENNING VOSCHERAU   Diese Ansicht teile ich überhaupt nicht. Ich glaube, die Sozialdemokraten sind gedanklich gut vorbereitet. Man darf aber die Globalisierung nicht nur mit konjunkturfördernden Maßnahmen angehen, das wäre eine unzulässige Verengung. Ich glaube, das Problem liegt auf einer anderen Ebene. Zweifellos reduziert ja die Globalisierung Handlungsmöglichkeiten in nationalen, demokratischen Strukturen. Darum wird es sehr viel Nüchternheit, praktische Vernunft und Durchsetzungskraft erfordern, die notwendigen Maßnahmen umzusetzen und sich dabei auch mit Anhängern der eigenen Partei auseinanderzusetzen. Daran muß die SPD ihre Handlungs- und Regierungsfähigkeit beweisen.

Hat sie dazu nicht schon fast sechzehn Jahre Zeit gehabt?

HELMUT SCHMIDT   Die Globalisierung wird doch erst in den letzten sechs Jahren beobachtet, und sie nahm vor sechzehn Jahren gerade erst ihren Anfang, als neue Kommunikationstechnologien aufkamen und der kommunistische Machtbereich sich zu öffnen begann. All das hat sich erst in den letzten anderthalb Jahrzehnten entwickelt, und bisher hat noch kein Land eine ausreichende Antwort darauf gefunden, abgesehen von Amerika und England, deren Lösungen ich recht

zweifelhaft finde und nicht für Deutschland übernehmen
würde.

*Ist unser zentrales Problem die Globalisierung oder die Arbeitslosig-
keit?*

HELMUT SCHMIDT   Die Arbeitslosigkeit ist zu einem Teil
Folge der Globalisierung, genauer gesagt, Folge des Mangels
an Antworten auf die Globalisierung, zu einem anderen Teil
ist sie Folge früherer Versäumnisse in Europa. Schon die Öl-
preisexplosionen von 1973/74 und 1978-80 haben bei uns ja
einen Anstieg der Arbeitslosigkeit ausgelöst. Aber einer der
grundlegenden Fehler, die die europäischen Länder begangen haben, ist die Überregulierung der Gesellschaft, vor allem
der Wirtschaft. Jede Kleinigkeit muß staatlich geprüft und ge-
nehmigt werden. Ein weiterer Fehler liegt in der völligen
Überforderung des sozialen Netzes in vielen Ländern. An dieser Politik waren natürlich auch die Sozialdemokraten beteiligt. Aber die Formel von der Sozialen Marktwirtschaft hat zuerst die Christlich-Demokratische Union von Müller-Armack
übernommen. Da der Markt, das Marktprinzip an sich nicht
sozial sein kann – das wäre ein Widerspruch in sich –, muß
die soziale Fürsorge vom Staat geleistet werden. Dieses soziale
Sicherungssystem ist nun aber überlastet, und die gegenwärtige Bundesregierung und Herr Blüm haben erheblich dazu
beigetragen. Ein dritter Faktor beim Anstieg der Arbeitslosigkeit sind die Fehler, die wir bei der wirtschaftlichen Vereinigung der beiden deutschen Staaten begangen haben.

HENNING VOSCHERAU   Wir ja nicht.

HELMUT SCHMIDT   Nein, nicht wir. Wir, die Deutschen, die
Bundesregierung und die Mehrheit des Bundestages. Schon
bei der Währungsumstellung sind kardinale Fehler gemacht
worden, auch bei der überstürzten Privatisierung. Die Treuhand sollte Geld in die Kassen bringen, hat aber vierhundert
Milliarden Mark Schulden erwirtschaftet und zudem fast alle
früheren DDR-Unternehmen an westdeutsche Firmen und
Einzelpersonen gegeben. Was würden die Hamburger wohl
sagen, wenn über Nacht alle unsere Firmen in sächsische

Hände kämen! Das würde eine erhebliche Mißstimmung
auslösen.

Was Sie aufzählen, sind immense Hypotheken und Belastungen. Wel-
chen Ausweg könnte denn eine sozialdemokratische Regierung aus die-
sen Schwierigkeiten finden, Herr Voscherau?

HENNING VOSCHERAU   Zunächst muß man bedenken, daß
der entfesselten Macht internationaler Großunternehmen, die
ja heute schon eine große Rolle spielt, durch nationale Politik
überhaupt nicht beizukommen ist. Die großen Industrienatio-
nen müßten daher intensiver zusammenarbeiten und gewisse
Mindeststandards gewährleisten, anstatt sich wie bisher gegeneinander ausspielen zu lassen, darauf weist Oskar Lafon-
taine zu Recht hin. Ob und wieweit sie dazu bereit sind, ist
aber eine völlig offene Frage.

Hier im Inland müssen wir meiner Meinung nach versuchen, den Gedanken der Leistung und den Gedanken der Solidarität untrennbar miteinander zu verbinden. Denn auch
der beste Sozialstaat funktioniert nur dann, wenn die Gemeinschaft ihn sich auf Dauer leisten kann und will. Das muß
die SPD stärker betonen, um ihre ökonomische Kompetenz
und Glaubwürdigkeit hervorzuheben. Meiner Meinung nach
ist Solidarität keine Einbahnstraße, und darum darf man jemanden, der von der Gemeinschaft unterstützt wird, durchaus auch fragen, was er im Rahmen seines Gesundheitszu-
standes, seines Lebensalters, seiner Begabungen und Fähig-
keiten für die Gemeinschaft tun könne. Das ist natürlich eine
hochkontroverse Angelegenheit, aber man muß sich mit ihr
befassen.

In Österreich erzielt Jörg Haider zweistellige Wahlergebnisse. Glau-
ben Sie, daß es bei uns ein ähnliches rechtsradikales Potential gibt?

HENNING VOSCHERAU   Ich glaube nicht, daß die deutsche
Bevölkerung grundsätzlich demokratischer als die österreichi-
sche ist.

HELMUT SCHMIDT   Oder als die Franzosen.

HENNING VOSCHERAU   Wenn die Massenarbeitslosigkeit weiter steigt, die unkontrollierte Einwanderung nicht zurückgeht
und die Kriminalität, besonders unter jungen Männern, weiter zunimmt, wenn diese drei Probleme nicht gelöst werden,
dann wäre es möglich, daß ein großer Anteil der Nichtwähler-
schaft – je nach Wahlebene dreißig bis vierzig Prozent der Bevölkerung – sich von einem Demagogen mobilisieren läßt.
Darum haben besonders wir Sozialdemokraten die Aufgabe,
bei den kleinen Leuten, die unter Zukunftsängsten leiden,
das Vertrauen in die Demokratie zu erhalten. Es genügt nicht,
an die *political correctness* zu appellieren. Wenn man nicht versucht, die alltäglichen Lebensbedingungen zu verbessern, und
zwar gerade auf den drei genannten Feldern, dann werden die
Leute alle Appelle in den Wind schlagen und gerade das Gegenteil tun.

HELMUT SCHMIDT   Ich stimme dem völlig zu. Ich empfinde
die derzeitige Situation als großes Unglück, das mein Gewissen belastet und eigentlich das Gewissen aller Politiker bela-
sten muß. Für die Bewältigung dieser Aufgaben gibt es aber
kein Patentrezept, denn wir kranken an mehreren Problemen
zugleich. Darum wird es lange dauern, bis die heutige Arbeitslosigkeit wirklich überwunden ist. Einstweilen steigt sie
immer noch.
   Was wir in Bonn seit beinahe einem Jahrzehnt erleben, ist
eine keynesianische Politik: Der Staat macht Schulden, um
mit den so gewonnenen Finanzmassen Arbeitsplätze zu schaffen. Keynes war übrigens kein Sozialdemokrat, er war ein
glänzender Ökonom, und seine Theorie war der Situation der
dreißiger Jahre durchaus angemessen. Heute haben wir aber
die Obergrenze der Staatsverschuldung erreicht. Auch ohne
die Konvergenzkriterien des Maastrichter Vertrages dürften
wir keine neuen Schulden aufnehmen, darüber gibt es keinen
Zweifel. Währenddessen reißt in der Wirtschaft die Serie der
Großfusionen nicht mehr ab. Banken und Versicherungsge-
sellschaften in ganz Europa schließen sich zusammen, denn
jeder will der größte sein, die größten Bilanzsummen und die
größten Renditen erzielen. Bei dieser Gelegenheit entlassen

sie Tausende in die Arbeitslosigkeit und glauben, sie dienten
der Rationalität, dem Shareholder, dem Aktionär. In Wirklichkeit dienen sie nur ihrem eigenen Größenwahn. Der Sinn
einer Unternehmung kann es doch nicht sein, die größte auf
der Welt zu werden. Hier muß die Politik gegenüber der
Wirtschaft und gegenüber der Gesamtgesellschaft erziehe-
risch wirken. Die Kartellaufsicht allein kann diesem Trend
nicht gegensteuern. Auch an die Selbstregulierung des Marktes glaube ich nicht. Derzeit gehen bei uns 28 000 Betriebe pro
Jahr in Konkurs. Das hat den Banken, Versicherungsgesell-
schaften und Medienkonzernen, die zur Arbeitslosigkeit ganz
wesentlich beitragen, offensichtlich nicht zu denken gegeben.
Nein, die öffentliche Meinung muß Druck ausüben, muß die
Manager zum Nachdenken bringen, die in dieser globalisierten Weltwirtschaft ihre Verantwortung gegenüber dem eigenen Land aus den Augen verloren haben.

*Soll die SPD weiterhin die Partei der Arbeitnehmer bleiben, muß sie
sich als Volkspartei nicht für neue Gruppen und Strömungen öffnen?*

HELMUT SCHMIDT   Die Sozialdemokratie muß sich nicht öffnen, sie hat sich längst geöffnet. Die Mitglieder und Funk-
tionsträger sind ja nicht mehr nur Arbeiter und kleine
Angestellte. Aber auch neue Ideen haben Eingang gefunden.
Positionen, die zur Zeit Bebels, Lassalles und auch Kurt
Schumachers nur von Außenseitern vertreten wurden, sind
inzwischen ins Zentrum der sozialdemokratischen Program-
matik gerückt. Was man der Sozialdemokratie in den letzten
zwei Jahrzehnten vorwerfen könnte, ist, daß sie sich nicht
genug für wirtschaftliche Fragen interessiert und ihre Kompetenz auf diesem Gebiet nach außen nicht ausreichend deutlich
gemacht hat.

Hat sich die SPD denn genug um das Thema Umwelt gekümmert?
Hätten die Grünen seinerzeit nicht viel weniger Anhänger gefunden,
wenn Sie als Kanzler in dieser Frage weniger abweisend gewesen
wären?

HELMUT SCHMIDT   Ich war gar nicht abweisend! Wir haben
uns zu meiner Zeit beim Umweltschutz stärker engagiert als
irgendein anderes Land in Europa. Abweisend war ich gegenüber der neuen Partei der Grünen, das ist wahr. Die Grünen
entstanden aus einer allgemeinen Unzufriedenheit mit dem
Staat und mit der Gesellschaft, die vor allem von Jugendlichen
empfunden wurde. Ohne die 68er Studentenbewegung hätte
es diese Partei so nicht gegeben, es war keine reine Umweltbe-
wegung. Inzwischen hat sich daraus ja auch schon eine regel-
rechte Ideologie entwickelt. Wenn ganze Häuserkomplexe
nicht gebaut werden, weil angeblich auf dem Gelände einmal
ein seltener Vogel gekräht hat, dann halte ich das für eine sehr
ideologische Entscheidung.

HENNING VOSCHERAU   Ich möchte gerne einen kleinen Widerspruch oder eine Ergänzung wagen, in Kenntnis des Um-
stands, daß Helmut durch seine Frau Loki von Kindesbeinen
an dem Naturschutz verpflichtet und insofern in seinem In-
nersten sicher auch ein Grüner ist.

HELMUT SCHMIDT   Das ist richtig.

HENNING VOSCHERAU   Ich möchte einen kleinen Vergleich
zwischen den Persönlichkeitsstrukturen von Willy Brandt und
Helmut Schmidt anbringen. Du hast eine gewisse Neigung,
durchdachte Argumentationsketten in relativ schroffer Weise
auszusprechen. Unabhängig von den ökologischen Leistungen eurer Regierung hat diese schroffe Art der Kommunikation zweifellos dazu beigetragen, daß sich die Jugendlichen
damals von der SPD abwandten, wohingegen Willy Brandt
immer versucht hat, mit Warmherzigkeit die Menschen für
sich zu gewinnen. So habe ich als Angehöriger einer jüngeren Generation es zumindest wahrgenommen. Dieser etwas
schroffe Umgang der Regierung Schmidt mit dem Über-
schwang der jungen Leute hat das Entstehen der grünen Partei sicher begünstigt.
    Der Einfluß dieser autonomen und alternativen Wurzeln
aus der Zeit vor fünfzehn Jahren ist in einigen Landesverbän-
den der Grünen heute noch sehr stark, in den großen Städten

eher als auf dem flachen Land. Insgesamt ist die Partei aber mittlerweile eine ganz verfestigte Organisation, die begonnen hat, Eigeninteressen zu entwickeln wie andere große Organisationen auch. In zehn Jahren wird das eine ergraute Altpartei sein, darauf richtet sich meine Hoffnung.

Herr Voscherau, Sie haben eine rot-grüne Koalition in Hamburg immer vermieden. Warum?

HENNING VOSCHERAU   Ein Parlament wird ja nicht von den Politikern gewählt, sondern von den Bürgern. Mit der Sitzverteilung, die die Bürger bestimmt haben, muß man vier Jahre lang zurechtkommen, auch wenn sie einem nicht gefällt. Hier in Hamburg ist es uns 1982, 1986 und 1993 gelungen, ohne die Grünen einen Senat zu bilden, was mir lieber war. Denn ich glaubte, daß man in dieser Stadt – und nicht nur hier – der Wertschöpfung oberstes Prinzip einräumen muß, denn nur dadurch läßt sich die Finanzierung sozialer und anderer öffentlicher Belange, gerade auch der Sozialversicherungssysteme, gewährleisten. Dabei muß man sich die Konsequenzen der Globalisierung vor Augen führen. Der Globus ist ökologisch nach wie vor stark bedroht, aber wahrscheinlich weniger durch uns in Deutschland als etwa durch die chinesische Industrialisierung. Wenn aber in anderen Teilen der Welt kaum Umweltschutzauflagen bestehen und zugleich Entfernungen eine immer geringere Bedeutung für die Kosten- und Zeitkalkulation haben, gerät Europa in diesem Punkt unter starken Konkurrenzdruck. Wir müssen hier also Prioritäten setzen, um unseren Standort, unseren Lebensstandard zu sichern.

HELMUT SCHMIDT   So ist es, man muß beides im Gleichgewicht halten, aber unser größtes Problem ist die Arbeitslosigkeit und nicht der Naturschutz. Die Arbeitslosigkeit zu beseitigen hat absoluten Vorrang. Was wir uns daneben an Naturschutz leisten können, das muß getan werden, aber es ist nicht die Hauptaufgabe.

Welche Koalitionen halten Sie auf Bundesebene für möglich, Herr Voscherau? Könnte es ein rot-grünes Bündnis geben? Würden sie auch ein Zusammengehen mit der PDS nicht ausschließen?

HENNING VOSCHERAU   Eine rot-grüne Koalition halte ich für
möglich, wenn wir auf beiden Seiten Illusionen vermeiden
können. Ob das gelingt – wofür etwa der grüne Wahlpro-
grammentwurf von Jürgen Trittin spricht –, muß sich noch
herausstellen. Was die PDS betrifft: Ich halte nichts davon,
Millionen von Menschen wegen ihrer DDR-Vergangenheit le-
benslang auszugrenzen und zu verteufeln.

Genauso falsch ist es meiner Meinung nach, wenn westdeutsche Politiker für die Regierungsbildung in ostdeutschen
Gemeinden und Ländern Tabus aufstellen. Diese Frage müssen die Politiker dort selbst entscheiden. Reinhard Höppner
hat zum Beispiel in Magdeburg eine offenkundig sehr gut
funktionierende, sehr stabile Minderheitsregierung gebildet,
die im Landtag gelegentlich von der PDS unterstützt wird. Im
Deutschen Bundestag halte ich das nicht für möglich. Denn
auf Bundesebene werden die Rahmenbedingungen für die
generelle Entwicklung Deutschlands festgelegt, und ich bin
sicher, daß in diesen Fragen die alten Ideologien der SED-
Zeit, von denen ja doch der größte Teil der PDS-Oberen geprägt ist, voll zum Tragen kämen. Im übrigen würde weder
die SPD-Bundestagsfraktion noch die Fraktion der Grünen
geschlossen für eine Regierung stimmen, die von der PDS
abhängig ist.

Nun könnte man ja argumentieren, das beste Mittel, eine Partei, die
außerhalb der Demokratie gestanden hat, in diese zu integrieren, sei
es, sie in die Verantwortung zu nehmen.

HELMUT SCHMIDT   Das ist richtig. Allerdings ist der Deutsche Bundestag und der von ihm zu wählende Bundeskanzler
nicht in erster Linie ein Instrument zur Erziehung alter Kommunisten. Da wollen wir nicht übertreiben.

Da aber die Rede von der Regierung in Sachsen-Anhalt
war, würde ich gerne auf ein benachbartes Thema zu sprechen kommen. Nicht nur die Bundesregierung und der Bundestag haben ja im Zuge der Globalisierung Einfluß- und
Kontrollmöglichkeiten verloren, auch die sechzehn Bundesländer haben Kompetenzen eingebüßt, und zwar zugunsten
der Bundesorgane. Gerade die ost- und norddeutschen Län-

der haben praktisch keinen finanziellen Spielraum mehr. Das geht zurück auf Entwicklungen der letzten dreißig Jahre. Wir haben 1968/69 in der Großen Koalition den schweren Fehler begangen, die Finanzverfassung zu ändern und dem Bund ein weitreichendes Mitspracherecht in den Ländern zu geben. Als Ergebnis sind die Länder heute bei zwei Dritteln aller finanziellen Entscheidungen von der Zustimmung des Bundes abhängig, sie sind durch diese Finanzverfassung geradewegs gefesselt. Unter diesen Umständen – da muß ich Herrn Stoiber recht geben – kann zwischen den Ländern gar kein Wettbewerb stattfinden. Ein gewisses Maß an Autonomie der Bundesländer wiederherzustellen gehört daher zu den wichtigsten Aufgaben, die zu Beginn des neuen Jahrhunderts angegangen werden müssen.

Herr Voscherau, sehen Sie in Tony Blair ein Vorbild, einen Hoffnungsträger für die Sozialdemokratie des 21. Jahrhunderts? Gehört strahlenden Medienhelden wie ihm die politische Zukunft?

HENNING VOSCHERAU Die Regierungsleistung Tony Blairs und der britischen Labour-Partei läßt sich sicher in ein, zwei Jahren besser beurteilen als jetzt. Ich möchte eher auf einen anderen Sozialdemokraten verweisen, auf den niederländischen Ministerpräsidenten Wim Kok, ein großer Mann, wie ich finde, der aus der linken Gewerkschaftsbewegung kommt und in den Niederlanden eine realistische, weitsichtige und sehr mutige Modernisierungsstrategie in die Wege geleitet hat. Davon können wir eine Menge lernen.

Tony Blairs strahlendes Erscheinungsbild und seine Art der politischen Massenkommunikation sind sicherlich ein Anzeichen für die Parteien- und Medienentwicklung der Zukunft. Ich glaube, daß das Fernsehen den Austausch von Ideen, Gedanken und Informationen zwischen Politikern, Parteien und Bürgern noch stärker bestimmen wird. Das sehe ich nicht nur positiv, denn es führt auch zu einer erheblichen Verflachung. Man sieht schon heute der politischen Berichterstattung in den Medien vielfach an, daß sie auf das Niveau amerikanischer Fernsehserien zurechtgestutzt ist.

HELMUT SCHMIDT   Und auf die PR-Manager von Politikern.

HENNING VOSCHERAU   Oberflächliche Statements von anderthalb Minuten Länge sind nicht ausreichend, um die Bür-
gerinnen und Bürger über die Tragweite eines Problems zu
informieren. Diese Bedingungen bergen die große Gefahr,
daß Parteien und Politiker den Mut verlieren, unbequeme
Wahrheiten auszusprechen.

HELMUT SCHMIDT   Die Fernsehgesellschaft neigt zur Oberflächlichkeit, und das unterscheidet sie sehr von der Gesellschaft in der Mitte oder am Beginn unseres Jahrhunderts. Damals hat man gelesen, auch die Sozialdemokratie ist eine le-
sende Partei gewesen. ›Wissen ist Macht‹ war die Parole der
deutschen Arbeiterbewegung. Heutzutage tritt das Fernsehen
mit seiner Oberflächlichkeit an die Stelle des Lesens und des
Wissens. Wir können das zwar nicht rückgängig machen, aber
die politisch Führenden sollten die damit verbundenen Gefahren erkennen und für sich selbst vermeiden.

Werden in der Politik der Fernsehgesellschaft Personen wichtiger als
Programme und Parteien?

HELMUT SCHMIDT   Bisher ist das noch nicht zu erkennen.
Die Leute wählen ja die CDU, ohne sich mit Helmut Kohl
oder Theo Waigel zu identifizieren. Aber die politischen Führer werden in der Zukunft stärker gefordert sein. Sie müssen
erstens das, was sie für die Wahrheit halten, aussprechen,
auch wenn es unbequem ist. Zweitens müssen sie das in anderthalb Minuten plausibel, anschaulich und verständlich for-
mulieren. Und drittens müssen sie immer noch die Energie
haben, es in die Tat umzusetzen.

Was hält die Parteien in einer solchen Mediengesellschaft überhaupt
noch zusammen?

HENNING VOSCHERAU   Das wird schwieriger. Die Bindungs-
wirkung aller großen Organisationen nimmt ab, das gilt nicht
nur für die Parteien, sondern auch für die Kirchen, die Sport-
vereine, die Gewerkschaften. Für die Demokratie des neuen
Jahrhunderts wird das große Probleme aufwerfen, denn es

wird dadurch schwieriger, verläßliche Mehrheiten für eine geradlinige Politik zu finden. Ein Blick auf die Situation in Rußland, auf die Duma etwa, zeigt ja, wohin es führen kann, wenn die Strukturen völlig ungefestigt sind.

Ich glaube also, daß die großen Volksparteien sich im neuen Jahrhundert rapide verändern werden, und gerade für die SPD wird das ein schwieriger Wandel. Sie ist stark von ihrer 135jährigen Tradition als große Mitgliederpartei geprägt, und daher fällt es ihr nicht leicht, herausragenden Einzelpersonen mit hoher Öffentlichkeitswirkung die Führung zu überlassen. Aber diese Entwicklung ist nicht aufzuhalten. Um auch in Zukunft als Partei erfolgreich sein zu können, brauchen wir zweierlei: Persönlichkeiten, die von den Bürgern anerkannt und unterstützt werden, und den Zusammenhalt zwischen der Partei und diesen Persönlichkeiten.

Die geradlinige Politik, die Sie fordern, wird zunächst einmal von der gesamten Gesellschaft erhebliche Opfer verlangen müssen, es wird eine unpopuläre Politik sein.

HELMUT SCHMIDT   Geopfert werden müssen vor allem Illusionen. Wir müssen Hoffnungen und Vorstellungen aufgeben, weil sie nicht zu verwirklichen sind, darin liegt das eigentliche Opfer. Niemand wird weniger Lohn bekommen, niemand wird materielle Einbußen erleiden. Das Entscheidende ist das ideologische Opfer, die enttäuschten Hoffnungen. Die PDS hätte in Ostdeutschland nicht halb soviel Zulauf gehabt, wenn nicht nach den uferlosen Versprechungen der Jahre 1990/91 eine so große Enttäuschung eingetreten wäre. Das Wort Opfer ist eigentlich nicht richtig, es geht um Realismus. Auf die Dauer wird nicht der große Fernsehstar regierungsfähig sein, sondern derjenige, der die Wirklichkeit meistern und seine Wählerschaft von seinem Realismus überzeugen kann.

HENNING VOSCHERAU   Einschränkungen werden dennoch notwendig sein. Während der zweiten Ölkrise hat Bundeskanzler Schmidt den Deutschen wiederholt die Frage gestellt: ›Wäre es so schlimm, wenn wir wieder wie 1963/64 leben müßten?‹

Helmut Schmidt, Sie waren ja nicht immer einer Meinung mit Ihrer
Partei. Auf dem Kölner Parteitag 1983 beispielsweise wandte sich die
Mehrheit der Delegierten in der Nachrüstungsfrage gegen Sie. War
das eine bittere Erfahrung?

HELMUT SCHMIDT   Nein, das war ja vorherzusehen. Solange
ich im Regierungsamt war, konnte ich meinen Willen durchsetzen. Daß sich das in der Opposition ändern würde, war mir
klar. Übrigens hat die Geschichte inzwischen ja eher mir recht
gegeben als jener enthusiasmierten Parteitagsmehrheit.

HENNING VOSCHERAU   Willy Brandt hielt bei seiner Verab-
schiedung als Parteivorsitzender eine sehr bewegende Rede
und sagte dabei sinngemäß folgendes: ›Ich hätte nie gedacht,
wie schnell man sich von der Partei entfernen kann – von dem
Verein, nicht von der Idee.‹ Das ging dir sicher ähnlich.

Herr Voscherau, Sie haben sich einmal als Schmidts Neffen bezeich-
net, nicht als Enkel. Was sagt das über Ihr Verhältnis zu ihm?

HENNING VOSCHERAU   Was ist das für ein Verhältnis? Ich
kenne Helmut Schmidt natürlich viel länger als er mich. In
den fünfziger Jahren habe ich ihn schon wahrgenommen, als
er schmal und mit messerscharfem, kohlrabenschwarzem
Scheitel mit Loki in die Premieren des Thalia-Theaters kam,
zusammen mit Inge Meysel. Mein Vater war ja Schauspieler
dort. Häufig kamen sie eine halbe Minute zu spät, die Tür
wurde noch einmal geöffnet, das Licht fiel auf die beiden, und
alle wußten: Das ist Schmidt-Schnauze, der ist heute abend
auch da. Dann habe ich sehr oft als Versammlungsleiter in seinem Wahlkreis Bundestagswahlkämpfe mit ihm bestritten,
und es hat sich einfach herausgestellt, daß die Grundanlage
meines Denkens seinem Handeln sehr ähnlich war. So sind
wir uns über die Jahrzehnte immer nähergekommen.

HELMUT SCHMIDT   Man lernt voneinander, das ist ganz nor-
mal. Ich habe am meisten von jemandem gelernt, der nur fünf
Jahre älter als ich war, aber noch einer anderen politischen
Generation angehörte, Fritz Erler. Auch Herbert Wehner und
Carlo Schmid haben mir vieles vermittelt. Schmid war eigent-

lich kein Politiker, aber er hatte einen unglaublich großen Bildungshorizont. Eines Tages werden die jungen Leute auch von Henning Voscherau so manches lernen. Sie werden nicht alles übernehmen, er hat auch nicht alles von mir übernommen.

Sie haben Henning Voscherau ja auch heftig kritisiert, als er gegen den Euro polemisierte.

HELMUT SCHMIDT   Ich habe Voscherau nicht öffentlich kritisiert. Ich habe ihm einen Brief geschrieben, den er nie beantwortet hat.

HENNING VOSCHERAU   Und ich habe nicht gegen den Euro polemisiert, sondern gegen den Zustand der europäischen Integration, den ich im Hinblick auf die Demokratiestrukturen und die Außen- und Verteidigungspolitik beklagenswert finde. Meiner Meinung nach wird Europa im neuen Jahrhundert nur dann Bestand haben, wenn es weltmachtfähig ist, und das setzt eine grundlegende Reform der Strukturen voraus. Zusätzlich zur gemeinsamen Währung hat man jetzt noch beschlossen, mit elf Ländern Beitrittsverhandlungen zu führen. Aber wenn sich die Europäische Union weiter vergrößert, ohne ihre Institutionen zu reformieren und zu demokratisieren, wird sie im neuen Jahrhundert zu einem europäischen Heißluftballon werden.

HELMUT SCHMIDT   Da gebe ich dir völlig recht. Dieses Europa ist in Gefahr, in Bürokratismus zu erstarren, undurchschaubar für den Bürger zu werden. Nun wurde sogar beschlossen, die Werbung für Zigaretten zu untersagen. Ein solches Verbot müßte meiner Meinung nach in den einzelnen Ländern erlassen werden. Die europäischen Institutionen in Brüssel sollten nur dort eingreifen, wo Europa als Ganzes betroffen ist.

Ein altes Lied der Sozialdemokratie heißt ›Mit uns zieht die neue Zeit‹. Wird das auch für das 21. Jahrhundert gelten?

HELMUT SCHMIDT   Das Lied stammt aus der Jugendbewe-
gung der zwanziger Jahre. Es war immer mehr Wunschtraum
als Wirklichkeit. Ich habe nichts dagegen, daß die Menschen
auch Träume haben, und wenn sie innerlich überzeugt sind,
daß die neue Zeit mit ihnen zieht, dann dürfen sie das auch
singen.

HENNING VOSCHERAU   Ich habe tatsächlich die Hoffnung,
daß die neue Zeit, das 21. Jahrhundert, wieder stärker mit der
SPD zieht. Denn anderenfalls könnte es für viele Millionen
Menschen eine sehr dunkle Zeit werden.

Die Gespräche mit Jimmy Carter, Henry Kissinger,
Shimon Peres und Lee Kuan Yew wurden
von Claudia Baumann übersetzt.
Das Gespräch mit Michail Gorbatschow
hat Jörg Reinecke ins Deutsche übertragen,
das Gespräch mit Valéry Giscard d'Estaing
wurde von Gudrun Weitzenbürger übersetzt.

Helmut Schmidt

Weggefährten

Erinnerungen und Reflexionen

Dieses Buch berichtet von Helmut Schmidts »Weggefährten«, jenen Menschen, die ihn auf die eine oder andere Weise in seinem Leben begleitet haben – Musiker und Schriftsteller, Maler und Bildhauer, Schauspieler und Mäzene, Banker und Politiker. Nicht ihre Bedeutung hat die Auswahl bestimmt, sondern die Rolle, die sie in seinem Leben spielten.

576 Seiten
Abbildungen
Leinen

im
Siedler
Verlag

Manche von ihnen, wie Anwar as Sadat oder Siegfried Lenz, sind seine Freunde gewesen oder im Lauf der Jahre geworden; andere, wie Valéry Giscard d'Estaing oder Gerald Ford, standen ihm nicht nur politisch, sondern auch menschlich nahe; die dritten, wie der polnische Staatschef Edward Gierek oder Franz Josef Strauß, waren politische Gegner, und doch schätzte er sie und mochte sie sogar persönlich; bei einigen, wie Erich Honecker, blieb eine völlige Fremdheit, selbst wenn er mit ihnen immer wieder umgehen mußte. Aus der Erinnerung an diese Begleiter seines Lebens ist das persönlichste seiner Erinnerungsbücher geworden.